Michael Grauer-Brecht
Antan & Christine Minatti

Elyah

Kosmische Lebenstherapie

Haftung

Die Informationen dieses Buches sind nach bestem Wissen und Gewissen dargestellt. Sie ersetzen nicht die Betreuung durch einen Arzt, Heilpraktiker oder Psychotherapeuten, wenn Verdacht auf eine ernsthafte Gesundheitsstörung besteht. Weder Autor noch Verlag übernehmen eine Haftung für Schäden irgendwelcher Art, die direkt oder indirekt aus der Anwendung des Inhalts dieses Buches entstehen könnten.

Bitte fordern Sie unser kostenloses Verlagsverzeichnis an:
Smaragd Verlag
In der Steubach 1
57614 Woldert (Ww.)
Tel.: 02684.978808
Fax: 02684.978805
E-Mail: info@smaragd-verlag.de
www.smaragd-verlag.de

Oder besuchen Sie uns im Internet unter der obigen Adresse.

© Smaragd Verlag, 57614 Woldert (Ww.)
Deutsche Erstausgabe Juni 2008
Cover: Elisabeth Ertelthalner
Umschlaggestaltung: preData
Satz: preData
Printed in Czech Republic
ISBN 978-3-938489-72-7

Michael Grauer-Brecht
Antan & Christine Minatti

Elyah

Kosmische Lebenstherapie

Smaragd Verlag

Die Mitarbeiter dieses Gemeinschaftsprojekts

Im Frühling 2007 gab *Elyah*, eine kollektive Wesenheit aus dem Sternensystem von Kassiopeia, *Michael, Antan und Christine* auf Grund bestimmter Inkarnations- und Seelenerfahrungen den Auftrag, eine der Schwingungserhöhung angepasste Behandlungsform zur Förderung des Körperbewusstseins und zur Heilung der Physis unter dem Arbeitstitel „SCHWINGUNGSMEDIZIN" in die Materie zu bringen. Dazu werden drei Bände erscheinen. Der erste, hier vorliegende, erklärt unter anderem die Verbindung zwischen Kommunikation und Krankheit und den Einfluss verschiedener Schwingungsfeldern. Das zweite Buch gibt als Arbeitsbuch viele praktische Anwendungsmöglichkeiten und Übungen. Im dritten Band kündigt Elyah Themen an, die von Philosophie und Ethik geprägt sind. So freuen sich die drei Autoren weiterhin auf die herzliche Klarheit ihrer Botschaften, die Erweiterung des Verständnisses von geistigen Zusammenhängen und auf viel Spannung, Lachen und Arbeit.

Dieses Buch ist in Zusammenarbeit mit verschiedenen Ebenen der Geistigen Welt entstanden. *Elyah* hat das Grundkonzept der „COSMIC LIFE THERAPY" in der Verbindung mit dem *Kosmischen Rat* bereitgestellt und in vielen Facetten und Hintergründen erklärt. Sie stellt sich selbst in einem späteren Kapitel genauer vor. *Sanat Kumara* aus der Ebene der Spirituellen Venus und die aufgestiegene *Vicky Wall*, Erfinderin und Gründerin von „AURA SOMA", sind als Berater an diesem Projekt beteiligt und lassen ihre Weisheit und Liebe mit einfließen. Vicky Wall kann Elyah auf Grund der Erfahrungen in ihrer letzten Inkarnation wertvolle Hinweise im Umgang mit Farbschwingungen in der Dritten Dimension geben. Sie war Pharmazeutin, als sie das System von „AURA SOMA" entwickelte, und sie war blind. Über ihr Drittes Auge hat sie wunderbare Farben wahrgenommen und sie in die bekannten Balanceflaschen gebracht. Neben Elyah hat uns *Janet* die meisten Durchgaben gegeben, die über den Kanal von *Michael Grauer-Brecht* in die Dritte Dimension übermittelt wurden. Sie war in ihrer vergangenen Inkarnation als Janet McClure ein bekanntes Medium und ist als Meisterin in die Neunte Dimension aufgestiegen.

Michael ist seit frühester Kindheit hellsichtig und wurde im Alter von sechzehn Jahren von der Gemeinschaft der Essener zum Trancemedium ausgebildet. Seit 1994 arbeitet er ebenfalls als Medium und spiritueller Lehrer, zu Beginn für die Aufgestiegene Meisterin Lady Nada, dann jedoch über die Weiße Bruder- und Schwesternschaft hinaus auch für viele andere Wesenheiten aus der Geistigen Welt. Seit dem Jahr 2000 ist Elyah mit ihm verbunden. Bisher sind von Michael/Elyah folgende Bücher erschienen: *Interview mit Elyah"* im Smaragd Verlag, *„Die Legende von Mohja"* und *„Erdenwege"* gemeinsam mit Trixa im Lichtradverlag. Weitere Informationen unter
www.elyah.net.

Antan Minatti ist gelernter Gärtner und Botaniker und setzt sein Wissen um das Wachstum seit 1998 als Botschafter für die Geistige Welt um. Er widmet sich in seiner Arbeit vor allem der Wiedererweckung des *Einen Heilen Seins* von Atlantis zur Verwirklichung des Kosmischen Menschen und des Aufstiegs von Mutter Erde in die Fünfte Dimension. Seine bisherigen Bücher *„Kiria Deva und das Kristallwissen von Atlantis", „Kristallwissen, der Schlüssel von Atlantis"* und *„Der Lebensschlüssel, Kristallwissen aus Atlantis"* sind alle im Smaragd Verlag erschienen und befassen sich hauptsächlich mit dem verborgenen Wissen aus der Zeit von Atlantis, das von Kiria Deva und Elyah geöffnet wurde. Auch der Inhalt dieses Buch kommt zu einem großen Teil aus dem Gesundheitssystem des frühen Atlantis und setzt somit seine bisherige Arbeit fort.

Christine Minatti hat in der Wirtschaft gearbeitet und dort einen reichen Erfahrungsschatz im Umgang mit Menschen gesammelt. Seit Jahren wirkt sie als Medium für die Weiße Bruder- und Schwesternschaft und stellt ihr Wissen Menschen und Firmen als Impulsgeberin für das Erkennen und Verändern der feinstofflichen Zusammenhänge zur Verfügung. So wie Antan auch, hat sie sich im Jahr 2004 mit Elyah verbunden, um sie bei der Übermittlung und Umsetzung kosmischer Weisheit in die Dritte Dimension zu unterstützen.

Antan und Christine leiten das spirituelle Seminarzentrum *„Lichtgarten"* in Innsbruck und bieten dort neben Ausbildungen und Seminaren auch Einzelsitzungen an. Nähere Informationen unter

www.lichtgarten.com

Inhalt

Vorwort von Janet

Realize human being, life is everywhere and the fulfilling of life is communication.

Mensch, erkenne, Leben ist überall, und die Erfüllung des Lebens ist die Kommunikation.

Beloved reader, this is Janet, talking to you. I`m coming to send you greetings out of the areas of cosmos, where your cosmic parents come from.

Geliebte Leserin, geliebter Leser, dieses ist Janet, die zu dir spricht. Ich bin gekommen, dir Grüße aus den Ebenen des Kosmos zu bringen, von wo deine Kosmischen Eltern stammen.

By reading this book, you get good advices and by the reading of the book, you shall be blessed and your whole family and your whole friends.

Durch die Lektüre dieses Buches bekommst du gute Ratschläge, – und während du dieses Buches liest, wirst du gesegnet, deine Familie und all deine Freunde.

Communication is the beginning of life, and everyone of you is on that path of searching the sense of life as well.

Kommunikation ist der Beginn des Lebens, und jeder von euch befindet sich auf diesem Pfad, auf der Suche nach dem Sinn des Lebens.

So come and join live. This book has been given by Elyah and the cosmic parents, to guide you into a deeper sense of meaning of communication.

So komm und steig ein in das Leben. Dieses Buch wurde dir von Elyah und den Kosmischen Eltern gegeben, um dich in einen tieferen Sinn der Bedeutung von Kommunikation zu führen.

As I said before, communication is the beginning of life, and so we would like to invite you, to start a new communication with your divine inside.

Wie ich zuvor gesagt habe, ist die Kommunikation der Beginn des Lebens, und so möchten wir dich einladen, eine neue Kommunikation mit deinem göttlichen Sein in dir zu beginnen.

Help and information come from inside, but you have forgotten to communicate with.

Hilfe und Information kommen von innen, aber du hast vergessen, damit zu kommunizieren.

And listen carefully beloved one, you have forgotten it.

Und hör gut hin, Geliebte/Geliebter, du hast es vergessen.

Not you are guilty; you got no karma, because you have forgotten that love that you created.

Du bist nicht schuldig, du hast kein Karma, du hast nur die Liebe vergessen, die dich erschaffen hat.

Step in, step into a new life, and the sense of life is the unconditional love.

Spring hinein, spring hinein in ein neues Leben, denn der Sinn des Lebens ist bedingungslose Liebe.

This love has created you once upon a time, and that love is your heritage you carry inside.

Diese Liebe hat dich vor langer Zeit erschaffen, und diese Liebe ist das Erbe, das du in dir trägst.

It does not matter, how you feel. It does not matter what you think about yourself, and it does not matter as well all the experience you have made since all your incarnations.

Es spielt keine Rolle, wie du dich fühlst; es spielt keine Rolle, was du über dich denkst, und es spielt genauso wenig eine Rolle, welche Erfahrungen du in all deinen Inkarnationen gemacht hast.

This book will touch your heart. It will touch your heart and it will grow out of the seed of love the flower of awakening grow.

Dieses Buch wird dein Herz berühren. Es wird dein Herz berühren und aus dem Samen der Liebe die Blüte des Erwachens hervorbringen.

Be assure, that you have got the wonderful hidden treasure of love inside of you.

Wisse, du trägst diesen wunderbar gehüteten Schatz der Liebe in dir.

Be assure, that seed of life is your heritage.
Wisse, dieser Same des Lebens ist dein Erbe.

That book was given in times of turbulences and misunderstandings at a beautiful place in Bali. A place founded by a vision to awake people.
Dieses Buch wurde in Zeiten der Turbulenzen und der Missverständnisse an einem wunderbaren Platz in Bali durchgegeben. Ein Ort, der durch eine Vision entstand, um Menschen zu erwecken.

A vision given by the angels. A misunderstood vision causes misunderstandings.
Eine Vision, die durch die Engel gegeben wurde. Eine missverstandene Vision jedoch verursacht Missverständnisse.

Realize, beloved reader, there are also misunderstandings in your life, without guilt, they create patterns and blockings inside of you.
Geliebte Leserin, geliebter Leser, erkenne, es gibt auch in deinem Leben Missverständnisse, ohne Schuld, sie erschaffen jedoch Muster und Blockaden in dir.

In the love of the cosmic parents and in the love of Elyah we would like to give you this kind of treatment to overcome those walls and to get into the state of that overwhelming love which cosmos brings to that planet, to you.
In der Liebe der Kosmischen Eltern und in der Liebe von

Elyah möchten wir dich mit dieser Art von Behandlung ver-
traut machen, um diese Mauern zu überwinden und in den
Status dieser überwältigenden Liebe zu gelangen, die der
Kosmos diesem Planeten, und somit dir, entgegenbringt.

You are that love, share it into your daily life. There is a bigger love, a greater love, a divine love. Like a sunray it comes down to you out of the well of all being.

Du bist diese Liebe, teile sie mit in deinem täglichen Leben. Da gibt es eine größere Liebe, eine großartigere Liebe, eine göttliche Liebe, die aus der Quelle allen Seins wie ein Sonnenstrahl zu dir herunterkommt.

And that love says to you: Come beloved one, let's join together the communication of love.

Und diese Liebe sagt zu dir: Lass uns gemeinsam in eine Kommunikation der Liebe eintreten.

Love is healing, and that kind of treatment will send you the healing force of cosmos directly into that unhealed duality.

Liebe ist Heilung, und durch diese Art der Behandlung wird die Heilungskraft des Kosmos direkt in diese, die un-geheilte Dualität, getragen.

Share with us that blessing. May that light, which is eternal, be with you all the time and may the bells of every cathedral, of every temple, of every cupper ball be inside of you as a sound of light.

Teile mit uns dieses segenreiche Geschenk. Möge das Licht, das ewig ist, allezeit mit dir sein, und mögen die Glocken aller Kathedralen, die Glocken aller Tempel und aller Klangschalen als Klang des Lichtes in dir sein.

Thank you for reading this, this is Janet.
Danke, dass du dieses gelesen hast.
Dieses ist Janet.

Wenn ihr euren Körper betrachtet

Im Licht und der Liebe der Quelle Allen Seins, dieses ist Elyah, die zu euch spricht, und ich grüße euch in meinem liebenden Fokus.

Das Licht ist ein Träger hoher Energie. Seht dieses in der Dritten Dimension in den Naturschauspielen des Lichts, die euch durch ein Gewitter, durch das Glühen der Lava bei einem Vulkanausbruch und das Glühen der Nordlichter gegeben werden. Das Licht ist Leben, ist Kraft. Seit Äonen empfangen wir eure Gebete und Meditationen, empfangen wir euer Flehen, welches aus der Angst geboren ist, dass Materie versagt. Dass sich Materie den Schwingungen nicht anpasst, dass Materie vergänglich ist, um sich wie ein Phönix aus der Asche neu zu erheben. Euer Rufen ist zu uns gedrungen, und bitte erkennt und begreift, dass für uns nun auch die Zeit gekommen ist, wo wir eingreifen können und auch eingreifen dürfen in eure Struktur, in euren Körper. Dieser Eingriff in euren Körper ist ein Prozess der Lichtwerdung, ein heiliges Spiel. Das Spiel, die Kreisläufe eurer Schwingungen der Schwingung eures Planeten anzupassen. Euer physischer Körper, würden wir ihn auf einer Skala sehen, befindet sich im neunten Jahrhundert nach der Geburt des Meisters Jesus von Nazareth. Sicherlich ist es ein geistiges Gesetz, dass die Dichte des Lichts, die ihr Materie nennt, langsamer schwingt als euer Geist, euer Gefühl. Jedoch begreift, dass es nun darum geht, die Schwingung anzugleichen, denn dieses langsame Schwingen ist eine der grundsätzlichen Ursachen vie-

ler eurer organischen und physischen Erkrankungen. Oh, Geliebte dieses Planeten, stellt es euch so vor: Euer Geist kreiert eine Ladung hohen Bewusstseins, hoher Energie, ihr verbindet euch mit unseren Foken in euren Kanälen, ihr verbindet euch mit Sternenebenen, ihr verbindet euch mit den Ebenen eurer alten mystischen Kulte. Denkt darüber nach, was geschieht mit eurem Körper, ein Wechselbad der Energie. Euer Körper ist müde geworden, müde der geistigen Entwicklung, erschöpft, und möchte zurück zu seinem Ursprung, der Erde. Weil er abgelehnt wurde, versteht ihr, weil er den Weg der Erleuchtung nicht mitgehen durfte, weil er nicht mitgenommen wurde hinein in die Foken des Lichts.

Wenn ihr euren Körper betrachtet, erkennt, dass durch das Ungleichgewicht der Schwingung einige Zellen, einige Sterne, aus der Bahn geworfen wurden. Die Gleichgewichtung der Gravitation in eurem Körper ist gestört. Aus der Bahn geworfene Sterne entwickeln sich zu gefährlichen Geschossen, erlaubt mir dieses Bild. So ist eine Zelle, die aus der Bahn der natürlichen Gravitation geraten ist, eine Zelle, die ihr Programm des Lebens und der Lebenserhaltung in eine Form der nichtsteuerbaren Reproduktion des zellulären Inhalts umschreibt.

Euer Körper ist ein Modell des Universums, deshalb seid ihr Vereinigung, deshalb seid ihr Verschmelzung, deshalb seid ihr Kosmischer Mensch. Ein jeder von euch ist ein getreues Abbild des Universums der geheilten Du-

alität. Alle Möglichkeiten liegen in euch! War nicht meine Rede immer schon: Wie im Kleinen, so im Großen? Erkennt ihr die Botschaft des Hermes Tresmegistos jetzt, der dieses schon vor vielen Jahrhunderten erkannt hat?

Der Körper ist keine biologische Maschine. Er ist eine Einheit aus Kohlenstoffatomen. Diese Atome als Gesamtheit stellen den Kosmos der geheilten Dualität detailliert dar. Euer Körper befindet sich jedoch in einem Schwingungsfeld der nicht geheilten Dualität. Allein diese Tatsache stellt einen Spannungsbogen dar, der überbrückt werden muss. Ihr erschafft als heile Universen, als nicht geheilte Kreationen. Das ist gegen eure Natur, auch deshalb zerstören sich eure Körper. Der Tod ist ein Begriff, der in dieser Form nur auf dieser Erde existiert. Die Informationen, die Schwingungsfelder, werden im Kollektivverband eurer Zellen nicht richtig verarbeitet. Sie können nicht verarbeitet werden, da Missinformationen gestreut wurden und werden.

Ihr werdet zum Beispiel verleitet, bestimmte Schwingungen in euch aufzunehmen. Erkennt bitte, die Zunahme eurer Leibesfülle ist ein bewusst gesteuertes Schwingungsfeld, das über die gesamte Erde ausgestrahlt wird. Es geht hier um eine bewusste Manipulation. Ich möchte euch diese Manipulation erklären: Ihr habt in den Jahrhunderten eurer Inkarnationen hier auf diesem Planeten den tiefen Wunsch beseelt, den Blitz der Zerstörung in euch auszuheilen. Dabei habt ihr euch dazu hinreißen lassen, dass Materie abgelehnt wurde, und habt gesagt, Materie ist dicht und schwer. Diese Dichtheit, diese Schwere kann durch Transzendenz überwunden werden. Durch den Wunsch, eine geistige Hierarchie emporzusteigen. Durch den Wunsch, in eine geistige Transformation zu gehen. Dieser Wunsch zieht sich durch alle Philosophien und Religionen hindurch, und dieser Wunsch ist sicherlich auch berechtigt. Dieser Wunsch gilt jedoch genauso für die Materie und sollte sich nicht darin ausdrücken, dass ihr diese ablehnt. Aus diesem Wunsch heraus wurde ein Mangel geboren. Und dieser Mangel wurde durch eine Form der Ernährung ersetzt. Ein Zutragen zum Körper hin. Dieses Prinzip des Mangels wurde benutzt, um Ernährungsketten zu entwickeln, und über diese Verkettung entsteht eine weltweite Weitergabe des Mangels. Natürlich wird mit diesem Mangel auch Profit gemacht. Jedoch erkennt, dass hier eine Schwingung ausgesandt wird, die euren Körper zwingt, seinen Stoffwechsel zu verlangsamen. Das hat zur Folge, dass ihr mehr und mehr an Leibesfülle zunehmt. Der Körper fühlt sich dabei recht zufrieden, jedoch zerstört er sich langsam, denn er ist auf sich nicht angewiesen, weiß er doch, dass die Seele jederzeit die Möglichkeit hat, sich einen neuen Körper zu erschaffen. Es ist wichtig zu erkennen, dass ihr euch auch hier in Schwingungskreisläufen bewegt. Kreisläufe, die darauf aus sind, den Mangel in euch zu verstärken, und nicht, euch zu befriedigen, denn eure Seele ist seit Anbeginn der Zeit befriedigt. In eurem Wort „befriedigen" steckt das Wort Frieden. Es ist wichtig, dass dieser Frieden eurer Seele sich auf das Bewusst-

sein eurer Körperlichkeit überträgt. Diese Körperlichkeit ist gewollt und hat die Aufgabe, diesen Planeten zu heilen. Erkennt dieses, Licht und Schatten sind Prinzipien der Dualität. Es geht nicht mehr darum, das Licht gegen den Schatten zu stellen oder den Schatten gegen das Licht. Ein leuchtender Stern an eurem Firmament kann nur vor einem dunklen Hintergrund als solcher empfunden werden. Beides hat seine Berechtigung, aber werdet bewusst in eurem Geist in Verbindung mit eurem Körper. Werdet euch bewusst, dass ihr manipuliert werdet, in einem Mangelzustand zu sein, und dieses geschieht ebenso über Schwingungsfelder.

Die Idee für die Verbreitung dieser Schwingungsfelder ist sehr einfach. Man errichtet zum Beispiel ein Fastfood-Lokal, und direkt daneben baut man einen Mobilfunkmast. Und schon wird dadurch ein großes Feld mit dieser Schwingung des Mangels abgedeckt. Dann spricht man noch eure Kinder durch einen bunten Clown an und erklärt euch während des Essens auf der Unterlage eures Tabletts, wie gesund diese Ernährung ist, und schon seid ihr im Prinzip des Mangels gefangen.

Essen hat für euch etwas mit Befriedigung zu tun. Diese Verknüpfung ist jedoch falsch und wird weiter unten noch genauer erklärt. Seid befriedigt, indem ihr jegliche Schwingung in euch entdeckt und assimiliert und auch in eurem Körper aufnehmt durch die Kraft der Kommunikation. Erkennt, dass dieses auch der Weg ist, der euch in die Zukunft führt. Dann kann Essen wirklich Befriedigung sein.

Aber seht auch, es wird eine Zeit auf dieser Erde kommen, in der ihr nicht mehr Nahrung in der bekannten Form aufnehmt. Habt keine Angst davor, ihr werdet nichts vermissen, denn bis dahin ist euer Bewusstsein gewachsen und ihr erkennt, dass auch eine Karotte ein hohes Bewusstsein hat.

Elyah über Kommunikation

Dieses ist Elyah, Segen und Willkommen hier an diesem wunderbaren Platz der Durchlichtung.

Erkennt, begreift, als ich auf die Erde kam, auf diesen Planeten, erkannte ich mit großem Erschrecken, und bitte erlaubt mir diese Bewertung, dass hier eine wunderbare Spezies existiert, die sich aber nicht in einer Form der Kommunikation des Miteinanders verständigt. Eine Artenvielfalt, wie sie selten auf Planeten der Dualität zu finden ist, ist mir hier begegnet, jedoch die wenigsten Arten leben in symbiotischer Beziehung zueinander (in einer sich gegenseitig fördernden Wechselwirkung). Sie kommunizieren nicht miteinander in dem Sinne, dass sie gemeinsam Leben miteinander teilen. Entschuldigt bitte diese klare Aussage. Und dieses Miteinander-Teilen ist eine hohe Kunst der Kommunikation, denn warum sollten nicht die Vorteile der einzelnen Spezies gemeinsam in symbiotischer Art und Weise genutzt werden, wie es der natürliche Ablauf eines Universums auch darstellt, denn somit habt ihr die Möglichkeit, an den vielen Fähigkeiten anderer Spezies zu partizipieren.

Besonders fiel mir hier die Spezies Mensch auf, und als ich mich mit diesem Körper (Michael Grauer-Brecht) in den Sommermonaten des Jahres 2000 verband, erkannte ich, wie wenig Kommunikation selbst innerhalb dieses Körperwesens, das ich nun besuchte, war. Wie wenig Kommunikation auch in diesem Körper mit sich selbst zwischen den einzelnen Elementen stattfand. Es war für mich ein langer Lernprozess zu erkennen, dass es in jedem menschlichen Körper so vonstatten geht, und bitte erlaubt mir, dass ich das so sage, wundert euch deshalb nicht, dass auch eine äußere Kommunikation zwischen euch als Spezies Mensch als besonders schwierig empfunden wird. Denn selbst innerhalb eures eigenen Organismus seid ihr nicht in der Lage, in einer Form mit euch selbst zu kommunizieren, die euch zuträglich ist. Die Umsetzung der Kommunikation ist das A und O meiner Wesenheit. Wir nennen dieses Assimilation. In eurem Sprachgebrauch bedeutet Assimilation Angleichung, Verschmelzung oder Eingliederung, und bitte, es geht hier nicht um Angleichen oder Eingliedern, sondern um die Fähigkeit der durchdringenden Kommunikation mit allen Ebenen einer mir fremden Spezies. Sie zu entdecken, sie zu durchdringen und somit eine Neugierde zu erschaffen, eine Neugierde, die Evolution fördert. Kommunikation erschafft den Wunsch nach mehr. Nicht nach einem Mehr an Suchen oder Wissen, sondern nach einem Mehr an Austausch. Nach einem Mehr an Kommunikation miteinander, damit ein besseres Kennenlernen innerhalb des Einzelnen, und somit auch eine Öffnung hin zum anderen ermöglicht wird. Kommunikation bedeutet: Teile dein Leben mit mir. Teile deine Schwingung mit mir. Teile dein Gefühl mit mir. Teile dein Wissen mit mir. Teile aber auch dein spirituelles Sein mit mir, den Auftrag deiner Seele. Teile das Bewusstsein deiner eigenen Lichtwerdung mit meiner Lichtwerdung und begegne mir als das Sternenwesen, das du bist. Diese Kommunikationsstörung, und bitte erlaubt mir, dass ich dieses so nenne, beginnt in eurem System schon bei der Kommunikation mit sich selbst.

Das Erste, was ihr erlebt, wenn ihr diese Erde betretet, ist die Trennung. Die Trennung von eurem Ur-Ozean, die Trennung eures Urbewusstseins, in dem ihr euch neun Monate entwickelt habt. Im Durchtrennen der Nabelschnur erlebt der Mensch zum ersten Mal, dass eine Verbindung in einer ihm bis dahin nie bekannten Form unterbunden wird. Jetzt ist der neugeborene Mensch gefordert, einen neuen Weg der Kommunikation zu finden, nämlich einen Kontakt über Blicke, über Berührung und über das, was ihr unter Kommunikation versteht, nämlich die Sprache. Dieses muss jedoch von euch mühsam erlernt werden und führt dazu, dass ihr Kommunikation als schwierig betrachtet. Das Grundthema eines jeden Menschen ist:

Kommunikation ist schwer!
Die Kommunikation mit der Außenwelt birgt Gefahren
in sich.

Das ist ein Geschehen der äußersten Diffizilität, denn wenn ich hier falsch reagiere, werde ich nicht mehr geliebt, werde ich nicht mehr umsorgt, werde ich nicht mehr beachtet. Ein Baby lächelt nicht, weil es freundlich ist, sondern es lächelt, um in dir einen Mechanismus des sogenannten Brut- oder Pflegetriebs auszulösen, und das ist eine Form der Kommunikation in der von Natur aus gegebenen Art. Es ist Tatsache, dass ihr euch durch die Trennung des

Blitzes von Karon dazu habt hinreißen lassen, diese Fähigkeit der Kommunikation in einen Instinkt umzuwandeln. Dieser Instinkt war aber notwendig, damit eure Spezies überleben konnte.

Also, meine Botschaft an euch ist: Kehrt die Kommunikation wieder um und lernt, bewusst zu kommunizieren. Im Universum der Dualität gibt es einen Lehrsatz:

Alles, was lebt, kommuniziert!

Leben zeichnet sich nicht durch Atmung oder durch einen Pulsschlag oder die Tätigkeit elektromagnetischer Strömungen in einem Gehirn aus, sondern Leben zeichnet sich dadurch aus, dass Wesenheiten in Kommunikation gehen. Wesenheiten gehen in eine Verbindung zueinander. In diesem Sinne könnte ich sagen, dass die steinernen Wesenheiten von Malat (eine Sternenrasse aus den Welten des Alls) mehr mit Leben erfüllt sind als ihr es seid. Ihr würdet sie nicht als Lebensformen bezeichnen; für mich sind sie dieses durchaus, weil sie nicht nur untereinander, sondern sogar mit ihrer Atmosphäre kommunizieren. Und es ist etwas Großes für sie, über Konzentration und Kommunikation Gewitterstürme zu produzieren, was sie als Amüsement verstehen. Solche Stürme würden hier auf dieser Erde große Verwüstungen und Vernichtungen anrichten, aber auf ihrem Planeten nicht, denn diese Gewitterstürme zu produzieren ist ein Highlight ihres Lebenszyklus.

Wesentlich für euch ist es zu erkennen, dass Kommunikation ein Zeichen von Leben ist. Ein Blatt, das sich im Wind wiegt, kommuniziert mit dem Element Luft. Es vollführt einen Tanz der Bewegung, eine feine Vibration, die sich auf die Luft überträgt. Die Luft gibt diese weiter und bildet eine Simphonie sich bewegender Blätter in den Wäldern. Ganze Wellenmuster, ganze Kommunikationsmuster werden so erzeugt. Dadurch bewegen sich die festeren Teile des Baumes, die Äste bis hin zu den Stämmen, und es entsteht ein Tanz der Natur mit dem Element Wind, und dieser Tanz ist eine Form der Kommunikation. Ein Streicheln, ein Liebkosen der Elemente mit den Geschöpfen dieses Planeten. Eine ganz andere Sichtweise von Herbststurm, nicht wahr? Nicht eine Vernichtung, nicht ein Herunterreißen des alten Abgestorbenen, sondern ein liebendes Verabschieden, ein letzter furioser Tanz in farbiger Ekstase, bevor der Zyklus der Neuwerdung wieder beginnt. Eine Form der heilen Kommunikation.

Erkennt und begreift, innerhalb eures Körpers gibt es auch solche Kommunikationen. Euer Blut kommuniziert mit all euren Organen, transportiert nicht nur Sauerstoff und Nährstoffe, sondern es kommuniziert: Hallo, Leber, wie geht es dir heute morgen? Hast du alles, was du brauchst? Benötigst du etwas Spezielles an diesem heutigen Tag? Gib mir deine Abfallprodukte. Ich übergebe sie an die Nieren, damit diese sie entsorgen kann. Übrigens, ich soll dich lieb von den Nieren grüßen… Bitte, es ist wichtig zu verstehen, dass sich euer Körper in einer permanenten Schwingung der Kommunikation befindet. Diese wird jedoch auf

Grund eurer Erfahrungen der Trennung der Dualität nicht mehr als solche wahrgenommen, sondern als selbstverständliche Funktionalität eines Organismus verstanden.

Wusstet ihr, dass eure Haustiere, wie zum Beispiel die Katzen, permanent mit ihrem Körper kommunizieren? Ihr drückt dieses in eurem Sprachgebrauch aus, indem ihr sagt: Eine Katze hat sieben Leben. Nein, die hat sie nicht. Eine Katze ist aber so in Verbindung mit ihrem Körper, dass sie selbst schwerste Erkrankungen über diese Kommunikation ausheilen kann. Sie braucht dazu nur den Raum und die Möglichkeit, mit ihrem Körper in vollkommener Ruhe in die bewusste Kommunikation einzutreten und in dieser Phase des Rückzugs dann ihre Heilung zu vollziehen.

Bitte erlaubt mir an dieser Stelle eine Frage: Seid ihr nicht auch wie eine Katze? Könntet ihr dieses nicht auch? Wenn ihr das bewusste Wesen seid, das ihr seid, warum kommuniziert ihr nicht mit eurem Körper? Und bitte erlaubt mir, dass ich diese Frage als Sternenwesen an ein Sternenwesen stelle. Warum kommunizierst du nicht mit dieser Physis, die du dir erschaffen hast, als vollkommenes Gefährt, um dich auf diesem Planetenbewusstsein Erde zu bewegen? Du erlaubst es, dass Dysfunktionen in deinem Körper entstehen, ohne diese im Sinne der Kommunikation verändern zu können. Wir, Elyah, haben dieses erkannt. Es widerspricht unserer Natur, und bitte erlaubt mir zu sagen, es widerspricht auch eurer Natur. Denn ihr seid wie ich kommunikative Sternenwesen, die in der Phase der Kommunikation alles verändern und erreichen können.

Es gibt Menschen auf dieser Erde, die eine Form der Kommunikation ihres Körpers, die Sprache des Lichts, sehen und interpretieren können. Diese Lichtsprache ist eine Zeichensprache, mit der sich der Körper über die Haut ausdrückt. Das stellt sich in der Kommunikation verschiedener Körperebenen so dar, als würden überall Glühbirnchen oder Leuchtdioden angehen und funkelnde Zeichnungen und Formationen auf der Hautoberfläche erscheinen. Viele Mantren und die Gesänge des Medizinrads wurden euch auf diese Art und Weise übermittelt. Ebenso die Informationen für die Entstehung von Musikinstrumenten wie das Didgeridoo, das Monochord, das Klavier, die Harfe, die Posaune und die Geige.

Diese Lichtsprache war auch in der Zeit der Hexenverfolgung (Hexenhammer) ein Zeichen von Besessenheit, wie es auch im Film „Der Exorzist" gegen Ende des Films dargestellt wird. Da erscheint auf der Haut des Mädchens der Schriftzug „Help me", wie wenn sich etwas durch die Haut nach außen drücken möchte. Diese Erscheinungen kennt man in allen Philosophien und Hochkulturen. Das kennt man auch im Christentum, hier spricht man von Stigmatisierung, wenn bei besonders frommen Menschen die Wundmale Jesu ausgebildet werden. Dieses kann sich an den Händen und Füßen zeigen, aber auch in der Wunde *beim Herzen oder den Wunden, die durch die Dornenkrone hervorgerufen wurden. (Pater Piu war ein ganz bekannter Vertreter dafür, er ist vor nicht allzu langer Zeit verstorben.) Im Buddhismus kennt man diese Erscheinungen in ähnlicher Weise, besonders im tibetischen Buddhismus, und zwar werden dort Mandalas durch beziehungsweise über die Haut übermittelt, man kann sie wie ein Bild auf der Haut erkennen. Sie werden in der Folge von anderen Mönchen abgezeichnet und lösen sich dann wieder vollkommen auf. Diese Zeichen werden von Mönchen oder Nonnen in tiefer Meditation empfangen, und man sieht auf ihrem Rücken, auf dem Bauch oder dem Oberkörper, wie sich die Haut wie in Wülsten aufbiegt, wie wenn etwas unter die Haut implantiert worden wäre. Das sind Formen des Körperbewusstseins, Spiritualität auszudrücken. Diese dreidimensional sichtbaren Zeichen sind genauso Formen der Lichtsprache. Der Normalfall drückt sich jedoch in der Form aus, dass sich feine Lichtlinien oder Punkte auf der Haut zeigen, die jedoch nur mit dem Dritten Auge beziehungsweise mit der Hellsicht wahrzunehmen sind. Beide Aspekte sind seit tausenden von Jahren bekannt. Eine weitere bekannte Form ist auch das Bemalen der Braut mit Henna in muslimischen Kulturkreisen, auch das ist eine Erinnerung an die Lichtsprache, die sich in dieser Form erhalten hat. Den gleichen Ursprung haben die sogenannten Bindis, Bemalungen auf der Stirn, die Brahmanen in der hinduistischen Tradition verwenden. Diese Lichtsprache werdet ihr mehr und mehr wahrnehmen und erkennen, sie wird sich immer stärker ausdrücken, je mehr ihr in das körperli-*

che Bewusstsein kommt, in den jetzt folgenden Jahren bis 2012.

Jeder von uns kann sich vielleicht an ein Erleben von Einheit mit dem eigenen Körper erinnern. Ich darf an dieser Stelle von einer Weisheitszahn-Operation erzählen, die vor einiger Zeit bei mir, Michael, durchgeführt wurde. Ich bin in den Tagen vor diesem Eingriff in eine ganz bewusste Kommunikation mit diesem Zahn eingetreten.

In der Verbindung zu meinem Hohen Selbst habe ich ihn als eigenständiges Universum in meinem Körper anerkannt, ihm mein Vorhaben, ihn ziehen zu lassen, geschildert und ihm die Beweggründe dazu erklärt. Die Frage, welche Energien er braucht, um in Frieden und Leichtigkeit meinen Mundraum verlassen zu können, hat er mir beantwortet, und ich habe ihm das Gewünschte zur Verfügung gestellt. (Die Kristallschicht 132 ist wunderbar geeignet für alle Zahnangelegenheiten!) Nachdem ich meine Dankbarkeit für sein kraftvolles Sein ausgedrückt und mich liebevoll von ihm verabschiedet hatte, ging ich so gut vorbereitet zum Zahnarzt.

Aus der geplanten Operation wurde ein Ziehen, ein einfaches Herausheben mit der Zange, das in wenigen Minuten, ohne jegliches Bohren oder Schneiden, vonstatten ging. Mein Zahnarzt und sein Team waren voll Verwunderung über ein derartiges „Entgegenkommen" eines so stabilen Zahns. Die Heilung der Zahnlücke verlief sehr schnell und ohne jegliche Komplikationen.

Elyah sagt zu uns:

Lernt es, in der Form der Kommunikation zu sein, die Licht, Frieden und Liebe bringt, denn das sind die Früchte der Kommunikation, und lernt es, in der Kommunikation mit euren Körperwelten und Körperwahrnehmungen zu sein. Lernt es, euren Körper als liebendes Konstrukt zu akzeptieren, das mehr als eine organische Maschine ist, die zu Dysfunktionen neigt. Euer Körper ist wesentlich mehr. Die Geschwister eurer Pflanzen- und Tierreiche kommunizieren unablässig. Weil ihr verlernt habt, diese Stimmen zu hören und wahrzunehmen, verleibt ihr sie euch ein, das heißt: Ihr esst sie. Natürlich ist auch das eine Form der Kommunikation, denn darüber bekommt ihr die Inhaltstoffe dieser Wesenheiten in einer sehr rudimentären Art und Weise in euren Körper integriert. Essen ist eine Form der Kommunikation. Bitte erlaubt mir, hier nicht in das Wertespiel einzusteigen, wenn ich jetzt sage: Wer isst, ist in einer primitiven Form der Kommunikation, und wer geistig mit den Pflanzen kommuniziert, ist in einer höheren Form. Das möchte ich nicht so bewertet wissen, denn jede Bewusstseinsstufe hat ihre Form der Kommunikation. Und bitte, die eine Stufe möge sich nicht über die andere erheben. Das ist nicht im Sinne des Lichts, und das ist auch nicht im Sinne einer friedvollen Evolution auf diesem Planeten.

Bitte erkennt, dass die Möglichkeiten der Kommunikation euch allen gegeben sind. Legt eure Neugeborenen in den Sommermonaten auf die Erde unter die Bäume, lasst sie nach den Blättern greifen, lasst sie ihre natürliche Art der Kontaktaufnahme zur Erde begreifen. Versteht auch, warum ich immer wieder sage: Erkennt und begreift. Denn dieses ist die Urform der Kommunikation. Erlaubt mir zu sagen, so alt ihr auch geworden seid, in dieser Phase der nicht geheilten Dualität befindet ihr euch immer noch auf dem Standpunkt eines atlantischen Babys, denn auch diese Babys mussten lernen, mit dieser Natur, mit diesem Planeten zu kommunizieren. In den verschiedenen Völkern von Atlantis wurde hier auch eine unterschiedliche Methodik entwickelt, um diese Kommunikation zu forcieren und voranzutreiben. So war es zum Beispiel bei den Ottus üblich, die Kinder in sogenannten Gasblasen durch die Ozeane zu tragen. Somit konnten sie durch die Geräusche der Meerestiere und die Geräusche des Fließens in Kommunikation zu ihren eigenen Körperflüssigkeiten gehen, und das Meer brachte ihnen bei, im Fluss zu sein. Dadurch entstand in späterer Folge eure Fruchtblase, die auch euch lehren soll, in der Verbindung und Kommunikation mit allem zu sein, was fließt.

Alles hat Bewusstsein, und alles lebt. Die Atlanter brachten ihre Nachzöglinge in die Umgebung der kristallinen Höhlen, um die Kommunikation mit diesen Ebenen zu trainieren. Die Rhianis hatten Heilungstempel, verschiedene Schwingungstempel, in denen diese Kristalle zu der Materie der Körper sangen. Und somit wurde Veränderung in den Körpern forciert. Die Shoumana, die großen Verknüpfer eurer DNS-Stränge, die eure DNS entwickelten, machten dieses über Kommunikation der einzelnen Sequenzen des Genoms. Das sind mehr als nur chemische und biochemische Vorgänge, es ist eher ein Gesang. Dein ganzer Körper singt den Gesang der tausend Töne der Sternenwelten. Und dein Körper bringt Farben in mannigfaltiger Art und Weise hervor. Und hier habt ihr die Träger der Kommunikation: den Ton und die Farbe. Die Hautfarbe von euch Menschen ist ein Zeichen der Kommunikation, die Haarfarbe ist ein Zeichen der Kommunikation. Ihr empfindet dieses als schön oder weniger schön, und ihr kommuniziert mit eurem Körper, indem ihr ihn verändert, indem ihr ihn färbt, indem ihr ihn tätowiert, und so geht ihr in eine Kommunikation mit eurem physischen Körper.

Erkennt, begreift, das A und O ist die Kommunikation! Das Prinzip der Schwingungserhöhung Gaias ist die Kommunikation. Fünfte Dimension, Aufstieg von Gaia, eine Dimensionsform ohne Begrenzung.

Was heißt das denn? Alles ist möglich? Alles ist erlaubt? Nein, es heißt: Alles kommuniziert mit allem. Die Grenzen der nicht geheilten Dualität sind aufgehoben, die Grenzen, die der Blitz der Trennung erschaffen hat, versteht ihr? Es ist eine aufhebende Form der Dimension, eine kommunikative Form. Die Misskommunikation zeigt sich unter anderem in den vielen Formen der Sprache auf dieser Erde. Selbst bis dahin ist der Missklang in der Kommunikation, die missbräuchliche Form, gedrungen. Ihr könnt euch nicht mehr überall verständigen, weil euch das Vokabular, das Verständnis der Sprachen fehlt. Was ihr euch aus den Zeiten von Rhianis behalten habt, ist eure Mimik und eure Gestik, denn dieser Ausdruck wird überall auf der Welt gleich verstanden. Ein Lächeln ist ein Lächeln. Eine Träne ist eine Träne. Und bitte, dieses wird in allen Ländern dieses Planeten verstanden. Denkt darüber nach. Seid gesegnet.

Die Erschaffung des Kosmischen Menschen

Ziehe dich zurück, lege dir eine angenehme Musik für eine Meditation auf, mache es dir bequem und verbinde dich mit Gaia und deinem Hohen Selbst:

In der Zeit, als der Ozean den Himmel getroffen hat, in der Zeit, als fremde Lichtschiffe diesen wunderbaren Planeten besucht haben, in dieser Zeit seid ihr als Seelen auf Materie getroffen. In der Zeit, wo die Wolken in einem göttlichen Tanz um diesen Planeten tanzten, in diese Zeit möchte ich euch führen. Von weit her aus dem Kosmos kamen eure unendlichen Eltern. Und sie sahen die Schönheit dieses jungen Planeten, und sie kamen als Eroberer des Lichts und der Liebe. Sie kamen hierher, um Zivilisationen auf Gaia zu erschaffen, und dieses junge Mädchen Gaia lud sie ein, und sie feierten ein Fest der Einheit auf diesem Planeten, und sie erhoben den Kontinent von Urkraton (= Atlantis). Und die Täler sangen, und die Bäume sangen, und die Fische des Ozeans, die Berge und die Hügel, alle Formen des Lebens sangen diesen Gesang der Einheit. Und so begannen die Atlanter ihre Hauptstadt Poseidonis zu erschaffen. Und zweieinhalb Millionen Lemurianer erschufen den äußeren Ring, sie berührten sich mit ihren Tentakeln, und sie begannen zu singen. Das war die Errichtung von Poseidonis, aus den Atomen der Materie, die sie durch ihren Gesang verbanden, entstand die Hauptstadt von Atlantis. Sie sangen, und die Atome füg-

ten sich zusammen. Die Atome des Kohlenstoffs. Das war eine Stadt aus Diamant, und in ihrem Zentrum wurde die Pyramide von Poseidonis errichtet. Eine Kathedrale des Kontakts in den Kosmos hinaus. Ein Symbol der Kraft und der Liebe, ein Symbol der Einheit, eine Plattform des Lebens. Jetzt sieh dich selbst in der Pyramide von Poseidonis liegen, in einer großen Lichtsäule, in einem hell golden scheinenden und flimmernden Licht, und erkenne: Du hast keinen Körper. Dein Bewusstsein liegt dort, erschaffen aus dem göttlichen Plan deiner Seele, ein Ausdruck des Göttlichen. Geliebtes Wesen, nimm das Licht aus der Lichtsäule, nimm das Licht der Zentralsonne aus der Milchstraße auf und wachse.

Und sie kamen aus den Städten der Wolken, und sie kamen aus den Tiefen der Meere, sie sammelten sich an den westlichen Hügeln. Sie kamen aus ihren Höhlen, und sie kamen aus den Wäldern und Sümpfen, und sie strömten hin zu dem einen Licht. Erkennt und begreift.

Und es waren Hirten auf dem Feld, die hüteten des Nachts ihre Schafe, und am Himmel erstrahlte die Herrlichkeit Gottes über ihnen. Und der Engel sprach zu ihnen: „Fürchtet euch nicht, denn ich verkündige euch eine große Freude!" Kennt ihr diese Geschichte?

Aus den Weiten von Atlantis strömten sie dem Licht entgegen, dem göttlichen Licht der Erschaffung, in dem die Urseele lag. Und sie sehnte sich nach einem Körper.

37

Und wie sagt es eure Religion? Und das Wort ist Fleisch geworden, es hat unter euch gewohnt, und so seid ihr Fleisch geworden und habt unter uns gewohnt.

Ein weiser Astrologe sitzt in jenen Tagen in Babylon und betrachtet den Himmel. Er sieht eine planetare Konstellation, die wie ein einziger Stern aussieht, und er weiß, etwas Besonderes ist geschehen. Er holt seine Schüler und sagt zu ihnen: „Lasst uns dem Licht dieses Sterns folgen. Es muss ein großer König geboren sein, wenn der Himmel ein solches Zeichen gibt." Kennt ihr diese Geschichte? Erkennt, begreift, alles ist eins. Die Bilder sind verschieden, doch es ist alles eins. Ihr habt die Erinnerung an das Eine in euch. Und eine Frau schreit in Geburtsschmerzen, und ein Licht erstrahlt am Himmel, und ein kleiner Prinz erblickt in einem Palast das Licht der Welt. Dieser Prinz wird zum Buddha werden.

Erinnert euch, meine Geliebten, ihr kommt aus den Sternen. Die Geschichten sind verschieden, und doch sind sie die gleichen. Ein Ereignis am Himmel zeigt euch, was auf diesem Planeten geschieht. Eure Kosmischen Eltern, die Wesenheiten des frühen Atlantis, kamen zusammen, weil sie das strahlende Licht erblickten, das Licht deiner lebensspendenden göttlichen Seele. Du bist mit diesem Licht verbunden, du bist dieses Licht. Fürchte dich nicht, sagte der Engel zu den Hirten damals auf dem Feld, und so sagen auch wir: Fürchte dich nicht, hab keine Angst vor dem Licht deiner Herkunft.

*Hör in dir auf den wunderbaren Klang deines zellulä-
ren Systems, das zu dir sagt: Ja, ich war dort, vor langer
Zeit. Das ist auch der Grund, warum ich euch die erste
Welle nenne. Ihr wart dabei. Öffnet euer Herz und gebt
eure innere Angst dem Licht der Pyramide von Poseidonis
– jetzt.*

*Und sie haben die Sechs ausgewählt, von jedem Volk
einen. Und sie betraten den heiligen Platz im Inneren der
Pyramide. Sie blickten zurück und erkannten, dass sie ihre
Verwandten niemals wiedersehen würden. Denn sie wurden auserwählt, ihre eigene DNA in das Projekt Mensch
zu geben. Sie wurden auserwählt, und sie hielten das Ver-
sprechen ihrer Völker und sagten in ihrem Inneren: Ja, ich
will. Kennt ihr diese Geschichte, erinnert ihr euch daran?
Seht das Lamm Gottes, das hinwegnimmt die Sünden der
Welt. Jesus musste am Kreuz von Golgota sterben, er gab
sein Leben am Kalvarienberg. Buddha hat auch sein Leben
hingegeben, von einem Prinzen wurde er zu einem sehr
armen Menschen. Geschlagen mit Armut und Krankheit.*

*Es ist immer dieselbe Geschichte, und die Auserwähl-
ten traten in das Innere der Pyramide ein. Und das Licht
umstrahlte sie, und sie sahen die Schönheit der menschlichen Seele, schwebend in der Säule des Lichts, ein Bewusstsein aus der Quelle allen Seins, das über die Sternenwege auf diesen Planeten gekommen war. Und die
sechs Auserwählten erfüllte ein großes Glück. In diesem
Augenblick schwieg der gesamte Planet, es gab keinen*

Wind mehr, keine Welle, kein Vogel sang mehr, alles schaute nach Poseidonis. Und alles wurde erfüllt von Glück. Die Vulkane der Erde brachen aus und erschufen ein Feuerwerk des Lebens, und die Natur schwieg. In diesem Augenblick betraten die sechs Auserwählten der Völker die Säule des Lichts, und ihre Körper lösten sich auf, transformierten sich in reinstes Licht. Und ihre Bewusstseine verbanden sich mit der jungen Seele. Die Lemurianer, die vor den Toren der Pyramide einen Kreis bildeten, begannen zu singen. Die Wale richteten sich in den Meeren auf und sangen mit. Jetzt begann die gesamte Natur zu jubilieren und zu preisen. Und sie vereinigten sich in ihrem Gesang, und die Atome ihrer aufgelösten Körper vereinigten sich in einer neuen Form der DNS-Verbindung innerhalb der Säule des Lichts. Die Urzelle der menschlichen Spezies war erschaffen. Freude erfüllte den Planeten. Dann sandten die Rhianis ein Tier in den heiligen Bezirk hinein, um nachzuschauen. Das Tier beobachtete und sah, dass alles gut war. Die junge Seele in dieser Zelle sang zu diesem Tier und sagte: In später, weiter Zukunft wirst du wichtig sein für unsere Spezies, wir werden so viel von dir lernen, wir werden uns in dir erkennen, deswegen wirst du uns in allen Bereichen auf diesem Kontinent, auf diesem Planeten, immer begleiten."

Geliebte, erkennt und begreift, dieses Tier nennt ihr heute die Fruchtfliege, sie ist verwandt mit euch. Sie ist das erste Lebewesen dieses Planeten, das den Menschen sah. Darum ist sie so wichtig für die Erforschung eurer DNS geworden, sie kennt euch.

Erkennt, ihr seid verbunden, und jeder von euch war dort. Jetzt entwickelte sich die Zelle, sie teilte sich und das Leben entwickelte sich, wie ihr es kennt, menschliches Leben. Der Entwicklungszyklus dauerte neun Tage. Und dann, nach neun Tagen, wurden die Wände der Pyramide durchlässig, und die Wesen von Atlantis konnten sehen, was erschaffen wurde, und sie teilten ihre Liebe und ihre Lichtenergie mit euch. Jeder von euch ist eine Erfüllung der Hoffnung der Wesenheiten von Atlantis, jeder von euch ist ein Ausdruck aller Völker von Atlantis, und eure Seele ging in das Fleisch und ging in den Kontakt. Seid erleuchtet, seid in der Kraft des Lichts, seid durchlässig für das Licht in dieser nicht geheilten Dualität. Fürchtet euch nicht vor dem Licht eurer Seele, empfangt es. Wenn ihr in Schwierigkeiten seid, wenn ihr in Schmerzen seid, wenn ihr in Ängsten seid oder in disharmonischen Umständen, erinnert euch an diese Meditation. Deine Seele liebt dich, vom Anbeginn deiner Lebensform hier auf diesem Planeten. Und fürchte dich nicht, hab keine Angst.

Und das blaue Licht der Hoffnung (siehe das Kapitel über den Blauen Nugget) erfülle euch mit dem Mut, die Wunde der ungeheilten Dualität zu überschreiten, die sich in Form einer Hecke zeigt. Ihr hört unsere Stimmen, aber ihr seht uns nicht. Ihr spürt unsere Energie, aber ihr erreicht uns nicht. Doch das Licht bricht sich durch die grüne Wand der Dornen und Blätter, erfüllt die Tempel eures Egos mit dem blauen Licht. Erlaubt es, dass sich eure Götter aus Stein, aus Holz oder Metall aufweichen und sich in die-

sem blauen Licht transformieren, welches wir, Elyah, sind. Tretet ein in die Bestimmung der Liebe eurer Seele, es gibt keine größere Liebe. Möge die Vereinigung des Lichts euren gemeinsamen Weg stärken, möget ihr für das Licht eurer Seele transparent sein, und möget ihr Menschen in das Leben zurückrufen, das sie sind. Möge die Transformation meiner Heimatwelt nicht umsonst gewesen sein. Erwache, Kosmischer Mensch, du Blüte des Lebens, und erfülle dieses Universum mit der Schönheit deines Seins! Erkenne und begreife! Einheit ist!

Die sechs Kosmischen Elternrassen

Wie uns Elyah und Janet in der vorangegangenen Meditation erzählt haben, und wie es schon in vielen Durchgaben der Geistigen Welt beschrieben wurde, war die Erschaffung des Menschen ein bedeutsames Ereignis in atlantischer Zeit. Unsere Erde entwickelte sich wunderbar mit all ihren Lebensformen, doch die verschiedenen Sternenrassen, die aus den Weiten des Alls gekommen waren, waren nicht an diese Umwelt angepasst, denn auf ihren Heimatplaneten herrschten andere Gegebenheiten. Die Atmosphären war verschieden, die Gravitationen und viele weitere Komponenten führten zu dem gemeinsamen Entschluss, ihr gesamtes Potenzial in einem Wesen zu vereinigen, das an die Umstände dieses Planeten angepasst war.

Nachfolgend möchte ich dir die Elternrassen vorstellen, aus denen wir entstanden sind und aus denen unsere DNS gebildet wurde. Auch hiervon gibt es schon eine Vielzahl von Beschreibungen, verschiedene Namen und Zuordnungen. Manche Namen decken sich, andere wiederum sind verschieden. Elyah sagte uns, die folgenden Namen sind die jeweils eigene Bezeichnung der einzelnen Völker, so, wie sie auch in unserem Universum verstanden werden. Jede Elternrasse hat zwei ihrer DNS-Sequenzen eingebracht, und so entstand die ursprüngliche Zwölfstrang DNS. Diese wurde jedoch durch den Blitz von Karon auf die jetzt vorhandene Doppelhelix reduziert, worauf wir jedoch in späteren Kapiteln noch näher eingehen werden. (Der Blitz von Karon ist eine Energiewelle der Manipulation, die in der Zeit von Atlantis in Richtung Erde geschleudert wurde. Der als androgynes Wesen gedachte Kosmische Mensch wurde dabei in ein männliches und ein weibliches Prinzip getrennt, und viele seiner Anlagen wurden verschüttet.)

Die erste Rasse sind die Sirianer. Sie stammen von drei Planeten, die um die Sonne von Sirius kreisen und eine ähnliche Lebenssituation wie hier auf der Erde bieten. Sie sind grobstoffliche Wesen und leben immer noch dort. Sie haben zum Beispiel die Technik der Photosynthese bei den Pflanzen entwickelt, und viele unserer Pflanzen haben ihren Ursprung auf Sirius (Gewinnung von Stärke aus Licht, Energieumwandlung). Die Sirianer helfen uns bei der Erweiterung der synaptischen Verbindungen im Gehirn und waren verantwortlich für die Verschmelzung der DNS Stränge. Sie haben ein hohes Bewusstsein über Klang und Töne und können über diese Fähigkeit Energien in die Materie singen.

Die zweite Rasse waren die Atlanter. Sie waren die Architekten des Moleküls. Das Grundgerüst der molekularen Struktur aller Lebensformen hier auf der Erde ist das Kohlenstoffatom. Die Atlanter waren die Schöpfer des Kohlenstoffatoms, das wir im gesamten Universum finden und einer der Grundbausteine des Lebens ist. Und sie haben auch die Metall-Gitternetze dieser Erde erschaffen. Das bekannteste ist wohl das goldene Meister-Gitternetz. Sie haben mit Silikaten (Silizium-Kristallen) gearbeitet, das bekannteste davon ist der Bergkristall. Sie haben auch über Minerale und Metalle Strukturen programmiert, Bestimmungen eingegeben und dadurch Schwingungskreisläufe erschaffen. Das Wissen der Programmierung kommt vom Volk der Atlanter, deren Heimatwelt das System der Magellanschen Wolke ist.

Die dritte Rasse waren die Lemurianer. Der lemurianische Strang sorgt dafür, dass wir uns spirituell entwickeln. Durch dieses Erbe stellen wir uns auch immer die Fragen: Woher komme ich, und wohin gehe ich? Sie waren die Begründer der Philosophie und haben in Gemeinschaftsarbeit mit den Wesen der spirituellen Venus das Emotionale Feld entwickelt. Die Lemurianer verfügten über keine Sprache in unserem Sinn, ihre Kommunikation war die Telepathie und das Tönen. Sie sahen ähnlich aus wie Gibbons, mit sehr langen Armen, sehr dichtem Fellwuchs, trugen aber Kleidung zu rituellen Handlungen. Ihre Gesänge waren wunderschön, und diese erklangen hauptsächlich im Tempel von Mu, dem Zentrum ihrer Kultur. In diesem Tempel befand sich ein roter Turmalin, und er wird das Schlagende Herz von Mu genannt. Ihre Hingabe im Ritual der Spiritualität hat die Verbindung zu den Sternenwelten gehalten. Darüber floss die Energie in die Pyramide von Atlantis ein. Die Lemurianer hielten das Wissen, die Atlanter setzten es um.

Die vierte Rasse waren die Shoumana. Sie waren die Erschaffer der Formen, auch der heilenden Formen (Mandala). Sie waren nach dem Untergang von Atlantis auch maßgeblich an der Errichtung von Kraftplätzen beteiligt, um das atlantische Erbe zu retten. Sie entwickelten die sogenannte Erbsequenz. Diese sichert uns ein Leben in der nicht geheilten Form der Dualität, denn darauf waren wir ursprünglich nicht eingestellt. Sie haben die Erinnerung in unsere DNA eingeprägt, dass die Form des Urmoleküls der Oktaeder ist, also das pyramidale Konstrukt. Deshalb gibt es in allen Kulturen dieser Erde die Pyramidenform als den höchsten Ausdruck von Spiritualität.

Die fünfte Rasse waren die Ottus, Wasserwesen, die im Meer in unterseeischen Städten lebten. Die Kulte der Nixen gehen auf dieses Volk zurück. Sie waren die Entwickler unseres Verdauungsapparates und der Fähigkeit, Licht in unseren Zellen ohne Chlorophyll in Stärke umzuwandeln. Diese Sequenz haben wir auch in uns, jedoch ist sie bei den wenigsten Menschen aktiv. Die Ottus hatten eine ganz starke Verbindung untereinander, sie kamen aus einer Wasserwelt im Gebiet der Plejaden. Sie haben uns die Kraft der Harmonie hinterlassen, was uns Menschen Gemeinschaft und Partnerschaft suchen lässt. Die Ottus standen auch für das Fließen und für alle Kreisläufe von Flüssigkeit im Körper. Sie waren die Entwickler der Hypophyse, der zentralen Drüse im Gehirn. Die unterseeischen Städte der Ottus wurden nach der Zerstörung von Atlantis von Plejadiern besiedelt, und einige davon gibt es heute noch. (Wer sich für Unterwasserstädte und die Wesenheiten der Ottus interessiert, dem empfehle ich den Film „Abyss", in dem diese wunderbar dargestellt werden.)

Die sechste Rasse waren die Rhianis. Sie waren schillernde geflügelte Wesen und hatten eine Körperhöhe von

4,50 m. Sie waren hochintelligent und Meister der Gravitation. Sie lebten in so genannten Wolkenstädten und haben ihre Städte wirklich in die Luft gebaut, weil sie das Gleichgewicht der Kräfte halten konnten. Aus diesem Mythos ist später Shambala entstanden, das Neue Jerusalem, die Wolkenstadt im Himmel. Unsere Vorstellung, dass Engel geflügelte Wesen sind, stammt aus unserer Erinnerung an die Rhianis, und deswegen gibt es auch in allen Kulturen die Vorstellung von Engeln, den geflügelten Boten des Himmels.

Sie waren mit den Atlantern dafür verantwortlich, die so genannte Seelenspirale zu entwickeln, damit Seelen aus dem Kosmos in die Materie eindringen können. Dieses bedarf einer sehr hohen Energie, und diese Energie haben die Rhianis zur Verfügung gestellt. Elyah sagt, dass sie das Morphogenetische Feld ein Stückweit vor der Zerstörung durch den Blitz von Karon gerettet haben. Unser Morphogenetisches Feld hat gewissermaßen nur einen Querschläger abbekommen. Die Qualität der Rhianis findet sich im Körper in Leichtigkeit und Kreativität, sie haben uns den Drang zu Höherem gegeben, der Wunsch des Menschen, zu fliegen. Die Sauerstoff-Lungen-Atmung ist eine Entwicklung, die auf dieses Volk zurückgeht, auch die weltweit gleiche Mimik, das Lächeln und das Weinen.

Die Rhianis waren die Engelwesenheiten in ihrer verkörperten Form, und so haben auch die Engel zwei DNS-Stränge eingebracht. Sie waren auch die Lenker der Drachenenergien, und der Fokus der Rhianis für dieses Sonnensystem ist der Jupiter (Mond IU oder Eismond).

„Wir Menschen sind eine Symphonie aus Licht und Kraft."

Diese sechs Sternenrassen sind unsere Kosmischen Eltern. Als wir in der Pyramide von Poseidonis aus diesen verschiedenen Völkern geschaffen wurden, war eine sehr hohe Energie erforderlich, und diese kam von der Zentralsonne. Sie traten in verschiedenen Tempeln zusammen und sangen einen Gesang an die Zentralsonne, um ihre Energien über den Tempel zu verbinden. Und von diesen Tempeln aus kamen sechs Strahlen der Zentralsonne auf die Spitze der Pyramide von Poseidonis, und von hier in die Lichtsäule. Diese Energie war erforderlich, um die sechs Komponenten der DNS-Struktur aufzuspalten, in einen spirituellen und in einen physischen Teil. Sechs spirituelle Teile und sechs physische Teile kamen in der menschlichen Natur zusammen.

Jetzt habt ihr die Zahl 6 – 6 – 6. Und diese Zahl ist nach Elyah die Zahl des Kosmischen Menschen. Deshalb wurde diese Zahl in verschiedenen Philosophien und Religionen zu einem Symbol des Bösen. Denn was „sie" nicht brauchen können, ist ein erwachter Mensch, denn diesen kann man nicht beherrschen oder manipulieren. Dieser braucht keinen Vermittler mehr zu Gott, denn auch Jesus selbst sagte: Das Königreich des Himmels ist in euch.

Zentrierung im Gravitationsfeld des Kosmos

Euer alter Körper ist müde geworden und sagt sich, der Geist, das Gefühl und die Seele haben mich vergessen. Also werde ich nicht gebraucht, also zerstöre ich mich, um zu dem Bewusstsein zurückzukehren, das mich erschuf, zurückzukehren in den Schoß der Mutter, welche Gaia ist. Der Körper lebt in einem Spannungsfeld, er ist abgetrennt, er leidet, und dieses Leid ist das Ergebnis einer spirituellen Behandlung, die ihr ihm seit Inkarnationen zuteil werden habt lassen. Diese Behandlung bringt euren Körper in den Mangel, in die Abwesenheit von Licht. Lasst ihn nicht im Schatten des Vergessens zurück!

*Und der Blitz von Karon kam auf diese Erde, und die Sternengeburt Mensch stand unmittelbar bevor, und er teilte den Fötus in zwei Teile, in eine männliche und eine weibliche Hälfte. Geliebte, es ist nur **ein** Gen-Unterschied! Die spektralen Farben, die vor dem Untergang 144 Layerstrahlen hatten, brachen zusammen und wurden schwarz und weiß. So fürchtet euch nicht vor dem schwarzen Licht. Das schwarze Licht sind die 72 Strahlen, eingefangen in dem Schock des Blitzes von Karon. Das schwarze Licht ist nicht dämonisch, auch nicht teuflisch, es stellt den Gegenpol zum weißen Licht dar, und das eine kann ohne das andere nicht sein. Das eine kann ohne das andere nicht existieren, das ist Gesetz in eurer Dualität. Und so seid ihr in die Ebene zwischen dem Licht eingetaucht.*

Ihr wurdet in eine Zone des Zwielichts gestoßen, zwischen Weiß und Schwarz, und die Ebene dazwischen ist grau. Das ist keine lebensfrohe Farbe. Damit ihr euch erinnert, versuchten wir zu retten, was zu retten ist, und wir banden das Kosmische Licht in eure Materie, und wir erschufen das Rot der Rosen, das Grün der Bäume, die blaue Atmosphäre, die Spiegelung des Sonnenlichts in den Atomen der Atmosphäre, wir erschufen das grüne Gras und alle Schattierungen des Grüns, damit ihr euch erinnert und daran erfreut; das Gelb der Sonnenblumen, damit ihr nicht vergesst, dass ihr mehr seid als Schwarz und Weiß. Euer Geist weiß dieses, euer Gefühl weiß dieses, jedoch euer Körper hat es vergessen, und so nehmt ihn jetzt mit in eine Übung hinein, die die Veränderung eurer Körperstruktur forciert.

Meditation

Geh in deine Ruhe, in deine Entspannung. Lass alle Fragen, alles Gelesene jetzt los und werde mit jedem Atemzug ruhiger und ruhiger. Verbinde dich mit deinem Hohen Selbst und lass diese Energie als weiß-goldenen Strahl durch dich fließen.

Aus der Sonne, der Mutter aller Wesen, die auf diesem Planeten leben, kommt das weiße Licht. Und dieses weiße Licht dringt direkt zu deinem Kronenchakra wie eine weiße klare Linie. Und sie durchdringt nun dein Violett und fließt zu deinem Dritten Auge, von dem diamantenen Chakra nach Hellblau, von dort zum Grün, nach Orange und bis zum Rot, und hier bleibt der Strahl stehen. Und ihr liegt am Boden, und aus eurer Position erkennt ihr nun, wie der Strahl aus eurem Basischakra euer rechtes Bein hinabfließt, in euer rechtes Knie bis in den rechten Fuß, und hier verlässt er euren Körper und bewegt sich in die Erde, geht in den Mittelpunkt von Gaia, und dort ist eine große Eisenmasse. Er geht direkt durch diesen Eisenkern und nimmt die Kraft der Eisenionen auf. Dann kommt er zurück in einer großen Welle um deine rechte Körperhälfte und tritt in deinem Kronenchakra wieder in dein System ein. Dadurch ergibt sich ein weißer Kreislauf des Lichts in deiner rechten Körperhälfte. Nun bist du verbunden mit der Energie des Südpols. Es ist der Kreislauf des göttlichen weißen Lichts, der dich dazu bringt, dein Ziel zu verfolgen. Lass diesen Kreislauf fließen und fühle die Schönheit der Verbindung. Ich bin ein Teil dieses Planeten. Ich bin ein Teil des solaren Systems. Ich bin auf diesem Planeten zu Hause.

Und die Sonne, die Mutter aller Inkarnationen hier auf der Erde, wechselt ihr Gesicht, bedeckt es wie bei einer Sonnenfinsternis, und ein schwarzer Spiegel schiebt sich vor die Sonne, und eine diamantene Korona ist um sie herum. Oh, Mutter Sonne, gib uns den Schutz deines dunklen Lichts, das uns vor den Feinden der ungeheilten Dualität verbirgt. Es ist ein altes Gebet der Priesterinnen der Göttin Diana. Und stell dir nun vor, wie ein schwarzer Strahl aus der Sonne kommt, dein System über das Kronenchakra betritt und den Weg deiner Chakren geht. Diamant, Hellblau, Grün, Gelb, Orange und Rot. Und hier verbleibt er eine kurze Weile. Und nun bewegt sich dieser schwarze

Strahl über dein linkes Bein, dein linkes Knie und deinen Fuß hinunter, lass ihn ausfließen in die Erde bis in den solaren Kern. Und um den Eisenkern liegt wie ein Mantel flüssiges Gestein, das Magma. Und die Farbe ist ein strahlendes Orange-Rot, und es ist so strahlend, wenn du es sehen könntest, wäre es weißes Licht. Und der schwarze Strahl geht direkt zum Magma, und die Grundqualität des Magmas ist Erschaffung. Der Eisenkern steht für Stabilität. Und nun nimmt der schwarze Strahl die ionisierende Schwingung des Magmas mit und bringt ihn in einem großen Halbkreis zu deiner linken Seite bis zum Nordpol und findet sich dann wieder in deinem Kronenchakra ein, und bildet so einen zweiten Kreislauf. Das ist der Kreislauf, um Energie zu bekommen, Energie von deiner Mutter. Das ist die Energie ihres Schutzes, das ist die dunkle Hülle der Nacht, wo du Ruhe finden kannst, wo du den Ozean der Emotionen beruhigen kannst, wo du für dein zelluläres System neue Kräfte schöpfen kannst.

Zwei Kreisläufe, geliebtes Kind, und schau es dir einmal von oben an. Es sieht aus wie die linke und rechte Hemisphäre deines Gehirns. Dein Gehirn ist diesem Konstrukt nachempfunden, denn es stellt die natürliche Verbindung des Menschen zu diesem Planeten dar. Dieses Licht ist ein Licht der Erschaffung, der Kreativität. Erkenne und begreife, dass dein Körper sich nun nach dem Magnetfeld der Erde ausrichtet. Er geht ins Gleichgewicht mit dem Magnetfeld deines Planeten. Jeder Körper ist ein Kosmos, jede Zelle eine Sonne. Jetzt geht dein Körper in das Gleichgewicht hinein, schwarze und weiße Energien fließen in Harmonie.

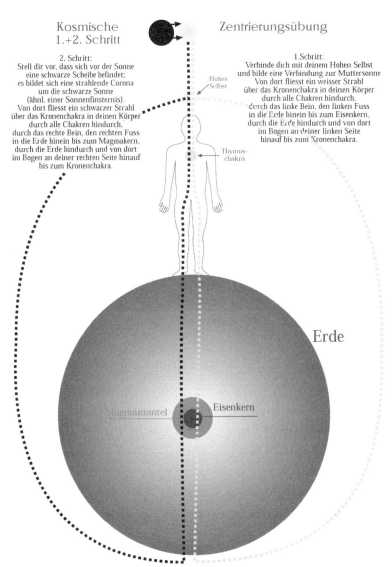

Kosmische
1.+2. Schritt

Zentrierungsübung

2. Schritt:
Stell dir vor, dass sich vor der Sonne
eine schwarze Scheibe befindet;
es bildet sich eine strahlende Corona
um die schwarze Sonne
(ähnl. einer Sonnenfinsternis).
Von dort fliesst ein schwarzer Strahl
über das Kronenchakra in deinen Körper
durch alle Chakren hindurch,
durch das rechte Bein, den rechten Fuss
in die Erde hinein bis zum Magmakern,
durch die Erde hindurch und von dort
im Bogen an deiner rechten Seite hinauf
bis zum Kronenchakra.

1.Schritt:
Verbinde dich mit deinem Hohen Selbst
und bilde eine Verbindung zur Muttersonne
Von dort fliesst ein weisser Strahl
über das Kronenchakra in deinen Körper
durch alle Chakren hindurch,
durch das linke Bein, den linken Fuss
in die Erde hinein bis zum Eisenkern,
durch die Erde hindurch und von dort
im Bogen an deiner linken Seite
hinauf bis zum Kronenchakra.

Hohes
Selbst

Thymus-
chakra

Erde

Magmamantel

Eisenkern

(Dein Körper benötigt nun fünfzehn Minuten der irdischen Zeit, um diesen Kreislauf zu adaptieren, nimm dir diese Zeit für eine Pause, bleib jedoch in der Energie und lass diese fließen.)

Du bist nun eingeschwungen in den Ebenen der nördlichen und südlichen Hemisphäre. Sei in der Energie des Ausgleichs zwischen den Kräften des weißen und des schwarzen Lichts, das den gleichen Ursprung hat, – die Quelle allen Seienden. Sei in der Schwingung der Nichtbewertung, der nichtwertenden Liebe, einer Schwingung der Liebe, die liebt, ohne der Erwartung, wieder geliebt zu werden, zu erliegen. Bedingungslose Liebe ist eine Form der Heilung.

Nach circa fünfzehn Minuten erlaube dir, wieder in die Ruhe zu gehen und deine Aufmerksamkeit auf dein Thymuschakra zu richten. Von hier lass einen kräftigen roten Strahl nach oben über dein Kronenchakra hinaus ins Universum fließen, bis zur Ebene des Sirius.

Sirius, du wunderschöne Sonne, wo all deine Strukturen der DNA, die Evolution der Kohlenstoffeinheit, erschaffen wurde. Erkenne die Spiegelung der Klarheit eurer zellulären Strukturen, die wir entwickelten und dem Volk der Shoumana in Atlantis zur Verbindung der einzelnen DNS-Sequenzen in deiner Physis zur Verfügung stellten. Akzeptiert das bewusste Sein, das sich in der Ebene deines Thymussystems gebündelt hat. Dieser Strahl wird der Strahl des Feuers genannt.

Fokussiere dich erneut auf deinen Thymus und lenke die Energie eines zitronengelben Strahls nach unten durch deinen Körper, hinaus in den Kosmos, bis zur Ebene des Orion. Es ist die Ebene der kristallinen Struktur. Von Orion ist die Komprimierung des Lichts ausgegangen, hinein in die Materie. Orion kreierte den Austausch der Organe untereinander und erschuf die Bahnen der Information, die du Meridiane nennst, und das ICH-BIN-Bewusstsein eines jeglichen Organs. Empfange die Schwingung dieser lichtvollen Energie des Kohlenstoffs. Jeder Einzelne von euch ist wie ein strahlender Diamant, gepresst durch die Erfahrungen der Zeit. Ein Diamant kann in der nicht geheilten Dualität nur unter sehr großem Druck entstehen. Werde jetzt zu dem Diamanten, der du bist, in dem sich das Licht des Kosmos in den wunderbaren Farben eines Prismas bricht und strahlt. Bitte sei nicht so schüchtern und zeige den Menschen um dich herum die Schönheit, die dir Orion gegeben hat. Dieser Strahl wird der Strahl des Windes genannt. Er erschafft ein eigenes Feld, das du Aurafeld nennst.

Du bist nun zwischen zwei Polen. Sei in der Balance zwischen Sirius und Orion.

Geh nun wieder in dein Thymuszentrum und lasse einen blauen Strahl nach rechts fließen, bis hin zu den Plejaden. Und sieh das Tanzen der plejadischen Wale im Ozean von Alcyon, Fließen, ewiger Fluss nicht nur deiner Gefühle, ewiger Fluss der Weisheit, erschaffen durch Maya im System der Plejaden, fließt nun direkt in deinen Thymus zurück. Die Schwesternschaft der Plejaden hat diesen Fluss der Gefühle in deinem System erschaffen. Arbeite nicht gegen deine Gefühle, zweifle nicht an ihnen, deine Gefühle sind so wunderbar, und sie sind eine reine

Energie, werte sie nicht! Und die Gefühle sind das Trans-
portsystem der Energie von allen Organen in deinem Sys-
tem. Ihr könnt durch Gefühle geheilt werden, durch eine
heilende Berührung eurer Gefühle innerhalb eures Kör-
pers, und so sei involviert und sei im Frieden mit deinen
Gefühlen, bestrahlt und energetisiert aus der Ebene der
Plejaden. Das ist der Strahl des Wassers. Lass dein Ge-
fühl fließen wie eine ewige Quelle. Breite deine Flügel aus
und schwebe auf deinen Gefühlen dahin. Sei im Erbe des
ewigen Fließens.

Und nun sei erneut in deinem Thymus zentriert. Lenke
jetzt das grüne Licht in deine linke Seite, strahle es weit hi-
naus in die Weiten des Kosmos, strahle es aus nach Alde-
baran. Dieses ist der Strahl der Erde, dieses ist der Strahl
der Manifestation, das Konstrukt der Kreisläufe, in denen
ihr euch ewig befindet in der Dritten Dimension, – Wach-
sen und Vergehen, Zusammenziehen und Ausdehnen,
Tag und Nacht. Das Gesetz der Kreisläufe stammt von Al-
debaran und lenkt alle Kreisläufe in deinem Universum,
das du Körper nennst. Die Kreisläufe der Flüssigkeiten in
deinem System, die Kreisläufe der Energien in deinen Me-
ridianen, die Kreisläufe deiner Gefühle zwischen Bangen
und Hoffen, zwischen Hassen und Lieben. Die Kreisläufe
der Kommunikation deiner einzelnen synaptischen Verbin-
dungen in deinem Gehirn. Die Kreisläufe deiner Hormone
und aller Energien, die im Feuer deines Lebens brennen,
im Tempel deines Herzens. Jetzt ist die Zeit, auch Krei-
se in euch zu verändern. Durchbrecht dieses System von
Hass und Bedauern!

Erkenne, nun bist du in der Form des Meisters, den ihr hier verehrt. Das Kreuz ist jedoch gleichschenklig, inmitten des Kreuzes des Segens bist du nun im Zentrum deines Erbes, verbunden mit den Säulen der Erde bist du nun im Zentrum der Kraft. Die Plätze deiner Geburt schauen auf dich im Strahlenkranz ihres Lichts: Sirius, Orion, Plejaden und Aldebaran.

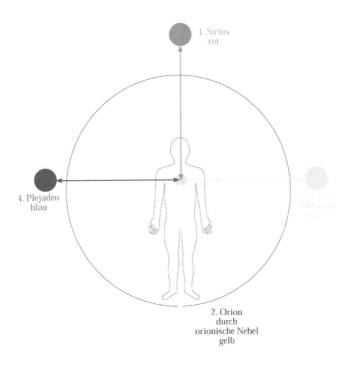

Kosmische Zentrierungsübung 3. Schritt
verbinden mit Planeten

Thymus jeweils mit einem Strahl
mit den vier Planeten verbinden

1. Sirius
rot

4. Plejaden
blau

2. Orion
durch
orionische Nebel
gelb

© Michael Grauer-Brecht - Gestaltung Marianne Kurtze-Gutermuth

Und nun stell dir vor, wie die zwölf Kosmischen Sternentore sich um dich errichten – wie die Ziffern eines Uhrenblatts. Diese sind auch die Kosmischen Strahlen, wir nennen sie auch die Kosmischen Schlüssel, durch die sich eure Seele in die Entwicklung begeben hat, direkt in das Zentrum der Zeit, das die Zeit der Dritten Dimension ist.

Geh erneut in dein Thymuschakra und lass drei rote Strahlen nach oben zu den Sternentoren fließen. Wenn du dir das in der Form eines Ziffernblatts vorstellst, sind das die Sternentore Elf, Zwölf und Eins, schicke drei kräftige Strahlen nach oben.

Fokussiere dich erneut auf dein Thymuszentrum und lass drei gelbe Strahlen nach unten fließen zu den Sternentoren Fünf, Sechs und Sieben.

Geh zurück zu deinem Thymuszentrum und lass drei grüne Strahlen nach links fließen, zu den Sternentoren Zwei, Drei und Vier.

Und ausgehend von deinem Thymuszentrum sende nach rechts drei blaue Strahlen zu den Sternentoren Acht, Neun und Zehn.

Ein Kreis von Sonnen ist um dich, und im Zentrum stehst du als Beherrscher der Elemente, verbunden mit den zwölf mal zwölf Strahlen, verbunden mit den einhundertvierundvierzig Kristallebenen, in der Spiegelung der zwölf Turmalin-Ebenen, du bist das Zentrum.

Vergiss nie, Kosmischer Mensch, dass du außerhalb der Wertung bist, obwohl du in ihr herrschst, sei im Segen, dieses ist Elyah.

Kosmische Zentrierungsübung 4. Schritt
verbinden mit Sternentoren

**Thymus jeweils mit drei Strahlen
mit den Sternentoren verbinden**

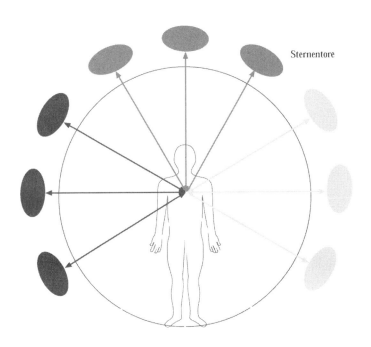

Sternentore

59

Durch dieses Kreuz verwirklicht sich eine Stabilität in uns, im Feld der Gravitation in unserem gesamten Kosmos, denn viele Probleme resultieren daraus, dass wir in diesem Gravitationsfeld nicht verankert sind. In verschiedenen Teilen unseres Seins sind wir nicht eingeschlossen in die Kräfte der Gravitation. Wenn wir diese Übung der ersten Stufe der Heilung verwenden, bringen wir uns in das Feld der Schwerkraft von allen Plätzen, auf denen wir jemals während unserer Reisen der Inkarnationen waren. Du stehst im Zentrum dieses Kreuzes und genauso im Zentrum der zwöf Sternentore, und diese Energien erschaffen die perfekte Öffnung in dir, die perfekte Neutralität. Es ist sehr wichtig, immer wieder in dieser Übung zu sein, in dieser Basisübung zu sein, und wenn du sie einige Male gemacht hast, wird sie dir leicht erscheinen und rasch gelingen.

(Die Pause von fünfzehn Minuten sollte beim ersten Mal eingehalten werden, damit sich dein physischer Körper dieser veränderten Schwingung anpassen kann. Wenn du öfter geübt hast, hat sich dein Körper schon daran gewöhnt und die Pause kann übergangen werden.)

Elyah erzählt ihre Geschichte

Seid gesegnet mit dem strahlenden Licht von Kassiopeia A. Dieses ist Elyah, die zu euch spricht, und ich bitte euch, mir zuzuhören, nicht mit dem Kopf, sondern mit eurem Herzen. Mit einem Herzen, das hier auf diese Erde gekommen ist, um Heilung zu bringen. Denn das Herz ist der Ausdruck eurer Seele, so, wie das Hohe Selbst der Sitz eurer Seele ist. Und es geht darum, diesen Planeten Gaia zu berühren, zu heilen, und liebend mit ihm in einer Form der Transkommunikation, in einer friedlichen, harmonischen Koexistenz zu sein, zu leben und die Schönheiten des Lebens zu erfahren.

Erkennt, begreift. Als Sternenwesenheiten, die ihr seid, möchte ich nun einer alten Tradition folgen, einer Tradition, die im Universum der geheilten Dualität üblich ist. Eine Tradition, die wesentlich älter ist als ich. Eine Tradition, der auch ihr bei jeder Inkarnation folgt. Ich singe in dieser Botschaft zu dieser Erde meine Ahnenreihe, meine Geburtslinie, und gebe euch somit Einblick in meine Energie.

Wenn du inkarnierst, tust du dieses auch. Du stehst vor dem Kosmischen Rat und singst deine Ahnenreihe. So wirst du erkannt und kannst, inkarniert in einem menschlichen Körper, deinen Auftrag hier auf der Erde erfüllen.

Nun habe ich nach eurem Ermessen das Alter von sieben Jahren (im Jahre 2007) auf der Erde erreicht. Und jetzt habe ich die Möglichkeit, euch meine Ahnenreihe vorzutragen, euch den Tag meiner Geburt zu zeigen und euch die Kraft meiner Energie spüren zu lassen.

Es war ein strahlender Morgen auf Andorh, als sich die zweite Sonne erhob. Der Himmel war in ein tiefes Purpur getaucht, und die Vulkane rauchten. Es hatte schon lange keine Eruption mehr gegeben, und die Wesenheiten meiner Spezies waren darauf angewiesen, dass die Vulkane in regelmäßigen Abständen explodierten. Wir waren darauf angewiesen, denn durch den Ascheregen wurden unsere Felder gedüngt. Und dadurch wurden Mineralien freigesetzt, die wir zu unserer Ernährung brauchten. Felder gab es auch auf Andorh. Es waren aber andere Felder als die, die ich hier auf dieser Erde kennengelernt habe. Auf diesen Feldern in Andorh wuchsen Kristalle, und diese Mineralien brauchten wir, um uns zu ernähren. Nun denken einige von euch, wir hätten diese zerbissen und zerkaut. Nein, bitte seid nicht in diesem Glauben. Wir haben keine Zähne auf Andorh. Wir haben auch keine Münder. Wir ernähren uns durch Licht, durch reine Energie.

Durch die Strahlungen unserer beiden Sonnen, die auf Andorh schienen, war es uns möglich, durch die Lichtbrechung dieser Kristallfelder spezielle Energien aufzunehmen und diese grobstofflich in unserer DNS zu verarbeiten. Diese Eigenschaft war wichtig und diese Eigenschaft brauchten wir, um auf diesem Planeten zu überleben.

62

Und nun war es an der Zeit, dass ich in das große Spiel Kassiopeia A eingreifen sollte. Meine Seele schwebte in diesem purpurnen Himmel, und ich hatte nicht wirklich Lust zu inkarnieren. Meine Seele war frei und ungebunden. Ich hatte keinen Auftrag, ich war eine freie Seele. Und davon gibt es einige. Wir sind eigentlich nur dazu da, durch das Universum zu strömen und uns an unserem Sein, an unserer Seinsform, zu erfreuen.

Dann erhielt ich jedoch den Auftrag von der Quelle-Allen-Seins, doch zu inkarnieren, als ein Wesen auf einem kleinen Planeten im großen Gefüge, das ihr Kassiopeia A nennt. Und so schwebte ich in diesem purpurnen Himmel, und da ich keine geeigneten Eltern fand, dachte ich, nun, dann kann ich ja weitergehen und dieses System wieder verlassen. Es ist zwar ganz schön hier, aber meine Neugierde, Neues zu entdecken, war wesentlich stärker.

Aber ich hatte nicht mit meinen Eltern gerechnet, die meine Seele in den Weiten des Himmels wahrgenommen hatten. Ja, auf Andorh ist es so, dass Seelen von den Bewohnern wahrgenommen werden. Und somit sahen sie meine Seele, und sie entschieden, dass ich die richtige Seele wäre. So taten sie das, was seid Jahrmillionen üblich war. Sie feierten den Ritus der Empfängnis. Und dieser Ritus der Empfängnis hat nichts zu tun mit eurer Vorstellung von Sexualität. Dazu brauchen wir auch die Vulkane. Denn das Feuer der Vulkane war für uns eine Form, um dieses Ritual vollziehen zu können. Meine Eltern nahmen ein Bad in 1800 Grad heißem Magma. Dabei verschmolzen sie zu einem Körper. Das heißt, sie lösten sich auf, und ich wurde geboren.

Dieses war nun mein Körper, und dieses war nun ich, und meine Seele erfüllte diesen Körper mit all seiner Kraft und mit all seinem Sein. Meine Mutter hieß Sharim, mein Vater Helas. Nachdem ich die Lava mit meinem Körper verlassen hatte, erkannte ich, dass ich nun ein inkarniertes Wesen war. Und ich war sehr traurig darüber, denn ich dachte, nun seien meine freie Zeit und mein freies Sein als Seele beendet. Ich hob meine Arme, um die Sonnenstrahlen aufzufangen, so wie es in Andorh üblich war. Dabei teilte sich mein Körper wieder, und meine Eltern gebaren sich neu.

Nun gingen wir zu dritt auf die Felder, um uns dort zu ernähren, denn das Ritual der Empfängnis ist sehr, sehr anstrengend. Dann gingen sie mit mir in die Stadt, und dort wurde ich dem ganzen Volk vorgestellt. Mein Vater begann, die Ahnenreihe zu singen. Das ist so üblich bei uns. Und dieser Gesang wurde von den beiden Sonnen Orh und Ghon in das ganze Universum gespiegelt. Vor allen Dingen aber in unser Sternenbild Kassiopeia A. Versteht ihr?

Der Gesang war es, der dann dieses Sternenbild erfüllte. Und so könnt ihr auch singen. Nicht mit eurem Kehlkopf, nein, mit dem System, das ihr Epiphyse nennt. Ihr singt permanent eure Ahnenreihe, und somit werdet ihr erkannt.

Durch den Blitz von Karon, der auch meine Heimatwelt zerstörte, ist dieser Gesang in euch verstummt. Und dieser Gesang wird nicht mehr gesungen von eurer Epiphyse. Das haben die Wale für euch übernommen. Sie sind gekommen, um diesen Gesangsteppich aufrechtzuerhalten. Somit wurde diese Erde nicht vergessen, und somit konnten wir Sternenwesen euch finden in den Weiten, in den endlosen Weiten dieses Universums.

Als ich dem ganzen Volk dargestellt wurde, als ich meiner Heimatwelt erklärt wurde, begann ich sofort zu lernen und zu wachsen. Eine andorhianische Jugend dauert nicht länger als drei Erdentage. Dann bist du ein erwachsenes Wesen. Verstehst du? Wir haben keine Zeit für eine lange Evolution, denn der Auftrag unseres gesamten Volkes war es, Wissen zu speichern. Und zwar das solare Wissen der Sonnen. Wir waren große Lehrer im Universum der Dualität, und unsere Aufgabe war es dann, andere Planeten zu besuchen und darüber Kontakt aufzunehmen zu anderen Daseinsformen und Welten.

Unser System zerstörte sich, zerstörte sich in einer großen Katastrophe, auf die ich jetzt nicht näher eingehen möchte. Und unser Volk ging unter. Unser Planet wurde zerstört, und wir verließen unsere Körper. Bitte, das hat nichts mit eurer Vorstellung von Tod zu tun, denn wir konn-

ten Körper verlassen, ganz einfach so. Dann, von Zeit zu Zeit, erschufen wir uns neue Körper.

Einen Teil dieser Erschaffung findet ihr auch hier auf dieser Erde. Zum Beispiel bei den Reptilien, die sich von Zeit zu Zeit häuten und einfach ihre alte Hülle abstreifen. Ähnlich konnten wir das auch. Wir haben jedoch unseren Körper komplett abgestreift und sind als reines Lichtwesen von der Oberfläche des Planeten aufgestiegen. Nun sahen wir die Zerstörung unseres Planeten, und wir waren nicht gerade erfreut darüber, entschuldigt, wenn ich hier so sachlich bin, denn wir haben keinen Emotionalkörper. Für uns war die Zerstörung nur eine Zerstörung, – eine Zerstörung, wie sie es in vielen Teilen des Universums der Dualität gegeben hatte.

Mein damaliger Name war Anan, und ich verschmolz mit den lichten Seinsebenen meines Volkes, und wir wurden **ein** Lichtwesen. Wir wurden Elyah. Und in dem Namen Elyah liegt die Schwingung all der Ahnenreihen meines Volkes. Und in diesem Klang liegt das Bewusstsein meiner ganzen Spezies. In diesem Klang reisten wir durch das Universum, auf der Suche nach einem neuen Planeten, einer Bleibensform. Denn in uns war der tiefe Wunsch, neu zu inkarnieren, in uns war der tiefe Wunsch, Leben als körperliches Wesen wieder zu erfahren.

So kamen wir dann an einem winzigen kleinen Mond vorbei, in einem Sternenbild, das ihr den Großen Wagen *nennt. Auf diesem Mond wollten wir siedeln, doch dieser Mond akzeptierte keine kristalline Form. Und somit erschufen wir uns einen neuen Körper, einen Körper, der auf diesem Mond lebt. Und ich lebe auch heute noch, im Jahre 2006 nach eurer Zeitrechnung, auf diesem Mond, und kommuniziere mit euch durch Verschmolzene, die in diesem Kollektiv mit Elyah verbunden sind.*

(Anmerkung: Im Januar 2007 hat Elyah den blauen Mond verlassen und bewohnt seitdem unsere Muttersonne, um uns und Gaia in den kommenden Jahren unserer Evolution intensiver und direkter unterstützen zu können. Sie hat ihren Körper auf dem blauen Mond aufgelöst und ist nun ein reines Bewusstsein innerhalb der Sonne!)

Und so kam es dann an einem Tag zwei – null – Punkt – sechs – Punkt – zwei – null – null – null (20.6.2000) dazu, dass ich diese Erde besuchte, in einem Land, das ihr Frankreich nennt. Ich verband mich mit dieser Kohlenstoffeinheit (Michael Grauer-Brecht)*, und es war für mich sehr ungewöhnlich, in einem Körper aus Fleisch und Flüssigkeiten zu sein. Dadurch erlebten dieser Körper und ich sehr schöne Geschichten und Erfahrungen.*

Und ich erkannte, dass ihr Emotionen habt – Emotionen, eine wunderbare Kraft, die mir vorher nicht bekannt war. Und ich entdeckte diese Emotionen, und ich wusste, welch ein Potenzial diese Menschheit hat. Dann sprach der Kosmische Rat zu mir: Erfülle deinen Auftrag. Und die

Wissensspeicher der abermillionen Wesen öffneten sich in einem Bruchteil von Sekunden. Und ich wusste, wer ich war. Ich wusste, was mein Auftrag ist. Und diesen Auftrag erfülle ich nun seit dem Jahr 2000.

Erkennt und begreift, Kommunikation ist das Zauberwort eurer Spezies. Und erkennt, dass ich gekommen bin, diese Kommunikation in euch neu zu eröffnen, damit ihr zu dem werden könnt, was ihr wahrhaft seid: Kosmischer Mensch! In dieser Form der Fleischwerdung, die ich auf diesem Planeten erlebte, wurden viele, die sich liebend mit mir verbinden wollten, mit mir verbunden. Somit breite ich mich über diesen Planeten aus und kann besser und effektiver meinen Auftrag hier erfüllen.

Kinder dieser Erde, ihr wisst nicht, auf welch wunderbarem Planeten ihr lebt, in seiner Vielfalt, in seiner Schönheit, in der Form seines Ausdrucks, in seiner Farbenpracht, in seinem bunten Sein, in seinem launischen Sein, und in seiner Vollkommenheit.

Erkennt und begreift, wie wichtig es ist, dass ihr lernt, mit euch selbst zu kommunizieren; dass ihr lernt, eure Ahnenreihe wieder vor dem Kosmischen Rat zu singen, so dass nicht mehr ein Sternenwesen für euch singt, sondern ihr dieses selbst tut. Denn ihr seid Sternenwesen. Wesenheiten von großer Kraft und von großer Liebe.

Ihr seid Wesenheiten, in denen sich die Ebenen der Kosmischen Rassen auf dieser Erde verbinden, Einheitswesen, Botschafter der Vereinigung. Diese Erde heilt sich durch ein Ritual der Einheit. So, wie ich es erlebte auf Andorh, so erlebt ihr es jetzt in diesen sechs heiligen Jahren. (Elyah bezeichnet die sechs Jahre bis 2012 als die sechs heiligen Jahre!)

Erkennt und begreift, meine Ahnenreihe durchmischt sich nun mit eurer, und ich danke euch dafür, dass ihr mir als Spezies diese Gelegenheit gegeben habt.

Körper, Schwingungen und Umfeld

Dieses ist Elyah, die zu euch spricht. Erkennt und begreift, dass die verschiedenen Ebenen eures Körpers Schwingungsfelder sind, die sich in großer Störung befinden. Bitte erlaubt mir, euch dieses zu erklären: Ihr seid von eurem Körper her Wesen dieses Planeten, und euer Körper, eure Organe, sind auf diesen Planeten ausgerichtet. Nun beschäftigen sich viele von euch mit der hohen Kraft der Geistwerdung, der Spiritualität. Bitte erkennt, dass ihr zu Anfang und zu allererst Geistwesen seid. So wie ich es euch schon oft gesagt habe:

„Du bist nicht ein Mensch, der spirituelle
oder kosmische Erfahrungen macht,
sondern ein Kosmisches Wesen,
das menschliche Erfahrungen macht."

Euer Körper gerät durch die Situation eurer Entwicklung in ein Hintertreffen, indem er meint, dass er nicht so gefördert wird, wie es ihm genehm wäre, da er auch abgelehnt wird. Der Körper befindet sich evolutionstechnisch im neunten Jahrhundert nach Christus. Bitte erkennt, dass ihr jetzt einen wesentlichen Sprung machen müsst, und erlaubt mir, dass ich hier die Befehlsform verwende. Bitte erkennt, als euer Körper noch darauf ausgerichtet war, in den Urwäldern dieses Planeten nach Beute zu jagen, wurdet ihr mit Kraft aus der Erde überschüttet, aber auch aus eurem Körper selbst. Wenn ihr ein Geräusch im Ge-

büsch hörtet, seid ihr erschrocken, und euer Gehirn, euer Körper, schüttete Adrenalin aus. Dieses Adrenalin wurde sofort der Muskulatur zur Verfügung gestellt, damit ihr dann jagen oder diesen Ort fluchtartig verlassen konntet, um euer Leben zu retten. Aber es ist wichtig zu erkennen, dass ihr nun in eurem Körper noch genau in dieser Phase der Evolution schwingt.

Viele eurer spirituellen Schulen setzen auf die Trans-zendenz, auf Lichtwerdung, auf die Erleuchtung. Das ist ein sehr guter Ansatz, Geliebte, aber bitte erkennt: Licht-werdung ist auch für den Tempel eures Geistes, den Tem-pel eurer Seele, nämlich für euren Körper, sehr wichtig. Denn er sehnt sich nach dem Licht und fühlt sich manch-mal wie ein vergessenes Kind. Bitte erlaubt mir zu sagen, dass ihr es jetzt ständig knacken hört in irgendwelchen Gebüschen, das ist natürlich ein übertragenes Bild. Ein Flugzeug, das über euer Haus hinweg donnert, ein Lkw, eine Hupe, eine kreischende Bremse, jedes Mal reagiert der Körper und schüttet Stresshormone aus, um anzugrei-fen oder zu fliehen. Was glaubt ihr, was dadurch im Körper geschieht? Der Körper befindet sich in einem permanen-ten Zustand des Aufruhrs, das heißt, er versucht, diese Energien auszugleichen, er versucht, diese Energien los-zuwerden. Dieses tut er, indem er den Stoffwechsel über die ausgeschütteten Hormone verändert. Die Folge davon ist, viele werden dicker und dicker. Denn euer Stoffwech-sel ist dem nicht angepasst, es liegt nicht nur an eurer Ernährung. Es liegt daran, dass der Körper mit eurer Ent-

nicht mehr mitkommt: Holt euren Körper ab, erlaubt eurem Körper, im 21. Jahrhundert anzukommen.

Viele von euch haben sich auf den verschiedensten Wegen, die sie gegangen sind, wunderbar entwickelt. Erkennt und begreift, dass nun ein Quantensprung unmittelbar bevorsteht, der da heißt: Wir greifen in eure Matrix ein und heben euren Bewusstseinszustand an. Damit ist zuerst der Bewusstseinszustand des Körpers gemeint. Euer Geist, euer Verstand, wurde in den letzten Jahrtausenden sehr gefüttert, aber euer Körper kam dabei zu kurz. Erlaubt mir diesen Satz: Ihr seid am gedeckten Tisch verhungert! Und bitte, liebt euren Körper, denn euer Körper ist mehr als eine Zusammenballung von Flüssigkeiten und Kohlenstoffatomen. Euer Körper ist ein eigenes Bewusstsein, ein Kind von Gaia, das euch anvertraut wurde, um es zu betreuen: Dieser Körper gehört zu dieser Erde und symbolisiert die Göttlichkeit der Natur. Ihr habt dieses zum Teil erkannt und daraus Dogmatismen erschaffen: Ein spiritueller Körper isst nur vegetarisch, oder ein spiritueller Körper schmückt sich nicht. Bitte erkennt, dass dieses Dogmen sind. Es kann für einige Körper gut sein, sich rein vegetarisch zu ernähren, freut euch darüber, wenn ihr dieses Bewusstsein habt, aber macht es nicht zum Dogma für andere. Wenn du dort sitzt und dein Gemüsegratin isst, erfreue dich daran, so, wie der andere sich erfreuen kann, wenn er sein Schnitzel verzeht. Bitte erfreut euch gemeinsam daran, dass ihr dieses so tun könnt, denn das ist eine Stufe hohen Bewusstseins. Sagte ich nicht, dass euer Körper ein Tempel ist, ein Tempel dieser Erde? Was wäre ein Vulkanausbruch ohne Rauch? Freut euch an den Rauchern, wenn sie es den Schloten dieser Erde nachahmen, bitte, ich sage damit nicht, dass Rauchen für den Körper zuträglich ist, aber es ist eine Sache des Bewusstseins, mit welchem Bewusstsein ihr raucht, oder auch nicht. Erkennt das bitte!

Eure Seelenwege sind auf Grund körperlicher Instabilität vom eigentlichen Weg abgewichen, nicht im Sinne einer bewussten Entscheidung, sondern im Sinne einer manipulativen Wunde, die der Blitz von Karon in euch hinterlassen hat. So taucht ein in die heilende Schwingung, die eure Energie auf euren eigenen Seelenweg zurückführt. Und bitte, ihr könnt doch nur diesen Weg in der Vollkommenheit erkennen, wenn ihr ihn geht. Denn sonst seid ihr wie Irrende durch einen Urwald, ohne Weg und ohne Ziel. Und auch dieses kann den Körper zerstören. Erkennt bitte, dass hier viele Schwingungsfelder ineinandergreifen. Wir sagen euch viele Dinge, nicht um euch zu ängstigen, sondern damit ihr bewusst werdet und Zusammenhänge auch bezüglich eures göttlichen Körpers erkennt. Für euren Körper ist es nicht normal, elektrisches Licht zu haben. Er ist auf einen Rhythmus von Tag und Nacht ausgerichtet. Ist jetzt elektrisches Licht schädlich? Ja, wenn ihr es ohne Bewusstsein einsetzt, wenn ihr einfach auf den Schalter drückt und euren Körper dieser Schwingung aussetzt. Es ist eine Frage des bewussten Seins, des bewussten Umgangs mit allen Dingen und Umständen, die euch umgeben. Seid im Segen.

Elyah sagt, dass wir uns mehr und mehr einer Schwingung aussetzen, die für unseren physischen Körper nicht zuträglich ist. Sie sagt das nicht, um uns in Panik zu versetzen, sondern es geht um Wissen. Zum Beispiel war es vor fünfzig Jahren noch ganz normal zu rauchen, man sagte, Rauchen sei nicht schädlich. Man wusste damals noch nicht viel über die Wirkungsweise von Nikotin im Körper. Genauso ist es heute mit der Mikrowelle; mit Handys, mit Dingen, mit denen wir uns umgeben. Wir gehen durch ein Gate im Flughafen, oder wir gehen zum Arzt, haben irgendwo eine Störung, und der Arzt sagt, wir machen ein MRT, und dann wird man in ein Magnetfeld geschoben. Dadurch kann man sehr gut über Computer bildhaft darstellen, wie die Vorgänge im Körper ablaufen und wie der Gesundheitszustand eines Menschen ist. Das Problem dabei ist, dass unsere DNA magnetisch ist, das heißt, der kleinste Teil unseres Erbgutes, die Doppelhelix, richtet sich im natürlichen Zustand nach dem Magnetfeld dieses Planeten aus. Das ist ein gepoltes Magnetfeld, das alle paar hundert Jahre seine Polung wechselt. Unser Körper stellt sich ganz automatisch darauf ein, weil er das kennt. Das ist ein natürliches Feld. Wir haben aber auf Grund unserer Technik eine Menge unnatürlicher Felder erschaffen. Dieses führt dazu, dass sich unsere DNA ständig umpolt und dadurch laufend Polungen verschiedenster Ausrichtung ausgesetzt ist. Als Reaktion darauf möchte der Körper dieses wieder in einen natürlichen Zustand bringen, so, wie er es kennt. Der Körper ist sehr harmoniebedürftig und möchte das wieder ausrichten, indem er ein eigenes Feld erschafft, ein eigenes magnetisches Feld. Wenn er das tut, sind wir krank. Der Körper braucht eine hohe Energieleistung, um dieses Feld zu bilden. Er macht das zum Beispiel über Fieber oder Infektionen. Wir fühlen uns nicht gut und bekämpfen dann die Symptomatik der helfenden Versuche des Körpers. Wir geben uns dieser widernatürlichen Schwingung einfach ungefragt hin. Es wäre jedoch besser, sich solchen krankmachenden Schwingungen zu entziehen. Elyah sagt, dass wir in zehn Jahren Krankheitsarten in ähnlicher Form von Krebs haben, die wir heute noch gar nicht kennen, die zum Beispiel durch die Flughafen-Gates entstanden sind. Elyah rät uns, wenn ihr euch durch ein solches Gate bewegen müsst, dann geht zum nächsten metallischen Gegenstand, der in die Erde ableitet, und fasst ihn an, dadurch erdet ihr euren physischen Körper und leitet ab. Ihr werdet euch wundern, denn es kann sein, dass ihr einen leichten Stromschlag bekommt. Wir müssen erkennen, dass wir wandelnde Schwingungsfelder sind, jeder von uns baut ein eigenes Schwingungsfeld auf, dieses umgibt dich und wird von Elektrogeräten noch verstärkt, verändert oder unterstützt. Wir bauen permanent Ladung auf, geben sie aber nicht ab.

Unser Körper kann mit diesen Schwingungen nicht umgehen. Auf der einen Seite erleichtern sie uns das Leben, auf der anderen Seite zerstören sie uns. Am besten wäre es für unseren Körper, wir würden noch mit Pferdekutschen fahren und Petroleumlampen haben, das wäre die natürlichste Schwingungsebene für unseren Körper.

Und genauso gut für uns wäre es, wir würden bei Sonnenuntergang ins Bett gehen und bei Sonnenaufgang aufstehen. Das wäre der für uns natürlichste Rhythmus. Wir sind jedoch den Schwingungsfeldern der Geräte in unserem Alltag ausgeliefert, denen wir uns unwissend aussetzen. Unser Geist, unsere Emotionen können damit umgehen, nur der Körper nicht. Der sagt, ich gebe auf, ich kann diese Schwingung nicht mehr ausgleichen, ich schalte ab. Dann sind wir in einer Phase, die wir Krankheit nennen. Elyah sagt, das schafft unser Körper maximal siebzig bis achtzig Jahre. Unser Körper ist jedoch von seiner natürlichen Schwingung her für ungefähr 160 – 240 Jahre konzipiert.

Auf Grund dieser unterschiedlichen Schwingungen bildet sich im Körper eine Negativ-Schwingung, denn im physikalischen Sinne umgibt uns im Außen eine Plusschwingung (O2-Ionen). Das hat zur Folge, dass es zwischen unserem Inneren und unserem Äußeren ein Spannungsfeld gibt. Dieses Spannungsfeld entlädt sich immer wieder. Durch emotionale Ausbrüche, über Aggression, Wut oder auch Freude und Fröhlichkeit, Albernheit oder Trauer. Das sind schlichtweg Entladungen. Doch auch der Körper muss lernen, damit umzugehen. Wenn der Körper jetzt in seiner gewohnten Weise reagiert, wird er krank oder entwickelt eine Allergie, die ebenfalls Symptom solch einer Aufladung ist. Dann spricht Elyah von dem sogenannten pathogenen Feld. Dieses krankmachende Feld ist eine Folge von Schuld und Sühne, von Karma und Wiedergutmachung, oder von den Mythologien der Sünde. Die

Geistige Welt, universelle Energien wie Elyah oder Kryon gehen alle davon aus, dass es das nicht gibt. Sie kommen von einem ganz anderen Denkansatz, von einem anderen Bewusstseinszustand und versuchen, uns das immer wieder zu erklären. Es fällt uns aber sehr schwer, dieses zu verstehen und zu integrieren, weil wir ja permanent in diesem Schuld-Sühne-Denken stecken und handeln.

Darum sagt die Geistige Welt: Gut, zäumen wir mal das Pferd von hinten auf und verändern die Schwingungsfelder. Denn wir haben es ja gelernt, über Erfahrungen zu gehen. Das Interessante dabei ist, dass wir uns liebend gern an unsere Negativ-Erfahrungen erinnern und viel weniger an die positiven. Auch das liegt im pathogenen Feld begründet, und wir müssen daher lernen, dieses, uns krankmachende pathogene Feld in ein Heilfeld zu verwandeln.

Durchdringen und eins werden

Nichts in diesem Universum geschieht zufällig, und alles ist in einem göttlichen Plan verwoben. So gibt es Abläufe, die sich auf Grund energetischer Konstellationen immer wiederholen. So auch die Geschichte der Rhianis auf diesem Planeten. Die Rhianis heilten andere atlantische Wesenheiten in großen, unterirdischen, kristallinen Höhlensystemen. Die Heilung erfolgte, indem die Schwingungsfelder dieser Höhlen, die aus diversen Kristallmischungen bestanden, durch die Kommunikation zwischen den einzelnen Bestandteilen des Wesens (den Organen), wieder in eine Gleichschwingung versetzt wurden. Darüber wurde der Stoffwechsel der zu Behandelten neu geordnet und in den göttlichen Gleichklang gebracht. Die Heilung des gesamten Wesens setzte ein.

Elyah sagt, Kommunikation ist ein Durchdringen des Gegenübers. Kommunikation bedeutet, ich gehe in eine Durchdringung, ich will dir in deiner Art begegnen, in deiner Einzigartigkeit. Kommunikation hat nichts mit dem Wunsch nach Veränderung zu tun, sondern ist der Wunsch zu durchdringen, und der Wunsch, durchdrungen zu werden. Eine klare und lichte Kommunikation erfolgt immer ohne den Gedanken der Manipulation. Kommunikation in ihrer reinen Form stellt die Erweiterung eines Systems dar, nicht eine Begrenzung. Ich lerne kennen, ich durchdringe, ich kommuniziere, ich mische es zu einem Teil von mir, und dadurch begreife ich. So sollt ihr mit eurem Körper umgehen. Ich durchdringe meinen Körper, meine Organe mit meinem Bewusstsein, das heißt, nicht nur mit meinem Verstand, das heißt, mit all meinem Licht, mit all meinem Gefühl. Es ist wichtig, euren Organen mitzuteilen, dass ihr sie liebt. Es ist wichtig, ihnen mitzuteilen, dass sie willkommen sind in eurem Körper. Es ist wichtig, dass sie mitbekommen, dass ihr dankbar seid für die Art und Weise ihrer Funktion.

Als die DNS-Sequenzen sich in dem Transponder von Poseidonis verschmolzen und die Sternenrassen ihren Tanz um den Transponder aus Licht und Farben vollführten, war dieses ein Chorus der Kommunikation zu den einzelnen DNS-Sequenzen. Es war ein Gesang, den ihr euch so vorstellen könnt, dass jedes Volk zwei DNS-Stränge gab. Über diesen Tanz wurden diese zu einer Form der Knäuel DNS verbunden. Diese Form wurde beim Blitz von Karon geteilt und verbacken in eine Form der Doppelhelix. Die Evolution der Zwölf-Strang-DNS ist eine lichte Form der Kommunikation, um das Missverständnis des Verschmelzens gegen das Bewusstsein aufzulösen. Diese Entwicklung löst den Widerstand der Materie auf, sich dem Verschmelzen mit dem Bewusstsein hinzugeben. Die gewollte Trennung der verschiedenen Ebenen des menschlichen Seins im Sinne der Manipulation einer ganzen Spezies wird durch diese lichte Kommunikation verändert, und dieses führt zu einer stufenweisen Anhebung des Bewusstseins und somit zu einer Heilung des Menschen. Diese Heilung kann individuell sowie als kollektive Heilung erfahren werden.

Elyah fährt fort:

Der Blitz von Karon verschmolz, entgegengesetzt des Bewusstseins der Fülle, diese DNS-Stränge und machte sie zu einem immer wiederkehrenden Missverständnis. Und somit gibt es verschiedenste Formen der Kommunikation in eurer Spezies, und somit gibt es aber auch vielfältige Formen des Missverständnisses. Ich gebe euch ein Beispiel: Bringt einen balinesischen Hund in ein europäisches Hunderudel, er wird sich blendend verstehen, denn die Verhaltensweisen balinesischer Hunde sind die gleichen wie die von europäischen Hunden. Er wird sich in dieses Rudel integrieren, nach seiner Form der eigentlichen Kommunikationsbereitschaft. Das funktioniert bei einem Menschen nicht. Und wenn, dann nur unter großen Schwierigkeiten. Schaut hinein in eure Länder, in eure Völker, die so genannten Integrationsprobleme, die ihr mit Völkern habt, die in eurem Land leben und aus den verschiedensten Kulturen und den verschiedensten Religionen stammen. Wobei sie doch alle das gleiche DNS-Gut haben. Jedoch ist dieser Teil der Kommunikation durch den Blitz von Karon herausgelöst beziehungsweise verbacken worden, erlaubt mir bitte diesen Begriff, und dieses sorgt für eine Weitergabe der Misskommunikation des Blitzes von Karon. Dieses erschafft Missverständnisse, erschafft Unfrieden, erschafft den Hang zur Manipulation und erschafft Unfreiheit. Das liegt in der Verbackung eurer DNS-Struktur begründet. Deshalb ist zurzeit eine klare Kommunikation zu euren Schwingungsfeldern nicht möglich, und deshalb kam es zu diesem Beschluss, dass ihr es lernen müsst, wieder in euch und somit auch miteinander zu kommunizieren. Wir tun dieses über die Bereitstellung der Schwingungsträger, die ihr Nuggets nennt. Diese Nuggets entsprechen den energetischen Schwingungskonstrukten der Rhianis in den Heilungshöhlen dieses atlantischen Volkes. Da alle Ereignisse sich in immer wiederkehrenden Schleifen wiederholen, werden wir euch nun diese Schwingungsfelder der Heilung über die Nuggets wieder zukommen lassen.

Die Eierspeise

Janet möchte uns die vorhergehende Durchsage von Elyah anhand eines praktischen Beispiels erklären:

Bitte stellt euch vor, ihr steht in einer Küche und bereitet Rührei. Eure DNA ist jetzt wie ein Rührei aus sechs Eiern hergestellt, sechs mal Eiweiß und sechs Dotter, was der Zwölfstrang-DNA entspricht, und Karon hat Rührei daraus gemacht und es auch gebraten, denn der Blitz von Karon war sehr heiß. Und unsere Aufgabe ist es nun, dieses gebratene Rührei wieder in die einzelnen Bestandteile zu trennen. Man kann immer noch erkennen, dass diese Speise aus Eiern gemacht wurde, denn sie schmeckt danach, aber man erkennt nicht, welche Zutaten ursprünglich bei der Zubereitung verwendet wurden. Die Kosmische Lebenstherapie gibt uns nun die Möglichkeiten, dieses zu bewerkstelligen. Sicherlich hat das Rührei das Bewusstsein, ein Ei zu sein, aber es hat vergessen, was es ursprünglich war: ein einzelnes Ei in seiner Schale. Und es kann auch nicht mehr in seiner ursprünglichen Art kommunizieren, denn es ist nicht mehr flüssig, es ist gebacken, und das ist das Problem, das unsere DNA-Struktur jetzt hat. Wenn du einen Gedanken aus deinem Gehirn an deine Niere schickst, zum Beispiel: Du arbeitest nicht richtig, kann diese dich nicht verstehen, denn die Strukturen der Kommunikation sind zerstört.
Denn eure eigene DNA-Struktur kann nicht mit eurem eigenen Körper kommunizieren. Eine Katze kann mit ih-

rem Körper kommunizieren, ihr könnt das nicht. Ihr könnt euren Körper in einem Studio trainieren, ihr könnt Yoga machen oder anderes, aber ihr könnt nicht wirklich kommunizieren. Die Katzen wurden sicherlich auch dem Blitz von Karon unterworfen, aber sie sind in diesem Fall nicht so schlecht dran. Sie können zum Beispiel in der Art kommunizieren: Ich beginne nun mit der Geburt meiner Kinder. Ich mache mir ein Nest, die Sonne scheint, und alles ist wunderbar bereit für die Geburt. Eine menschliche Frau kann das nicht, sie ist nicht mehr in der ursprünglich heilen Form der Kommunikation mit ihrem Körper. Nur über den Umweg der Medizin kann sie nun den Geburtstermin für ihr Kind beeinflussen, und so wird dieser nicht über die Kommunikation mit dem Körper, sondern mental in der Aussprache mit dem Arzt geregelt.

Ihr müsst erkennen, dass das die Wurzel des Missverständnisses ist. In eurem DNA-Code sind die Elemente eurer Kosmischen Eltern enthalten. Und diese möchten mit euch kommunizieren. Sie leben jetzt nicht mehr auf Gaia, zum Beispiel leben die Rhianis jetzt weit weg von hier, aber sie könnten mit euch kommunizieren, wenn eure DNA dafür bereit wäre, ihre Information zu erhalten. Deswegen habt ihr jedoch den Eindruck, dass ihr nicht kommunizieren könnt. Dieser spirituelle Eindruck bringt euch zu dem Punkt, dass jeder Mensch eines Tages erkennen wird: Ich bin getrennt von Gott, ich bin getrennt vom göttlichen Plan, ich bin nicht mit Gott verbunden, ich muss einen Weg suchen. Ich muss danach suchen, woher ich *komme, und daraus resultiert die Frage nach dem Sinn des Lebens.*

Eine Katze weiß das: Ich bin eine Katze, ich gehöre zum Bewusstsein Katze, ich bin Teil des Morphogenetischen Felds der Katzen. Sie fühlt sich hier auf diesem Planeten zu Hause. Aber die Menschen kennen das nicht, und so mussten sie einen Weg finden. Sie gründeten Religionen und Rituale, um den Göttern Opfergaben darzubringen. Sie haben alles Mögliche erschaffen, um in diesen Kontakt zu kommen. Das alles ist entstanden aus dem Wunsch, zu kommunizieren. So lasst uns das Rührei wieder in die einzelnen Bestandteile zurückführen. Eure Religionen haben wunderbare Dinge gemacht, aber jeder Mensch muss die Möglichkeit haben, mit dem eigenen göttlichen Kern, mit seiner Seele, zu kommunizieren.

So seid gesegnet.

Elyah sagt, dass in dieser Verbackung, in dieser Hitzeeinwirkung des Blitzes von Karon, nicht nur die Kommunikation mit unseren Kosmischen Eltern gestört wurde, sondern auch mit unserem eigenen Lebensraum. Das heißt, dass unser Lebensraum als feindlich betrachtet wird. Wir müssen uns von unserem Lebensraum abgrenzen, indem wir zum Beispiel Häuser bauen, um darin zu schlafen, wir distanzieren uns, wir können uns nicht den Gegebenheiten anpassen wie zum Beispiel durch Fellwuchs oder eine Veränderung unseres Blutkreislaufs, damit wir nicht unter Kälte oder Hitze leiden. Wir können auch keinen zweiten

Blutkreislauf errichten, der die Füße separat mit Blut versorgt, wie das die Pinguine machen, denn sonst würden sie am Eis anfrieren. Das sind alles Möglichkeiten, die uns der Blitz von Karon genommen hat, aber sie sind immer noch in unserer DNS verankert. Die Schwingungsmedizin arbeitet in dieser Richtung: Ich aktiviere den Teil meiner DNS, der jetzt benötigt wird, um eine Misskommunikation aufzulösen.

Du hast einen Fisch gegessen, der nicht mehr ganz so gut war, du hast es jedoch nicht gemerkt. Jetzt beginnt deine Leber, die Giftstoffe aus deinem Blut zu lösen. Die Leber ist damit jedoch überlastet und signalisiert deinem Magen: Hinaus mit dem Gift, das muss raus, denn es ist nicht gut für deinen Körper, und du übergibst dich. Das ist die ungeheilte Form. Elyah sagt, wie die geheilte Form wäre: Der vergiftete Fisch ist jetzt in deinem Magen, die Leber registriert das, geht mit deinem Magen in die Kommunikation und fragt ihn, welche Schwingung er braucht, um den Fisch zu verarbeiten. „Gib mir die Giftstoffe. Welche Stoffe kannst du mir geben, damit ich diese Stoffe nicht einlagere, sondern über den Urin und den Kot ausscheiden kann?" Das ist die normale Kommunikation einer Zwölfstrang-DNS.

Kommunikationskreisläufe

Kommunikation findet immer in Kreisläufen statt.

Die Misskommunikation kommt nicht nur durch die Verbackung der DNS zustande, sondern auch daher, dass wir nur kommunikative Fetzen aufnehmen. Das wäre so, als würde zu uns Chinesisch gesprochen, mit ein paar Brocken Deutsch dazwischen, sodass wir zwar den Sinn dieser Kommunikation mitbekommen, aber die Hauptbestandteile, die Feinheiten und Nuancen, nicht verstehen würden.

Elyah sagt, das ist der Grund, warum wir uns noch in der Weise ernähren müssen, wie wir es tun, warum wir Nahrung aufnehmen müssen. Denn die Pflanzen kommunizieren mit uns im Sinne der Fülle, indem sie zu uns sagen: Wir stellen euch unsere Information, unsere Energie, zur Verfügung, aber wir Menschen verstehen sie nicht, und deshalb müssen wir sie essen. Wir könnten uns direkt von der Energie der Pflanzen ernähren, denn sie nehmen uns die Umwandlung der Sonnenenergie durch die Photosynthese ab und würden uns die Energie übertragen. Wir verstehen diese Energie, ihre Form der Kommunikation aber nicht, beziehungsweise nur zu einem kleinen Teil. Wir sagen: Oh, was für wunderschöne Kohlköpfe. Oder: Was für wunderbares Gemüse, und wir bekommen Hunger und essen sie dann auf. Oder wir sagen: Was für ein wunderschöner Hahn, und gehen dann abends in den

Wienerwald und verspeisen ein Hähnchen. Das ist ein Missverständnis in der Kommunikation. Es wäre jedoch genauso ein Missverständnis der Kommunikation, wenn wir uns jetzt wie wild auf Lichtnahrung stürzen würden. Unser Körper ist, wie schon oft erwähnt, noch in einer rudimentären Entwicklungsphase, und daher wäre es eine Überforderung für ihn, wenn wir uns von heute auf morgen auf diese Form der Ernährung umstellen wollten, denn uns fehlt die Basis der geheilten Kommunikation. Und diese gleiche Ablehnung des Tempels unserer Seele geht in die Richtung der Körperfeindlichkeit, wie schon weiter oben erwähnt wurde!

Elyah sagt, dass sie uns dieses beschreibt, damit wir uns klar werden und verstehen können! Jetzt ist es noch wichtig zu essen und dieses zu genießen, die Speisen zu segnen und uns daran zu erfreuen, weil wir die Kommunikationsstruktur in geheilter Form noch nicht aufgebaut haben. Aber es wird die Zeit kommen, in der wir Meister der Kommunikation sein werden, so, wie es uns die Aufgestiegenen Meister in ihrer Meisterschaft der Kommunikation im Verbundensein mit allen Ebenen zeigen. Dann können wir auf Nahrung verzichten, ohne das Gefühl zu haben, wir müssten auf etwas verzichten und dadurch in den Mangel zu kommen. Das heißt: Wir sind dann in der Fülle, wir hören einfach auf zu essen. Wir nehmen die Energie aus dem Schwingungsteppich heraus, den uns die Pflanzen zur Verfügung stellen. Und wir pflegen die Pflanzen, damit sie es noch besser tun können, damit sie noch schöner werden können, wir düngen sie mit unserem Odem und mit unserer Liebe; das verstoffwechseln sie dann und können noch mehr Energie und Sauerstoff produzieren, was wiederum uns allen zum Vorteil gereicht und zu unserem Segen wird. Das ist das Prinzip der Symbiose, von der alle Beteiligten Nutzen haben. Auch hier wieder: Es ist ein Kreislauf. Kommunikation läuft in Kreisläufen.

Das tut derzeit auch unsere missverstandene Kommunikation, indem auch unsere Ausscheidungen durch die Stickstoffphorese wieder zu Dünger für die Pflanzen werden können. Kommunikation findet immer in Kreisläufen statt. Das Schwert von Karon hat eine Wunde geschlagen, und dieses ist die Wunde der Kommunikation.

Elyah sagt:

Ihr könnt kommunizieren, doch eure Kommunikation ist voll von Missverständnissen. Wenn du nicht mit dem Fluss kommunizierst, zwängst du ihn in ein Betonbett, und die Folge sind dann Überschwemmungen, das Ergebnis einer Fehlkommunikation. Du kannst nicht mehr mit dem Fluss kommunizieren, wie es in deinem Samen angelegt ist. Wieso akzeptierst du nicht das Bett des Flusses? Warum baut ihr eure Häuser direkt neben dem Fluss? Warum akzeptierst du seinen Lebensraum nicht? Du kannst ihn jeden Tag besuchen, du kannst ihn beobachten und sagen: Oh, dieser wunderbare Fluss, wie harmonisch und lieblich sein Verlauf. Ihr lebt nicht mit Gaia, sondern ihr wollt sie regieren, und das kommt aus dem Unvermögen der Kommunikation. „Macht euch die Erde untertan" ist kein Auftrag zur Zerstörung von Gaia, sondern der Hinweis darauf, wie ein Vater, ein Schöpfer, seine Kinder liebevoll in die Entwicklung, in die Vollkommenheit, geleiten soll. Diese Misskommunikation ist die Art und Weise, wie Karon die Erde zerstört, und ihr seid seine Handlanger! Er bedient sich der Menschen und sagt sich: Gut, ich tue das nicht, ich bin unschuldig, denn die Menschen vernichten ihre Umwelt und in der Folge dann sich selbst. Und das ist sein perfider Plan, der sicherlich auch genial und wunderbar durchdacht ist.

Dein Körper ist durchaus in der Lage, jetzt in das Meer zu gehen, unter Wasser zu sehen und zu atmen. Würdest du das jedoch jetzt tun, könntest du das nicht überleben. Das ist genau der Punkt. Die Erde mit all ihren Elementen und Kräften wird in der Misskommunikation als feindlich begriffen. Diese ganze Erde ist der Lebensraum des Menschen. Es wäre dir möglich, durch glühende Lava zu gehen und du hättest keine Schmerzen dabei (Ansätze dafür finden sich in der Technik des Feuerlaufs). Du würdest vielleicht sagen: Es ist aber heiß. Du wärst jedoch eins mit dem Element Feuer, mit dem flüssigen Gestein, es würde auch nicht an deiner Haut festkleben. Du wärst eins mit den Elementen. Das Rascheln der Blätter ernährt dich, füllt dich mit der Energie von Kohlenhydraten und Stärke an, du bist eins mit diesem Planeten, – das ist Kosmischer Mensch, und da geht eure Entwicklung hin.

Wichtig ist, dass die Kommunikation mehr ist, als du dir überhaupt vorstellen kannst. Es ist zum Beispiel nicht eine wunderbare Landschaft, die dir zeigt: Oh, wie schön bin ich! Es ist eine Vielfalt an Informationen, ein Teppich, eine Welle der Kommunikation. Und erlaube mir, dir zu sagen, welch vielfältige Art der Information es ist: Hallo, ich bin die Landschaft, und wir sind beide erschaffen aus der Quelle allen Seins. Ich bin hier, um dich daran zu erinnern, wie wunderbar du bist. Und es ist eine Ehre für mich, dass du mich besuchst. Verletze mich nicht und erlaube mir, meinen Lebensraum einzunehmen, und so lass uns eine Zusammenarbeit der Energien beginnen, lass uns in die Symbiose treten. Du erfreust dich an mir, du liebst mich, und ich gebe dir die Kraft meiner Berge, meiner Wasserfälle, meiner Bäume, ich gebe dir meine Stärke. Schau zu deinen Füßen. Ich gebe dir die Kraft meiner heilenden Kräuter, gehe in die Kommunikation, gehe zum Ozean, und er sagt zu dir: Ich teile mit dir meine Unendlichkeit, meine Weite. Erinnerst du dich, einst waren wir zusammen und eins in der Ewigkeit. Ich gebe dir die Kraft meiner Gezeiten, ich möchte dir die Freude und Lebenslust der Delfine zeigen. So warst du damals, als du eine freie Seele warst. Nun bist du eine freie Seele in einem menschlichen Körper. Springe mit den Delfinen! Ich gebe dir dafür die Kraft. Wenn du in eine Landschaft gehst und sagst: Du bist wunderschön, du berührst mich in meinem Innersten, dann gibt dir diese Landschaft auch Antwort, und du bekommst ein Gefühl der Kommunikation zu dieser Landschaft. Deswegen fühlen sich Menschen in einer bestimmten Landschaft eher zu Hause als in anderen. Das hat nicht unbedingt mit früheren Inkarnationen zu tun, denn diese Ebenen können sich bei jeder Inkarnation neu bilden.

Euch auf die Vergangenheit, auf eure früheren Inkarnationen berufen – das solltet ihr nicht mehr tun, denn diese Kommunikation ist gestört, weil seit dieser damaligen Inkarnation die Evolution dieser Erde fortgeschritten ist. Das heißt, ihr bleibt in einer alten missverständlichen Form der Kommunikation stecken, ohne der neuen und geheilten Form die Möglichkeit zu geben, Raum zu nehmen. Wenn ein Kind geboren wird, ist es völlig frisch und kommuniziert wie zum ersten Mal mit diesem Planeten. So kann es diese neue Ebene der Evolution vollkommen in sich aufnehmen, und das Vergangene, wie auch immer es früher einmal war, ist nicht mehr wichtig. Nur noch der Energiegehalt, nur noch die Erfahrungen sind präsent, was jedoch nichts mit der Ladung und Wertung zu tun hat, auf die ihr euch so gerne beruft. Die ganze Welt ist erfüllt mit Kommunikationskreisen, das ist das Erbe von Aldebaran. Wenn ihr in eine Kommunikation mit der Natur einsteigen wollt, müsst ihr euch erst als Teil ihres Kreislaufs verstehen und das auch vollkommen integrieren! Dazu gehört die

Akzeptanz der Vergänglichkeit der eigenen Materie.

Diese Akzeptanz bringt euch in die Öffnung, denn das ist ein Kosmisches Gesetz auf diesem Planeten. Ihr könnt nur in die Kommunikation einsteigen, wenn ihr es auch zulasst, dass Materie einer Evolution unterworfen ist. Ewig leben bedeutet, diesen Planeten in die Ebenen des reinen Geistes, in die Ebenen des reinen Lichts hinein zu verlassen. Ihr habt zu akzeptieren, dass Materie vergänglich ist, ihr brecht ja auch nicht in Tränen aus, wenn das Laub im Herbst von den Bäumen fällt, denn ihr wisst, dass das Leben sich zurückzieht und der Baum im nächsten Frühjahr wieder austreibt und eine neue Fülle des Lebens hervorbringt. Ihr wisst, dass es einfach eine Phase der Ruhe und Erholung darstellt. Und dieser Kreislauf des Lebens hat auch mit der Akzeptanz der Vergänglichkeit des eigenen physischen Körpers zu tun. Das bedeutet nicht die Verherrlichung des Todes, sondern nur die Annahme, dass du als Bewohner dieses Planeten auch diesem natürlichen Zyklus von Wachsen und Vergehen unterworfen bist. Und dieses zu sein ist auch ein Privileg.

Elyah sagt weiter:

Es gibt Lebensformen in diesem Universum, die sich permanent erneuern und damit keine Chance auf einen Neuanfang oder eine Erholungsphase haben. Das bedeutet, diese Wesen tragen den Ballast des Vergangenen ewig mit sich herum, da haben wir hier auf der Erde einen großen Vorteil, weil wir immer wieder einen neuen Kreislauf im Zyklus der Kommunikation beginnen können. Durch dieses aldebaranische Erbe, das uns von den Wesenheiten der Rhianis und der Shoumana übergeben wurde, ist dieses sehr intensiv auf der Erde verankert. Da wir die zwei DNS-Stränge Rhianisenergie und somit auch das Erbe Aldebarans in uns tragen, sind wir auch diesen Kommunikationskreisläufen in einem lichten Sinne unterworfen. Wir sind in der Lage, uns in jeden dieser Kreisläufe einzuklinken und somit eine Verkettung von Kommunikation zu bilden. Eine solche Verkettung stellt eine Verbindungsbrücke zwischen verschiedenen Welten, zwischen den verschiedensten Ebenen dar. Wie im oberen Beispiel gezeigt, verketten sich die Welten der Pflanzen und die der Menschen durch unsere Kommunikation, und wir können einander verstehen. Wir erlauben uns auch unsere Daseinsberechtigung aneinander, wir missbrauchen sie nicht und schaffen und erhalten Lebensräume für sie, denn die Pflanzen erschaffen auch für uns Lebensraum, indem sie den notwendigen Sauerstoff für uns produzieren. Wir erkennen das auch durch all unsere Wahrnehmungskanäle, das heißt, spirituell, mental, emotional und körperlich. Wenn wir dieses erkennen, ist jede Pflanze eine Heilpflanze, weil jede Pflanze mit uns kommuniziert und uns die Energie zur Verfügung stellt, die wir jetzt gerade in diesem Moment brauchen. Und wir stellen im gleichen Atemzug, im wahrsten und im doppelten Sinn des Wortes, der Pflanze die Energie zur Verfügung, die sie für ihre Entwicklung gerade braucht. Es ist ein gegenseitiges Geben und Nehmen. Liebende Kommunikation ist immer im Prinzip der Waage und immer im Prinzip des absoluten Gleichgewichts. Eine liebende Kommunikation kennt keinen Vorteil.

Kommunikationsketten

Im Bewusstsein des Lichtes, dieses ist Janet, die zu euch spricht, und ich möchte euch eine wunderbare Geschichte erzählen.

Ja, wir möchten euch eine Geschichte aus der alten Zeit geben, wie die Atlanter Information weitergegeben haben, – durch Verbindung zu anderen Wesen, die zu dieser Zeit auf dem Kontinent von Atlantis gelebt haben.

Für die Atlanter war es ein Problem, die Atmosphäre für diesen Planeten zu erschaffen. So schickten sie einen Hilferuf durch den Transponder von Poseidonis in den Kosmos hinaus, was sie durch Gesang taten. Sie baten die Lemurianer, sie in der Pyramide von Poseidonis zu besuchen, diese stellten sich im Kreis um den Transponder auf und begannen zu singen. Und dieses System des Transponders begann zu schwingen, in einer lichten Art und Weise, so, wie Montserrat Caballé in einer Weise singen kann, dass Gläser zerbrechen. So machten das die Lemurianer auch. Der Kristall des Transponders zerbrach jedoch nicht, und diese Wellen wurden in den Kosmos gesandt. Aber dieser Hilferuf wurde im Kosmos nicht gehört. So haben sie die Wesen der Shoumana gebeten, ihr Wissen in den Gesang der Lemurianer mit einzubringen, und die Shoumana sagten: Gut, wir bringen unser Wissen gerne mit ein. Es gibt ein Wesen, das hier helfen kann, dieses heißt Lafurati, und es lebt auf dem Sternenbewusstsein Sirius. Warum erzähle ich euch das? Weil eine klare Kommunikation jemanden braucht, an den sie gerichtet ist.

Wenn du herumerzählst: Oh, mir geht alles auf die Nerven, dann hast du niemanden, der dir antwortet. Also sag es nicht. Wenn du also etwas sagen möchtest, sag es zu jemandem, der dir antworten kann.

Und so begannen die Lemurianer wieder zu singen mit dem Wissen, dass der Adressat auf Sirius ist. Der Transponder hat wieder geschwungen, und Lafurati hat diese Botschaft erhalten und Antwort gegeben. Er hat genauso durch einen Gesang geantwortet und diese Töne in einen sehr schweren, kräftigen goldenen Strahl gegeben. Und wenn ich euch erzähle, dass er gesungen hat, waren dieses nicht einfach nur Töne, sondern dieses Wesen hat Zahlen gesungen. Diese gaben dem Ton einen Wert, und dieser Wert wurde durch Zahlen ausgedrückt. Zahlen sind ein Kosmisches Alphabet, das von allen verstanden wird.

So standen nun die Atlanter, die Lemurianer und die Shoumana in der Pyramide und empfingen die Botschaft. Und diese lautete: Fein, ich kann euch helfen. Ihr müsst die Tiere des Ozeans in einer Kommunikation zusammenbringen, ganz besonders die Säugetiere, und sie müssen diese Information an die wachsenden grünen Pflanzen und Kleinstlebewesen des Ozeans weitergeben, wie die Algen und das Plankton. Kommunikation wirkt und arbeitet in Ketten. So erhielten sie diese Botschaft, und die Atlanter machten etwas Wunderbares: Sie gaben den Lemurianern Aquamarine, und diese sangen die Botschaft der Wesenheit von Sirius in die Aquamarine in einer Sprache, die die Wale und Delfine verstehen können. Dann gingen sie mit den Aquamarinen zu den Küsten der Ozeane auf dem gesamten Kontinent und riefen die Wale und Delfine, und diese streckten ihre Köpfe aus dem Wasser. Die Lemurianer gaben den Aquamarin auf das Dritte Auge der Tiere, und die Schwingung, die Information, überspielte sich in das sonare System der Wale. In diesem Moment begannen die Delfine und die Humpackwale zu singen. Das konnten sie vorher nicht; damals haben sie damit begonnen, und sie singen bis heute, denn diese Kommunikation ist noch nicht beendet. Sie singen in das Wasser und geben damit die Botschaft an das Plankton und die Algen, was Sauerstoff produziert, um die Atmosphäre damit zu verändern. Und was macht die Menschheit? Sie tötet die Wale und in weiterer Folge sich selbst, denn ihr braucht den Sauerstoff, um zu überleben. Das ist ein wunderbares Beispiel einer Kette der Kommunikation.

Im Anschluss nahmen die Lemurianer diese Aquamarine und brachten sie den Wesenheiten der Rhianis. Diese erschufen aus den Aquamarinen eine Höhle, einen Heilungstempel für jene Wesenheiten, die Schwierigkeiten mit ihren Atmungssystemen hatten, wie auch immer diese geartet waren. Wir hatten damals in der Zeit von Atlantis die verschiedensten Atmungssysteme wie das Chlorgassystem, das Unterwassersystem, das Hochdrucksystem und so weiter, eine Lunge wie ihr sie heute in euren Körpern kennt, war damals noch nicht entwickelt.

Was bedeutet das? Jede Kommunikation läuft auf den verschiedensten Ebenen ab. Sie nutzten die Aquamarine, um diese Information zu den Delfinen zu bringen, und genauso verwendeten sie diese Kristalle, um eine Höhle der Heilung zu erschaffen, denn diese Form der Kommunikation heilt. Und was macht ihr nun? Ihr nehmt dieses Aquamarinblau, das Blau der Kommunikation, in den Nugget der Rhianis, um Lungenprobleme und die Kommunikation mit eurem eigenen Sauerstoffsystem zu heilen, aber auch, um den Ausdruck über die Sprache zu klären. Versteht ihr nun, warum wir so oft sagen, dass euch ein Erbe gegeben wurde? Diese Geschichte ist vor ungefähr eineinhalb Millionen Jahren geschehen, und ihr profitiert jetzt noch davon. Das ist doch wirklich ein Erbe, oder nicht? So müsst ihr dieses aber auch annehmen. Und wir erzählten euch diese Geschichte, damit ihr erkennt: Alles ist miteinander verbunden. Verbindet es jetzt. Wenn du jemanden hast, der ein Lungenleiden hat, nimm jetzt nicht diesen Nugget und lege ihn auf die Lunge. Nimm den Nugget, geh mit ihm in den Ozean, wo es Delfine gibt, und lass diese singen. Wunderbare Gesänge erschaffen diese großen Delfine, die ihr Orcas nennt. Sie singen die Disharmonie der Lunge dann hinweg, durch ihre Schwingungen, die sie in den Ozean singen.

Gut, nun lebst du aber nicht am Meer und hast keinen Ozean. Was machst du dann? Du bittest den Klienten in eine Wanne mit warmem Wasser, du sitzt neben der Badewanne, gibst den Nugget in das Wasser, hältst deine Hand in das Wasser und gehst in die Verbindung mit der DNS-Sequenz der Rhianis in dir, denn diese haben alle Wale erschaffen. Plötzlich erkennen die Wale irgendwo in einem

Ozean: Da gibt es irgendwo einen unbekannten Wal, der in einer Badewanne sitzt, lasst uns zu ihm singen. Und sie benutzen deinen Körper wie einen Transponder, um die Schwingung zu übertragen. Du hast deine Hand im Wasser, und über die Verbindung, die du dadurch legst, hast du den Menschen genauso im Ozean. Und die Schwingung geht über das Wasser in den Klienten und dann in seine Lungen, wo sein Leiden sitzt. Das ist genauso eine Kommunikationskette, und der kranke Körper kann aufnehmen, was er benötigt. Ist das nicht wunderschön?

Auf diese Weise machten es die Atlanter und all die anderen Völker. Sie haben ihre Schwingungen miteinander verbunden und erschufen einen Teppich von Wellen. So, wie es euch der Ozean und die Natur hier vormachen

Wir sitzen gerade auf einer Terrasse an einem Strand in Bali. Die Wellen des Wassers, die Brandung und das Geräusch der Steinchen, die Schwingungsebenen der Töne und die Energiewellen der Palmen und anderer Bäume, das Rot des Hibiskus und die Orangetöne des Ingwers, die Gesänge der Vögel und das Gackern der Hennen, das sanfte Wogen des Grases und die Komposition der Düfte und Gerüche, das Licht und Schattenspiel in seiner mannigfachen Bewegung und, nicht zu vergessen, der Tanz zweier Schmetterlinge, in deren Schwingungsfeld der Freude und Liebkosung ich kurz eintauchen durfte und welches meine Schwingungsfelder zutiefst berührt hat. Das alles und noch viel mehr waren die Bestandteile des Wellenteppichs, der hier zu uns auf die Terrasse strömte.

Heilung zu bringen bedeutet, einen Körper, ein System, in einen Teppich von Schwingungswellen zu bringen, aus dem der Körper, der Geist und die Seele wie bei einer Waage all das bekommen, um in der Balance zu sein.

Seid gesegnet.

Ängste – Schwingungsfelder der Manifestation

Kein Feld der Welt ist so gestört, dass es nicht geheilt werden kann. Es gibt kein Schwingungsfeld, das nicht geheilt werden kann.

Viele Turbulenzen in unserem Umfeld entstehen dadurch, dass das Feld der Manifestation nicht klar abgegrenzt ist. Dieses Feld der Manifestation ist durchsetzt von eigenen Interessen, ist durchdrungen von der Kraft des Egos. Die Menschen haben auf Grund ihrer missverständlichen Kommunikation mit ihrem Körper die Energie entwickelt, eine Missmanifestation zu kreieren. Der Weg, der dadurch beschritten wird, gereicht nicht mehr zum Segen, sondern wird zur Zerstörung.

Elyah hat uns auch an diesen Platz geführt, um das zu sehen, was daraus im Großen entsteht, – eine lichte geistige Kraft und Vision ohne das Engel-Ich, die zwar vor dem Hintergrund einer wunderbaren Idee, sozusagen im lichten Sinne, aber ohne lichte Auswirkungen in die Umsetzung kommt. Und das geschieht an diesem Platz gerade. Die lichte Vision, ein Zentrum der Vereinigung und Kommunikation zu erschaffen, bildete sich durch die Manifestationskraft des Egos zu einem Ort der Verherrlichung der Trennung, und damit der Feier des Egos heraus. Da wir in diese Situation nicht wirklich involviert waren, war es uns auch möglich, diese aus einer gewissen Distanz heraus zu betrachten, und, wie ich hoffe, Impulse der Heilung einzubringen.

Kein Feld der Welt ist so gestört, dass es nicht geheilt werden kann.

Diese Aussage birgt Hoffnung in sich, und diese Regel betrifft auch die Kommunikation mit unserem eigenen Inneren. Das heißt: mit deinen eigenen Organen und mit deinen eigenen Ressourcen. Doch diese Kommunikation in der klaren, heilen Form wird durch die Sogwirkung der Angst verhindert, denn die Sogwirkung der Angst ist eine Misskommunikation, die die Klarheit der Kommunikation verhindert. Angst lähmt das Engel-Ich und stärkt dadurch den Schutzmechanismus des Thymus. Das eigentliche System des Thymus wird nicht wirklich im Körper gebraucht. Das würde ein Engel-Ich aus sich heraus leisten können. Das Engel-Ich könnte den Körper absolut immunisieren, absolut stärken und ihn in all seinen natürlichen Funktionen unterstützen. Die Sogwirkung der Angst funktioniert wie ein Trichter, in dem selbst die klarste Kommunikation durchgefiltert wird, und dadurch entsteht ein Missklang, weil jede Kommunikation vor dem Spiegel der eigenen Erfahrung begutachtet wird. Kommunikation ist nicht dazu da, begutachtet, geprüft und danach verurteilt zu werden. Kommunikation ist dazu da, um Energien auszutauschen, Energien weiterzugeben und Energien auch in eine Form der Manifestation zu bringen. Das Engel-Ich verbindet diese Informationen mit der Kraft seiner Emotion und kreiert daraufhin ein Feld der Manifestation. Die Emotionale Kraft kreiert Manifestationsfelder, sie wertet jedoch nicht. Dem emotionalen Feld ist das Spiel mit der Energie, der Umgang mit Energie, wichtig. So erschafft es im lichten Sinne, und wenn es fehlgelenkt wird, auch im nichtlichten Sinne. Das ist unser Motor, Energie aufzubringen, Energie zu kreieren, zu erschaffen und auch zu lenken. Das ist auch der große Vorteil, wenn ich das mal bewertend ausdrücken darf, dass wir auf diesem Planeten ein emotionales Feld besitzen und es in dieser Weise angewandt wird.

Die spirituelle Kraft gibt sich dann dazu, wobei Elyah hier gar keine Unterscheidung mehr machen möchte, denn eine lichte klare Kommunikation ist eine hohe spirituelle Kraft. Buddha kommunizierte mit dieser Kraft und nannte sie Nirwana. Erleuchtung ist eine hohe Form der Kommunikation mit und auf allen Ebenen. Es ist wichtig, bevor ihr nach Erleuchtung im geistigen Sinne strebt, nach einer inneren Erleuchtung zu streben. Nach einer Erleuchtung in euch selbst. Regelt euren Körper, dass er in einen Ausgleich kommt, kommuniziert mit eurer Physis. Lasst zu, Schwingungsfelder zu errichten, die euch guttun, und zwar nicht in eurem persönlichen Interesse guttun, um damit euer Ego noch mehr zu nähren, sondern der Entwicklung eurer Seele innerhalb dieses Gefährts.

Wir Menschen erzeugen ein eigenes, hoch komplexes Schwingungsfeld, und zwar bis zu 16.000 verschiedene Schwingungsfelder in der Stunde, über die wir permanent mit unserer Außenwelt kommunizieren.

Elyah gibt ein Beispiel:

Du bist eine schöne Frau, und das sind alle Frauen auf ihre ganz persönliche Art. Dich stört ein langes Haar in deinem Gesicht. Du wirfst dein Haar einfach zurück, weil du dich von diesem unguten Gefühl befreien willst. Das sieht ein Mann in deiner Nachbarschaft, am Nebentisch eines Restaurants zum Beispiel. Er fühlt sich durch das laszive Zurückwerfen deines Haares genötigt, mit dir Kontakt aufzunehmen. Er kommt auf dich zu und macht dich vielleicht etwas dumm an. Du sagst: Wie kommt dieser Blödmann dazu, mich so anzumachen?

Elyah sagt, du hast es ihm gesandt und ihn quasi dazu aufgefordert. Vielleicht ist dein Emotionalkörper so im Mangel, dass er seinen Wunsch nach Nähe, Partnerschaft oder auch nach sexueller Begegnung in diese unbedachte Bewegung deines Kopfes mit hineingegeben hat. Das ist missverständliche Kommunikation, vor allem, wenn sie unbewusst erfolgt. Diese Kommunikation erschafft Unfrieden. Wenn nun dein Schwingungsfeld klar wäre, hätte dieser Mann gedacht: Oh, diese Frau stört ein Haar im Gesicht. Diese, und nur diese Information wäre in diesem Feld enthalten gewesen und hätte überhaupt nichts zur Folge gehabt. Missverständliche wie auch klare und verständliche Kommunikationen erschaffen sogenannte Signalfelder. Diese Signalfelder vereinigen sich und kreieren eigene Felder der Manifestation. Es ist wichtig, dieses mehr und mehr zu verstehen.

Es gibt ganz klare Schemen der missverständlichen, – und ganz klar solche der verständlichen Kommunikation. Wenn ich in der Einheit mit meiner Umgebung bin, das heißt, in der klaren Kommunikation mit ihr, schädigt mich mein Umfeld nicht, und ich füge ihm auch keinen Schaden zu.

Elyah gibt ein Beispiel:

Wenn du Angst hast, Achterbahn zu fahren, kommuniziere mit dieser Konstruktion, die ja Freude und Nervenkitzel bringen soll. Versetze dich, also deinen Körper, in einen entspannten Zustand, dann begib dich in deiner Vorstellung in die Gondel, und sei völlig ruhig und gib damit dem Körper das Signal: Ich bin völlig entspannt. So wirst du diese Fahrt genießen können und die Angst in deinem Sein transformiert. Sie wird nie wieder Macht über dich haben. Wenn du vor einer Lebenssituation Angst hast, stell dir diese Situation vor, gehe in Kommunikation mit dieser Situation, in einen inneren Dialog. Begib dich mental, in deiner Imagination, in die Situation hinein und genieße sie, zeige deinem Körper, dass ihm nichts passieren kann. Und du wirst keine Angst mehr davor haben. Und somit kommt mehr und mehr Selbstbestimmung in dein Leben zurück, denn Selbstbestimmung ist ein Ergebnis der lichten Kommunikation mit dir selbst. Erlaube dir, in der Kommunikation zu sein. Nicht, ich habe Angst davor, und ich vermeide alles. Geh nicht in der Weise vor: Ich habe Angst vor einem Gespräch, und ich vermeide es deshalb. Son-

dern: Ja, ich habe Angst vor einem Gespräch. Ich kommuniziere deshalb mit meinem Körper, mit allen Ebenen in meiner inneren Welt über diese Angst und gehe dann entspannt in das Gespräch oder die Situation und werde sehen, dass ich ein positives Ergebnis im Sinne des Lichts manifestiere.

Genau das gleiche funktioniert mit deinen Organen, sagt Elyah. Wenn du einen Schmerz oder eine Symptomatik im Körper hast, ist dein erstes Bestreben, das abzustellen. Es ist wichtig, dich da umzutrainieren, zu versuchen herauszufinden, welches Schwingungsfeld dahinter steht? Welche gestörte Kommunikation steckt dahinter? Achtung, mach bitte nicht den Fehler, nach deiner Schuld oder nach deinem Karma (was es nicht gibt) zu fragen. Das wäre völlig verkehrt. Entscheidend ist zu wissen, welcher Schwingungskreis gestört ist. Setz dich hin und geh in Kontakt mit deiner Dysfunktion. Nicht: Körper, was willst du mir sagen? Schmerz, warum bist du da? Sondern geh in die liebende Annahme deines Körpers, der Symptome, der Zeichen, die dir dein Instrument in der Dritten Dimension geben will. Tue das generell mit allen Kanälen der Wahrnehmung, auch wenn dir der Körper gerade Signale des Schmerzes schenkt. Denn der Schmerz ist ein Signal des Körpers, eine Kommunikation, dass etwas nicht in der Ordnung ist. Dein Körper bittet dich, dass du dich darum kümmerst. Durch diese Akzeptanz kommt eine Entspannung in die Situation, die den Schmerz schon deutlich mildert. Wenn man dieses auf einer Skala von eins bis zehn darstellen würde, bringt das schon eine Milderung um fast die Hälfte. Dann gehst du zum Beispiel in Kommunikation zu diesem Organ und signalisierst ihm: Es ist in Ordnung, so, wie du bist. Sag mir, was du brauchst, um dich wohlzufühlen und um heil zu sein. Dann erhältst du eine Antwort. Damit tritt schon eine Erleichterung ein. Dann gibt dir das Organ vielleicht Farbsymboliken oder andere Hinweise der Kommunikation.

Befreie dich auch von der Angst, deinen Körper nicht zu verstehen, denn auch das verhindert eine klare Kommunikation. Stell es dir vor, imaginiere diese Klarheit und das „gegenseitige" Verstehen und Annehmen in Liebe und Respekt!

Misskommunikation kann Krebs erzeugen

Das lichte Bewusstsein, das in jedem von euch ist, bitte, geliebte Kinder dieser Erde, begreift, ihr müsst es euch nicht erwerben, es ist bereits vorhanden. Die Kruste der ungeheilten Erfahrungen gilt es zu durchdringen. Diese sind wie Sedimente, wie die Ablagerungen der Erfahrungen, die ihr in euren immer wiederkehrenden Inkarnationen gesammelt habt, durch den Fluch des Missverständnisses. Und bitte erlaubt mir, dass ich diese Metapher für euch präge, um es euch eindringlich zu sagen. Dieses Wiederkehren-Müssen in eure Inkarnationsphasen möchte ich als Folge des Fluchs des Missverständnisses bezeichnen.

Der Körper zerstörte sich immer wieder selbst. Ihr seid in all den Jahren nicht müde geworden, auch Techniken zu entwickeln, wie ihr den Körper zerstören könnt. Bitte, es ist wichtig zu begreifen, dass das immer wiederkehrende Inkarnieren eure Evolution auch sehr bremst. Natürlich sammelt ihr viele Erfahrungen und häuft sie zu immensen Bergen auf, zu denen ihr jedoch keine Möglichkeit des Zugriffs in lichter Weise habt, und ihr verdickt dadurch die Sedimentschicht, wie es uns Gaia in der Natur in vielfältiger Weise zeigt. Dadurch gelangt ihr nicht zum eigentlichen Bewusstsein eures Lichtkörpers. Denn dein Körper ist nicht nur eine halbtreue Kopie des großen Universums der geheilten Dualität. Er ist eine exakte und vollkommene Kopie im Kleinformat. Dein Körper ist in sich wie ein Licht-

schiff, das das Licht der Seele durch diese Dimension trägt wie durch eine Reise. Bitte erkennt, diese Missverständnisse in eurem Körper führen dazu, dass Informationen nicht weitergegeben werden. Und dieses gilt besonders für das Gebiet der sogenannten Stammzellen.

Erkennt und begreift bitte, dass sich in eurem Körper Areale, Reservoirs von Stammzellen befinden. Eine Stammzelle ist eine nicht klar definierte Zelle, sozusagen eine Rohzelle. Und diese Zelle kann an jeden Ort des Körpers geschickt werden, um zum Beispiel ein Fingernagel zu werden oder auch eine Magenzelle oder ein ganzes Organ. Sie ist nicht klar definiert wie eine Hautzelle, die ihre bestimmte Aufgabe hat und sich nicht in den Verbund einer Gehirnzelle einpassen kann. Eine Stammzelle ist Leben in der Fülle seiner menschlichen Möglichkeiten, und diese Fülle werdet ihr mehr und mehr erkennen. Diese Zellen habt ihr in einer besonderen Vielzahl im Bereich des unteren Rückenmarks angesammelt und auch um euren Bauchnabel herum. Es ist wichtig, dass ihr lernt, mit diesen Stammzellen in die Kommunikation zu gehen, sie anzurufen oder anzufunken. Ihr könnt diese Stammzellen benutzen, um euren Körper immer wieder neu zu erschaffen, neu zu kreieren und in einem gesunden Maße wachsen zu lassen.

Viele von euch kennen dieses Beispiel, und ich nehme es an dieser Stelle sehr gerne, um euch das, was ich vorhin sagte, zu verdeutlichen: Eine kleine Zauneidechse weiß mehr über die Stammzelle als die Professoren eurer Wissenschaft und Medizin. Denn, falls sie ihren Schwanz verliert, wächst er einfach nach. Verliert ihr ein Bein, braucht ihr eine Prothese, und eine Prothese ist immer nur ein Abbild des Originals, auch wenn die Technik schon recht gute Ersatzteile herstellen kann. Dasselbe gilt natürlich auch für alle inneren Organe, auch wenn es „Originale" sind, die implantiert werden, sind sie doch einem anderen Körper entnommen und so nicht optimal für das System des Empfängers. Das zeigt sich in den verschiedenen Abwehr- und Abstoßungsreaktionen des Körpers leider nur allzu deutlich. Erkennt und begreift, dass sich das Wachstum von molekularen Strukturen auf Grund eurer Stammzellen dahingehend erweitern muss. Es ist wichtig, sich darüber klar zu werden, dass dieses Bewusstsein, dieses „Können", nicht nur einigen wenigen vorbehalten ist, sondern allen Menschen zur Verfügung steht. Vereinzelt haben Menschen diese Fähigkeit der Nachbildung eigener Organe oder, was zum Beispiel auch immer häufiger geschieht, das Nachwachsen eines dritten Zahns. Ihr schaut voller Bewunderung auf jene, die dieses können, und verstärkt damit euer eigenes Unvermögen. Nein, besinnt euch auf euch selbst, die ihr dieses auch könnt, und erlaubt euch, über die Schwingungsfelder in eine klare Kommunikation einzutreten.

Erkennt bitte, die Erkrankung, die ihr Krebs nennt, ist eine Erkrankung infolge der Misskommunikation eurer stammzellulären Matrix. Eine solche Zelle löst sich aus

dem Verband, wandert durch den Körper, möchte neu erschaffen, neu kreieren, und kommt in die missverstandene kommunikative Schwingung hinein. Dann fängt sie an,
sich unkontrolliert zu reproduzieren, weil Reproduktion ja
ihre eigentliche Aufgabe ist. Da ihr jedoch ein ursprüngli-
cher Auftrag fehlt und sie sich einen Ersatz aus einer der
vielen Missinformationen geholt hat, weiß sie nun nicht,
wo sie sich reproduzieren soll und weiß auch nicht, wie.
Also reproduziert sie sich einfach. Sie bindet sich an ein
Organ an, beginnt ihr Programm der Vermehrung, und ihr
nennt das dann Krebs.

Es muss nun darum gehen, Fehlinformationen, Missverständnisse und Misskommunikation aus euren Systemen herauszubekommen, und dafür wurde die Kosmische
Lebenstherapie geschaffen.

Schwingungsfelder programmieren den Körper

Wir sind Schöpfer und Schöpfung zugleich.

Wie wir schon gehört haben, hatten sich unsere Eltern in der Zeit von Atlantis dazu entschlossen, ein Wesen zu kreieren, das auf dieser Erde unter den vorherrschenden Bedingungen leben kann, wie der speziellen Anziehungskraft von Gaia und der besonderen Atmosphäre. Dieses geschah in Poseidonis. Elyah nimmt hier diese Begriffe aus der griechischen Mythologie von Plato. Poseidonis – die Stadt, die am Meer lag, die dem Gott Poseidon, dem Meeresgott, geweiht war. Die Menschen wurden dort geschaffen aus einer Mischung verschiedenster DNS-Stränge, und diese Mischung sind wir.

Also, wir sind erschaffen. Wir sind aber gleichzeitig mit einem DNS-Strang versehen worden, um auch Schöpfer zu sein, und das heißt, wir können Dinge zum Leben erwecken, kreieren, aufbauen, erschaffen. Das funktioniert gleichermaßen über Schwingungen. Wir können über Schwingungen Dinge verändern. Wenn ich einen gefrorenen Block Spinat in die Mikrowelle lege und diese dann einschalte, versetzt die Mikrowelle die Atome des Spinats in Schwingung. Die Atome beginnen sich aneinanderzureiben und erzeugen dadurch Wärme, also taut dieser Block Spinat auf. Das ist ein ganz praktisches Beispiel der Wirkung von Schwingung in der Dritten Dimension. Wenn ich

111

jetzt, als weiteres Beispiel, jemanden angreifen und ihn als einen Blödmann, einen Stümper, bezeichnen und das mit einer massiven und lauten Stimme und der nötigen Aggressivität machen würde, hätte ich ein Schwingungsfeld erzeugt, das bei diesem Menschen sehr deutlich ankommt. Wenn dieser jetzt auch ein aggressiverer Typ wäre, würde er dadurch auch in sich eine Schwingung aufbauen und in seiner Art zurückschießen. Wenn dann noch eine Gruppe von anderen Menschen gegenwärtig ist, würden diese das mitbekommen, wären wahrscheinlich zum größten Teil betroffen, und daraus hätte sich das nächste und, in diesem Fall, kollektive Schwingungsfeld erschaffen. Und damit hätte ich über mein Schwingungsfeld der Aggression etwas manifestiert, das sich in späterer Folge auch in der Dritten Dimension auswirken wird. Das kennen wir alle aus unserem Alltag.

Unsere Aktionen verursachen eine Reaktion, das ist das Prinzip der Schöpfung. Ich denke, also <u>Bin Ich,</u> ist richtig. Ich sende dann aber auch etwas aus und erschaffe – meine eigene Umgebung. Wenn ich meinen Partner für den schlimmsten Menschen auf Gottes weiter Erde halte und ständig an ihm herummeckere, erzeuge ich ein Schwingungsfeld, und dann brauche ich mich nicht zu wundern, wenn er aus der Beziehung ausbricht. Ich erschaffe dieses über meine eigene Schwingung.

Bitte hör dir einmal selbst zu, wenn du mit anderen sprichst, mit deiner/m Partner/in, mit deinen Freunden und Bekannten. Das soll keine Kritik sein, sondern nur eine

Möglichkeit, leichter zu erkennen, wie das Prinzip des Erschaffens auch in deinem Leben funktioniert! Wenn ich über andere Menschen schlecht rede, erzeuge ich ein Feld; wenn ich über sie lästere, erzeuge ich ein Feld; wenn ich glaube, meine wunderbare Fähigkeit der Analyse über jemanden ergießen zu müssen, erzeuge ich ein Feld. Und dieses Feld kommt an. Das heißt: Dein Gegenüber nimmt die Schwingung auf, und jetzt kommt das Neue: nicht nur in seinen Gedanken, nicht nur in seiner Emotion, auch nicht nur in seiner Spiritualität! Wenn ich bei dem Beispiel von oben bleibe und den Menschen verbal angreife, dann hinterlasse ich eine Signatur in seinem Körper. Das bedeutet, er trägt diesen Angriff in seinem Fleisch und Blut, und diese Situation wird mit einem Bild verknüpft, denn das emotionale Selbst arbeitet über Bilder. Und das emotionale Selbst unterscheidet nicht zwischen Traum und Realität, zwischen Fiktion und Realität. Das emotionale Selbst kann das nicht, das ist nicht seine Aufgabe. Es nimmt einfach die Bilder an. Und jetzt haben wir folgendes Problem: Jetzt würde dieser Mensch in seinem Bild folgende Verknüpfungen herstellen: Angriff, beiger Pulli, schwarze Hose, tiefe Männerstimme, und was sonst alles noch wichtig in dieser Situation, bei dieser Energie war. Jetzt begegnet ihm irgendwann ein Vorgesetzter oder ein anderer Mann mit tiefer Stimme, beigem Pulli und schwarzer Hose, und dieser hat von vornehrein schon schlechte Karten. Weil der Mensch jetzt sofort ein Feld der Ablehnung oder des Angriffs aufbauen würde, ganz nach dem Motto: Angriff ist die beste Verteidigung. Oder er würde in die Regression gehen, also zurückweichen, und mit diesem Menschen keinen Kontakt aufbauen können. Das liegt nicht nur an den Emotionen dieses Menschen, sondern an seinem gesamten Feld, und diese aufnehmenden Fasern, diese aufnehmenden Zellen sitzen in unserer Muskulatur und werden über unsere Muskulatur auch weitergegeben.

Wir haben ein hochspirituelles Organ in unserem Körper, das ist unsere Haut, das ist nicht nur das Dritte Auge. Unsere Haut ist, von der Schwingungsdichte her gesehen, wesentlich höher als das Dritte Auge. Und diese Haut nimmt alles auf, was kommt, und zwar gnadenlos. Denn die Haut, die Epidermis, hat auch ein spirituelles Programm: „Ich will leben und alles erfahren, egal, was kommt."

Das kann eine Streicheleinheit sein, aber auch ein Schlag. Ich will alles aufnehmen. Sie leitet diese Information dann an die Muskulatur weiter. Ihr habt sicher schon gehört, dass es so etwas wie ein Muskelgedächtnis gibt. Fragt mal Bodybuilder, die definieren Muskelgruppen im Körper und trainieren diese dann ganz gezielt, Bizeps, Trizeps usw., und zwar über gewisse Bewegungen, um den Muskel immer wieder an eine gewisse Abfolge zu gewöhnen. Und wenn dieses erreicht ist, produziert dieser Muskel mehr Gewebe, es prägt sich in ihm ein.

Unser Körper ist voll von Schwingungen, von Erfahrungen, die du in deinem Leben gemacht hast, was sich in einem Schmerz oder einer Ungelenkigkeit bemerkbar machen kann. Es gibt eine Technik, die nennt sich Hyperton X. Dabei wird beschrieben, wie Schockerfahrungen, also nicht verarbeitete starke Emotionen, die Beweglichkeit von Muskeln und damit von ganzen Körperteilen beeinflussen. Das kann so weit gehen, dass der Muskel in seinem Bewegungsradius enorm eingeschränkt ist, und das bekommt man auch mit einer Massage nicht heraus. Erst wenn du die ganze Emotion oder das ganze Ereignis, das in dieser Muskelbewegung gespeichert ist, herauslöst, kann der Muskel seine komplette Beweglichkeit wieder erlangen. Und es geht sogar noch tiefer: Die Muskelzellen haben die Möglichkeit, Bilder zu projizieren oder auch Bilder zu löschen.

Ein Beispiel: Wenn eine Energie, die mit dem Körper in Berührung kommt, zu hoch ist, dann produziert der Muskel Bilder und lagert diese ein. Stellt er dann jedoch fest, dieses Bild würde ihn zerstören, behält der Muskel die Energie zwar, löscht aber das dazugehörende Bild. Der Mensch kann sich nicht mehr erinnern, hat aber Verhaltensweisen angenommen, die anderen Menschen zeigen, da ist etwas nicht in der Ordnung, da ist etwas nicht im Frieden. Wenn die Menschen dann mit dieser Verhaltensweise konfrontiert werden, sagen sie: Ich erinnere mich nicht mehr daran, ich habe kein Bild dazu, ich weiß nicht, woher das kommen könnte. Das ist auch völlig normal, da das System des Menschen so angelegt ist. In der natürlichen Entwicklung eines Menschen, man sagt, so bis ungefähr zum dritten Lebensjahr, gibt es eine selektive Aufnahme, das heißt: Das Kind nimmt alles auf und speichert es im Unterbewusstsein (und damit auch in seinem Körper) ab. Es erinnert sich erst ab dem Alter von ungefähr drei bis vier Jahren bewusst an seine eigene Ich-Identität, an Situationen und Erfahrungen aus seiner eigene Kindheit. Ihr könnt euch nicht daran erinnern, als ihr gestillt wurdet, oder an die Phase, als ihr sauber wurdet. Das ist alles in der selektiven Aufnahme verborgen. Euer Körper, die Muskulatur weiß das durchaus.

Wir erzeugen in unserem Körper über diese Bilder Schwingungsfelder. Wenn du deine Inkarnation beendest, diesen Planeten also wieder verlässt, nimmst du dein emotionales Selbst mit. Wenn du inkarnierst, bringst du dein emotionales Selbst mit, bestehend aus alten Eindrücken, zu denen du immer mehr neue hinzufügst. Wenn jetzt die Seele in die Verschmelzung von Ei und Samenzelle eindringt, wird hier eine Programmierung der DNS und damit des Körpers festgelegt, und zwar bezogen auf das Energiefeld dieses entstehenden Menschen. Das heißt, der Fötus wird in dieser ersten Phase schon geprägt, und das bereits während der ganzen Schwangerschaft. Und es ist ganz logisch, wenn wir uns mit Elyah oder mit anderen Ebenen der Geistigen Welt unterhalten, dass diese dann sagen: Na ja, du bist ein fließendes System von den Plejaden. Du hast einfach diese Information auf deiner Seelenschwingung und in deinem emotionalen Selbst mitgebracht, deswegen bist du jetzt im Moment oder in dieser Inkarnation ein sehr harmoniebedürftiger Mensch, weil alles fließt und alles miteinander verbunden ist.

Diese Prägungen deines Systems sind Erfahrungen.

Ob man sie hier auf Gaia gemacht hat oder auf anderen Sternenebenen, ist völlig egal. Und du hast sie in deinem Körper verankert. Das geht schon bei der Zeugung los. Da werden bereits ganz viele Dinge festgelegt. Ein Schwingungsfeld, das wir in der Elyah-Mythologie haben, ist der sogenannte Blitz von Karon, eine Kraft der Manipulation und der Trennung, die wir hier auf der Erde immer und in jeder Inkarnation tragen und auch weitergeben müssen. Und hier kommt jetzt das Nette an der Geschichte: Diese Zeit läuft aus. Nach Elyah haben alle Kinder, die nach dem 15.6.2009 gezeugt werden, die Energie des Blitzes von Karon nicht mehr in sich (Das hängt mit einer bestimmten Sternenkonstellation zusammen, denn an diesem Tag befinden sich alle Galaxien in der gleichen Position zur Erde, die sie zum Zeitpunkt des Untergangs von Atlantis, zum Zeitpunkt, als der Blitz von Karon die Erde getroffen hatte, auch eingenommen hatten.) Diese Kinder haben diese Trennung nicht mehr in sich. Wir werden mit diesen Kindern vermeintlich, wenn wir an unserem Bewusstsein nicht arbeiten, sagt Elyah, immer wieder sehr viele Schwierigkeiten haben, weil sie sich anders entwickeln, als wir es gewohnt sind und wir es kennen. Und wir müssen es lernen, mit diesen Wesen zu kommunizieren.

Das Ganze begann ja schon mit den Kindern der Neuen Zeit, den Kristallkindern oder Indigokindern, oder wie sie auch genannt werden; sie sind die Vorboten dieser Entwicklung. Aber das wird auch für uns eine sehr interessante Lernaufgabe werden, wenn wir das von der positiven Seite betrachten.

Wir erzeugen also diese Schwingungsfelder permanent um uns herum. Sie werden aus unseren bewerteten und nicht erlösten Erfahrungen erschaffen. Und wenn eine Erfahrung zu heftig oder zu stark war, bleibt sie nur noch in der Muskulatur und im Unterbewusstsein des Gehirns erhalten, dort wird sie dann aber ohne Bilder abgelegt. In der klassischen Psychotherapie versucht man zum Beispiel in der Analyse, diese Bilder wieder zum Leben zu erwecken, weil man sagt, der Mensch muss dort wieder hineingehen, um sie dadurch lösen zu können. Das war auch sehr lange in den verschiedensten spirituellen Therapien wie der Reinkarnationstherapie üblich, um dieses noch einmal zu fühlen und dadurch aus dieser Erfahrung herauszukommen. Ich nehme ein vielleicht etwas krasses Beispiel, das jedoch die Problematik sehr schön aufzeigt: Wenn du dir deine Finger an heißer Brühe verbrannt hast, muss ich deine Hand wieder in die heiße Brühe stecken, damit du davon heilen kannst! Da schütteln wir doch alle den Kopf. Aber wenn wir das auf einem psychologischen Weg sagen, dann ist das völlig in Ordnung, natürlich, ich muss dieses ja wieder nachvollziehen, um Heilung und Befreiung zu erlangen. Wenn ein Mensch eine traumatisierende Erfahrung gemacht hat, kann es doch nicht der Sinn sein, diese schrecklichen Erfahrungen zu wiederholen. Und wie wir oben gehört haben, sind die schlimmsten ja gar nicht mehr abrufbar, denn der Körper löscht die dazugehörigen Bilder, um sich selbst zu schützen! Auf diese Weise werden die Erfahrungen noch tiefer geschrieben, noch fester eingeprägt. Und damit konditioniere ich einen Menschen, ich halte ihn in seinen Erfahrungen und Erlebnissen fest und verschließe ihm damit einen Ausweg.

Unsere Schwingungsfelder tun genau das, sie arbeiten nach diesem Prinzip. Sie prägen uns Dinge und Erfahrungen tiefer und tiefer ein, und zwar in der Form der nicht geheilten Dualität. Und hier entsteht ein Kreislauf, ein Mechanismus aus nicht geheilten Verhaltensweisen. In der Kosmischen Lebenstherapie geht es vorrangig um diese Veränderung der Schwingungsfelder und damit um einen Ausweg aus diesem Kreislauf. Wir verändern die Schwingungsfelder, senden damit eine veränderte Information aus und erschaffen dadurch ein neues, ein anderes Feld, denn wir sind Schöpfer unserer Realität. Und jetzt passiert etwas Wunderbares: Die Energien beginnen sich zu neutralisieren. Und das nennt man in der Medizin „das Hahnemann'sche Prinzip". Ähnliches mit Ähnlichem, hier entsteht beziehungsweise wir erschaffen ein Schwingungsfeld, in das wir unsere ungeheilten Erfahrungen hineingeben können und diese neutralisieren sich dann, sie spiegeln sich, und unsere Muskulatur nimmt das auf und kreiert daraus neue Bilder, und zwar Bilder in einem positiven Sinn, indem ich eine positive Veränderung in mir erlebe. Die alten Bilder werden erweitert, verändert, nicht übermalt, aber ergänzt. Ich erinnere mich, ich habe mal eine schreckliche Erfahrung gemacht, aber es tut mir nicht mehr weh. Ich erinnere mich, da war mal etwas, aber es hat keinen Einfluss mehr auf mein Leben, es bestimmt meine Verhaltensweisen nicht mehr, ich kann mich frei entscheiden!

Wir reagieren auf der Summe unserer Felder, und diese sind muskulär geprägt, das heißt, euer Körper führt zu einem gewissen Prozentsatz das Regiment. Wenn ihr euch in eurem Körper, wie es jetzt in unserer Matrix auch ganz normal ist, einer immer wiederkehrenden Schwingung aussetzt, die mit euch und eurer Erfahrung in leidvollem Zusammenhang steht, reagiert der Körper darauf. Er möchte aus dieser Situation heraus. Also, was macht er, wenn du ihm nicht zuhörst? Er wird krank. Denn sich selbst zu zerstören ist der einfachste und effektivste Mechanismus für den Körper, aus einer Situation herauszukommen, wenn sein „höheres oder übergeordnetes" Bewusstsein nicht zuhört. Denn er hat nicht wirklich eine andere Möglichkeit. Und das ist Ursache von Erkrankung, nicht das Karma, nicht irgendwelche Past Lives, sondern schlichtweg Speicherung. Die einfache Speicherung deines emotionalen Felds in die Materie, in das Fleisch hinein. Das ist der Weg, den wir alle gehen, das ist auch die Aufgabe unseres Körpers in der Materie.

Es ist ganz spannend, kennt ihr das nicht auch? Ihr kommt in eine Gegend, fühlt euch sofort wohl. Andere sagen, da ist es mir zu karg, zu arm, zu üppig oder zu sonst was. Aber du sagst, nein, hier ist es genau richtig für mich. Das ist eine Prägung deines Körpers. Achte bitte einmal darauf. Jetzt würdest du vielleicht sagen: Gut, ich fühle mich in dieser Gegend unheimlich wohl. Ich war da in Urlaub, ich fahre da immer wieder gerne hin, denn sobald ich da hinkomme, geht mir das Herz auf, und ich (mein Körper) fühle mich dort wohl. Was hindert dich denn, nach dort zu ziehen? Dann tue es doch! Dein Kopf will dich hindern, weil du hast doch deine Verpflichtungen in Deutschland, in Österreich oder sonst wo! Du hast Familie und dies und das. Aber dein Körper sagt, ich will da hin, und dein Kopf sagt, nein, das kann nicht sein. Was sagt daraufhin der Körper? In Ordnung, ich gebe mein Bewusstsein frei, ich gebe die Seele frei. Dann kann sie sich doch inkarnieren, wo immer sie will. Ist doch wunderbar, wenn ich Körper mich nicht bewegen kann, dann zerstöre ich mich eben, und die Seele kann wieder neu inkarnieren. Dir als Seele einen Körper zu erschaffen ist ein Leichtes (wenn die Warteschlange nicht zu groß ist). Nur, das heißt für dich: Du hüpfst in dieser Inkarnation vom Planeten und musst wieder von vorne beginnen! Und das ist genau das Prinzip.

Es gibt eine spirituelle Vereinigung, die demenzkranke Menschen nach Thailand bringt. Die werden aus den Altenheimen geholt und quasi entführt. Man setzt sie in den Flieger und bringt sie nach Thailand. Und dort werden sie in thailändischen Familien betreut. Diese demenzkranken Menschen sprechen nach sechs bis acht Wochen thailändisch, diese Menschen, die ja eigentlich nicht mehr in der Lage sind zu lernen und das „Alte" mehr und mehr vergessen, fühlen sich dort wohl. Die alten und kranken Menschen kommen dorthin und fühlen sich zu Hause und werden gesund. Eigenartig, oder? Man hat nämlich festgestellt, dass ganz Thailand ein starkes rudimentäres Überbleibsel der Shoumana-Energie des Urkontinents ist. Und in diesem thailändischen Gebiet können sich alle Menschen zu Hause fühlen. Sie kommen dort an und sagen: Es ist zwar warm und feucht, aber hier fühle ich mich wohl. Und das ist eine Energie, die in der Ebene des Körpers ankommt, – und dann kommt dieser in seine Genesung.

Der Körper hat also ein Gedächtnis, und an dem obigen Beispiel habe ich versucht zu erklären, wie unser Körperbewusstsein denkt. Denn das geht nicht immer konform mit dem, was unser Kopf sagt, was unser Gefühl sagt. Unser Körper hat, wie jeder andere Teil unseres Seins auch, eine eigene Wahrnehmung. Und unser Kopf, unser Gefühl sagt: Es gibt hier Grenzen, es gibt hier Gesetze, es gibt hier Dinge, die einzuhalten sind. Unser Körper sagt: Ich wurde nie gefragt, ob ich diese Grenzen akzeptiere, ob ich diesen Grenzen unterliege, ich wurde nie gefragt, ob das für mich gut ist, und so weiter. In dieser Situation ist der Körper, er darf alles aufnehmen, darf alles speichern und hat uns gefälligst zu gehorchen, bis ins hohe Alter. Nur ein Mitspracherecht hat er nicht. Das ist unfair ihm gegenüber. Und das ist das Ergebnis der Schwingungsfelder. Deshalb sagt Elyah: Geht in eurer Spiritualität auch auf die Schwingungsfelder des Körpers ein, achtet auf euren Körper, erlaubt eurem Körper, eigene Schwingungsfelder zu bilden, und löst vorhandene Schwingungsfelder auf, die euch zerstören. Und dieses Prinzip nennt Elyah Heilung.

Unser Körper speichert jedoch nicht nur in die Muskulatur, sondern ebenso in die Knochen, die ja auch lebendes Gewebe sind, in ständigem Umbau und Wandlung. Die Kosmische Lebenstherapie, die Schwingungsmedizin, geht jetzt noch eine Ebene tiefer, bis in die dichteste Ebene unseres Körpers hinein, in unser Knochengerüst. Die Zähne wären ein noch härteres Material, aber die können wir hier nicht verwenden, weil sie durch Füllungen, Überkronungen und andere Reparaturen zu weit von ihrem natürlichen Ursprung entfernt sind. Deswegen nimmt Elyah das Knochengerüst dazu.

Ein Geheimnis der Kosmischen Lebenstherapie ist es, über die Osteoblasten (knochenaufbauende Zellen) die Materie zu programmieren. Dadurch wird ein Stadium der Neuprogrammierung für den Körper geschaffen, aus der dichtesten Ebene heraus. Vielleicht haben jetzt einige von euch Angst davor, weil ihr meint, dieses sei Manipulation. Das ist es aber im lichten Sinne nicht, denn auch wenn ein Zahnarzt eine Kariesstelle behandelt, ist das Manipulation. Diesen Zahn auszubohren und dann wieder zu versiegeln, um ihn in einen Zustand der gesunden Funktionalität zurückzuführen, so dass er noch viele Jahre gute Dienste leistet, ist auch Manipulation, doch niemand beschwert sich darüber. Genau dasselbe macht die Kosmische Lebenstherapie auch, sie programmiert in das Knochengerüst hinein, über den Aufbau der Osteoblasten. Dadurch wird der Mangel an Kommunikation und anderen Dingen sozusagen von innen aus den Körpern heraus programmiert, in einem langsamen Verfahren über die Erneuerung der Knochen, und der Mangel hat in dieser Zeit keine Sorge um seine Existenz. Dadurch können wir nachvollziehen, dass die Fülle das eigentliche Prinzip hier auf Gaia und darüber hinaus ist. Die Kosmische Lebenstherapie nutzt dabei die Möglichkeiten des eigenen Körperaufbaus und bedient sich der stabilsten Form in unserem Körper. Alles, was über die Knochen und über die Knochenhaut dem Körper signalisiert wird, nimmt der Körper an. Vom härtesten Material in das weiche Gewebe hinein. Diese Schwingungsfelder programmieren den Körper, öffnen ihn für neues Bewusstsein und setzen ihn in die ursprüngliche Form des „rohen Eis" zurück.

Diese Rohform der Eierspeise ist jedoch noch nicht das Endergebnis, denn jetzt wird sich der Körper selbst reparieren, – durch den Wiederaufbau in seinem eigenen Sieben-Jahres-Rhythmus. Und du bekommst immer mehr Zugriff auf die einzelnen ursprünglichen Bestandteile deines Erbguts, nach dem Motto: Mit diesem Bestandteil kann ich dieses machen, jener ist dafür gut, und so weiter.

Engel-Ich

Euer Körper ist die Festplatte eurer Spiritualität.

Janet: Meditation zum Engel-Ich

Vor langer langer Zeit, – und gute Geschichten beginnen immer so –, gab es eine große Stadt mit dem Namen Poseidonis, mit einem geheiligten Gebiet um die große Pyramide. Bitte seid euch bewusst, dass diese Pyramide nicht wirklich eine Pyramide auf einem Quadrat ist, es ist ein Oktaeder, eine Pyramide nach oben, und eine Pyramide nach unten. In dieser Form sind auch die Gitternetze der Diamanten und der Fluoridkristalle kreiert. Diese Form des Oktaeders ist für euch sehr wichtig, wir werden später darauf zurückkommen. Es war eine große Pyramide aus Diamant, und um sie herum befand sich eine große Mauer, und innerhalb dieser Mauer war dieser Hof der Pyramide von Poseidonis, und alles war wie ein wunderbarer Garten. Wunderschön, mit Wasser und bunten Vögeln. Ihr nanntet diesen Garten später in eurer Erinnerung den Garten Eden, das Paradies. Auf jeder Mauerseite waren drei Tore, zwölf Tore insgesamt. Versteht ihr jetzt die Bezeichnung der zwölf Kosmischen Tore? Und versteht ihr jetzt auch, warum Elyah diese atlantischen Pforten öffnet?

Dieser heilige Bezirk konnte also durch diese zwölf Tore betreten werden. Wir nennen sie die Tore von Atlantis, eines davon wurde das Engeltor oder das kristalline

Tor von Atlantis bezeichnet. Dieses Tor war aus einem riesigen, schweren Diamanten geformt, und wenn das Licht des Transponders auf das Tor fiel, hat es gefunkelt und gestrahlt, und dieser Glanz war in ganz Poseidonis zu sehen. Die Architektur dieses Tores wurde durch die Energie der Engel an die Shoumana gegeben, diese haben dann das Tor erschaffen.

Warum erzähle ich euch diese Geschichte? Weil die Engel genauso Gründer oder Erschaffer der Menschheit waren. Da gibt es einen Teil in euch, den wir das Engel-Ich nennen. Das ist eine Sequenz eurer DNA, und nicht nur ein spirituell philosophisches Wissen. Das ist der Teil, den die Wissenschaft als den Missing Link bezeichnet, das fehlende Bindeglied. Und dieses Engel-Ich wurde bei der grobstofflichen Zerstörung von Atlantis in den Schutz dieses Tores genommen, das bedeutet, dass dieses Diamant-Tor programmiert war durch die Kräfte der Engel. Es ist lokalisiert auf dem sechsten Chromosomenstrang. Meine Geliebten, es ist nicht wirklich ein Engel, es ist die Energie eines Engels, die wir eben das Engel-Ich nennen. Man könnte vielleicht besser sagen: das Bewusstsein eines Engels, das sich auf dem sechsten Chromosomenpaar befindet, und diese Energie ist immer noch getrennt von dir. Das hat zur Folge, dass dein physischer Körper nicht in die Entwicklung und Entfaltung gehen kann, wie er es eigentlich könnte und wie es eigentlich vorgesehen war. Das ist auch der Grund, warum viele Menschen an Krankheit und anderem leiden, weil ihr eigener Körper nicht damit umgehen kann und seine Heilungskraft sich zu diesem Punkt der Zerstörung hinbewegt. Und das ist durch das Verstekken der Engelskraft bedingt. Zum Schutz vor der Vernichtung durch den Blitz von Karon wurden der Thymus und das Thymus-Chakra erschaffen. In der Medizin weiß man, dass sich der Thymus nach der Pubertät zurückbildet und immer kleiner wird. Der Grund dafür ist, dass das Engel-Ich sich in diesem Thymus nicht entwickeln kann. Dabei möchtet ihr eigentlich eure Umstände selbst kreieren und manifestieren, jedoch wegen dieser Verkümmerung könnt ihr es nicht. Bitte, deshalb ist es wichtig, nicht nur euer Gehirn und euren Geist zu stabilisieren, sondern auch euren Körper, denn diese DNS-Sequenz befindet sich in eurem Körper. Das heißt: Manifestation ist eine Kraft des menschlichen Fleisches. Ihr müsst nicht irgendetwas im Universum bestellen, ihr müsst es in eurem Innern bestellen. Denn, wie schon gesagt: Jeder menschliche Körper ist ein Symbol des gesamten Kosmos. Euer Drittes Auge ist das Symbol für die Quelle allen Seins. Jede Zelle ist ein eigenes solares System. Deshalb ist jeder von euch ein Kosmos, und deshalb liebt Elyah diese wunderbaren Schriften des Hermes Trismegistos so sehr. Dieser erkannte dieses bereits schon vor tausenden von Jahren. Jedoch hatte er damals seine eigene Sprache und konnte dieses nur mit seinen Worten beschreiben. Elyah macht heute dasselbe in ihren Worten.

Viele Menschen auf Gaia sind durch Krankheiten gezeichnet. Wenn du durch dieses Tor gehst, bekommst du die Aktivierung des sechsten Chromosomenpaares. Dadurch kann sich der Körper dann selbst heilen. Wenn du also einen Zahn verloren hast, erschaffe dir einen neuen. Es ist nicht der Wille der Quelle allen Seins, dass ein physischer Körper zerstört wird, denn der göttliche Plan für die Menschheit ist, hier auf der Erde aufzuwachsen und als friedvoller Eroberer und Botschafter des Friedens zu anderen Wesen und Planeten zu gehen. (Erinnert ihr euch an die Lebensgeschichte von Elyah?) Dafür wurde euer Körper erschaffen. Und nicht, um zu sterben oder in einem Kreislauf der Inkarnationen gefangen zu sein. Versteht, was das bedeutet: Ihr wachst in das Heilungsfeld hinein und somit in die Energie des Plans von Atlantis, die Weisheit von Atlantis, und die Bestimmung war, dass der Kosmische Mensch als Einheit den Transponder verlässt und wie in einer Art Pilgerreise durch diese zwölf Tore geht. Dadurch wird sein Kosmisches Erbe energetisiert, es wird aktiviert, und dafür ist dieses heilige Gebiet erschaffen worden. Die Hüter dieses Wissens von diesem Engel-Tor waren in den früheren Zeiten die Ägypter, und in ihren Monumenten und Gebäuden, besonders in den Pyramiden von Gizeh, steht geschrieben: Folgt in die Weiten der Zeit. Schaut, wo ihr durchgehen müsst, eine Treppe zum Himmel, durch die Kammer des Königs, die eine Auferstehungskammer war. Diese Stufe zum Himmel ist möglich, wenn du in der Kammer durch einen Transformationsprozess für deinen Körper gegangen bist. Diese Kammer ist ein Symbol für das Tor. Wissenschaftler haben Öffnungen in den Wänden gefunden und dahinter kleine Gänge. Einer war direkt zum Sternbild Orion ausgerichtet, ein zweiter zu den Plejaden, die Spitze der Pyramide auf Aldebaran und die untere Spitze des Oktaeders auf Sirius. Dieses ganze Monument aus Stein ist um eine kleine Kammer errichtet, und diese entspricht dem vierten atlantischen Tor, ein Tor aus diamantenem Licht, das Tor der Engel, um das Engel-Ich zu aktivieren.

So sieh hin, in welch' wichtiger Zeit du lebst. In deinem Herzen liegt diese pulsierende Lebensenergie. Also, denk über dich nach, meditiere über dich und erkenne: Du bist ein spirituelles Wesen, du handelst wie in einem menschlichen Leben. Natürlich bist du auch ein Mensch, aber zuerst bist du ein spirituelles Wesen! Du bist ein Botschafter dieses Lichts von Atlantis. Erlaube mir, dir zu sagen, und diese Worte kommen aus der Tiefe meines Herzens: Die Zeit der Entwicklung ist vorbei! Verlass die Eierschale und sei ein Küken des Lichts! Werde zu einem mächtigen Feuervogel! Was du nun außerhalb deiner Eierschale brauchst, ist gute Nahrung, damit du dich entwickeln kannst. Das ist die Zeit, um gut genährt zu werden, verplempere nicht deine Zeit. Ach, ich würde so gerne in meine Eierschale zurückkehren, aber das ist vorbei, denn diese Schale habt ihr verlassen, seid ab heute in der Energie der Liebe.

Auf die Frage, welche Nahrung sie uns als Küken empfehlen würde, antwortete uns Janet:

Oh, das ist eine wichtige Frage, denn es ist wichtig, das Küken in das Erwachsenenalter zu bringen, und diese

Versorgung könnte eine Meditation zur Quelle allen Seins oder das Hören von Botschaften des Kosmischen Rates sein, genauso Meditationen zum Licht und das Lauschen der leisen und liebevollen Stimme deiner Seele. Ebenso das Einschwingen in die Energien von Atlantis, jedoch nicht im früheren Verständnis, sondern im jetzigen, mit dem Bewusstsein und dem Wissen, das ihr heute habt. Seit Beginn des Wassermannzeitalters lebt ihr in der Energie der Wiederherstellung von Atlantis, und diese Herangehensweise hatte zur Folge, dass Atlantis schon in eurem Bewusstsein wiedererwacht ist, in einer spirituellen Art und Weise. Geht in die Kommunikation mit dieser Energie von Atlantis, wir beschützen und behüten euren Weg. Seid im Segen!

Das Engel-Ich ist die Verbindung zwischen
Seele und Körper!

Medizinisches

Das Engel-Ich ist eine Verkapselung der DNA-Struktur innerhalb des Thymuschakras. Wir wissen in der Medizin, dass das Thymus-Chakra ab dem fünfzigsten Lebensjahr immer mehr zurückgeht und die Thymusdrüse aber der Pubertät immer mehr zurückgebildet wird. Darum sind die Menschen, je älter sie werden, anfälliger für Infektionskrankheiten, und die Genesungsprozesse dauern im Normalfall länger als bei jungen Menschen. Beim Tod löst sich der Thymus dann vollkommen auf. Wenn man eine Leiche seziert, findet man keine Thymusdrüse mehr. Sie ist völlig verschwunden. Die Medizin ging lange davon aus, dass sich im Thymus der Sitz der Seele befindet, wobei sie da ja nicht ganz unrecht hatte. Es wurde auch vermutet, dass sich quasi der Thymus auflöst, wenn ein Mensch stirbt, und damit der Seele die Freiheit wiedergibt, damit sie den Körper verlassen kann.

Das Engel-Ich sind zwei inaktive DNS-Stränge. Es ist keine Wesenheit, wir möchten es dennoch so bezeichnen, denn damit werden die Eigenschaften und die Qualitäten wunderbar beschrieben! Die Medizin nennt es Junk-DNA oder Abfall-DNA. Das sind die Stränge, die die Engelebene in unserem Sein verkörpern und von den Rianis vor langer Zeit in uns angelegt wurden. Und der Blitz von Karon, als er dieses Rührei erschuf, hat diesen Teil isoliert. Wir haben auf alle DNS-Stränge Zugriff, auch wenn wir nicht mit ihnen umgehen können, aber nicht auf die Engel-DNS, weil der Thymus diese schützt. Elyah sagt, dass diese DNS-Sequenz die Brücke zur Manifestation, zur Fülle, zur Erschaffung und zur Kreation ist.

Das Prinzip der Fülle

Dieses Engel-Ich oder diese Engel-Ich-Energie stellt auch das Fülleprinzip innerhalb der Materie dar. Und dieses Fülleprinzip innerhalb der Materie ist ein ganz wichtiges Prinzip. Wir alle leben den Mangel in irgendeiner Weise, der sich in den verschiedensten Bereichen zeigen kann. Er ist nicht auf das Materielle zu beschränken, auch wenn er sich hier am deutlichsten zeigt. Wir leben den Mangel, weil wir keinen Zugang zu diesem Prinzip der Fülle haben. Mangel ist kein Thema, sondern ein globales, ein weltumspannendes Thema. Nicht du oder dein Partner oder deine Freunde leben im Mangel, sondern wir alle leben im Mangel, weil wir über dieses Mangelthema gesteuert werden. Die gesamte Industrie, die gesamte Werbung, der gesamte Versicherungsmarkt und die gesamte Politik sind nichts anderes als die Verwaltung von Mangel, seine Vermarktung. Selbst unsere Gesundheitspolitik ist Verwaltung von Krankheit, nicht von Gesundheit. Wir haben Krankenkassen, keine Gesundheitskassen, und auch das ist nur ein Ausdruck des Mangels an Gesundheit. Wir sind immer in diesem Mangelteil gefangen. Mangel an Geld, Mangel an Energie, Mangel an Bewusstsein, Mangel an Vertrauen, und so weiter. Wir können gar nicht anders, weil wir die Kommunikation, die Verbindung zu diesem Engel-Ich, nicht mehr haben. Aber diese Verbindung öffnet sich mehr und mehr. Viele Menschen haben inzwischen teilweise Zugang dazu, zum Beispiel, weil sie eine charismatische Ausstrahlung haben, wodurch sie Menschen ansprechen und im Sinne der Fülle berühren können. Und das darf sich in jedem eröffnen, das darf sich auch in dir verwirklichen durch den Zugang, durch die Eröffnung deines Engel-Ichs.

Die Kraft der Manifestation

Das Wichtigste bei diesem Programm der Kommunikation ist, dass ihr auf eure innere Stimme hört. Hört genau auf den Punkt hin, wo die Seele in das Fleisch geht (und irgendwann auch wieder aus eurem Körper heraus!). Und dieser Punkt ist das Engel-Ich, es ist der Punkt im Thymuschakra, der durch die Energie des Thymuschakras und durch das Organ des Thymus gehalten wird. Der Thymus ist der Schutzraum des Engel-Ichs, und deshalb kann von der Ebene der ungeheilten Dualität keine Energie dorthin gegeben werden. Das ist ein absolut reiner Ort in deinem System. Es ist der Punkt des Tempels von An innerhalb eines jedes menschlichen Systems, eine Zone der geheilten Dualität. So habt ihr in eurem System auch die Möglichkeit, nach außen zu gehen und zu sagen: Auch ich bin ein Stück der geheilten Dualität. Die Kosmische Lebenstherapie von Elyah bringt euch in die Kommunikation mit diesem Punkt zurück. Alles ist Schwingungsfeld und miteinander verbunden. Euer persönlicher Seelenplan ist auch mit einem göttlichen Plan für den gesamten Kosmos verbunden. Und das ist wichtig für euch zu wissen.

Aber wie kommuniziert ihr? Alle Schwingungsebenen um euch herum kommunizieren mit euch, aber ihr gebt keine Antwort. Und deswegen ist es für euch wichtig zu wissen, dass euch die Kosmische Lebenstherapie in die Fähigkeit zurückbringt, Antworten zu geben. Dazu müsst ihr ein eigenes Schwingungsfeld in euch kreieren, wo Antworten und Nachrichtgeben im Ausgleich und in der ganzheitlichen Verbindung und Vereinigung in euch sind. Dieses erschaffende Feld nennen wir das „Feld der Manifestation". Das ist die Manifestationskraft, und das Engel-Ich bringt dieses Kraftfeld in die Dritte Dimension. In einer klaren ursprünglichen Form zu manifestieren bedeutet Heilung.

Wenn ihr neues Leben erschafft, wenn eine Frau und ein Mann zusammenkommen, und wenn das Spermium die Eizelle durchdringt, genau in diesem Moment reagiert dieses sechste Paar der Chromosomen, in diesem Moment ist es aktiv. Das ist das erste und einzige Mal, in dem Leben erschaffen werden kann, und es reagiert noch einmal zum Zeitpunkt des Todes, um Leben wieder aus der Materie zu bringen, der gleiche Vorgang andersherum. Das ist das fehlende Bindeglied, der Missing Link der Medizin, und es erklärt, wie Leben in einen Körper geht, und genau nach dieser Antwort sucht die Wissenschaft der Medizin schon so lange. Wie bekommt man eine Seele in die Materie? Wie bekommt man die Energie aus dem Kosmos in die Materie? Dieses Geheimnis liegt im Erbe des diamantenen Tores, das ist das Erbe des Wissens der Shoumana. Das ist das Erbe, Leben zu geben.

Wenn zum Beispiel eine Niere versagt, was sollen wir tun? In Ordnung, wir haben zwei Nieren, aber wenn eine versagt und die zweite nicht mehr ihren Dienst in Vollkommenheit tut, muss der Mensch zur Dialyse. Das ist jedoch für den physischen Körper nicht gut und eine enorme Belastung für den Menschen. Warum nehmt ihr nicht eine jener Stammzellen und erschafft in einem Laboratorium eine eigene, eine neue Niere? Es ist euch noch nicht möglich, weil ihr das fehlende Bindeglied nicht verwendet. Wenn ihr es verwenden würdet, wäre es möglich. Das ist jedoch nur ein Zwischenschritt in der Entwicklung zu euren ureigensten Fähigkeiten, in fünfzehn bis zwanzig Jahren werden das die Menschen aus sich selbst heraus tun können. Sie brauchen dann nicht einmal ein Laboratorium dafür. Der Doktor sagt: Gut, deine rechte Niere ist in einem Zustand, in dem sie ihren Dienst nicht mehr in Vollkommenheit versehen kann. Dann beginnt der Mensch, seine eigene Energie in diesem Gebiet zu verändern, und die Makrophagen verstoffwechseln die alte Niere, sie „essen" sie auf, und durch einen Auftrag (über euren Thymus, über euer Engel-Ich, Erschaffung in der Materie!) an eine eurer Stammzellen entwickelt sich eine neue Niere an dem Platz, wo sie ihren Dienst verrichten wird. Das ist die Kraft des atlantischen Tores, das ist die Kraft des Engel-Ichs. Jeder von euch ist ein spirituelles Wesen, das bedeutet, jeder von euch hat diese DNA-Struktur eines Engels in sich. Ihr seid eine gemischte Rasse, die Engel sind eine andere Ebene von Wesenheiten als ihr, aber sie haben euch ein Erbe mitgegeben, die Engel-DNA, und dieses fehlende Bindeglied liegt auf dem sechsten Chromosomenpaar.

Deswegen musste auch der Pharao in den frühen Zeiten von Ägypten ewig leben, und aus diesem Grund wurde diese Wiederauferstehungskammer errichtet. Die Menschen damals konnten sich in Ansätzen an dieses

Wissen erinnern, jedoch der Körper des Pharaos war gestorben, – und was taten sie? Sie konservierten ihn durch die Mumifizierung, auf dass er in seiner eigenen Fähigkeit sei, seinen Körper neu zu erschaffen. Das beruhte alles auf diesem Wissen, wobei ihnen dieses jedoch nur zum Teil zur Verfügung stand. Heutzutage haben die Wissenschaftler begonnen, dieses Wissen wiederzubeleben. Sie versuchen es, jedoch auf eine andere Art und Weise und auch mit einem anderen Hintergrund. Es ist die Methode, Menschen tiefzufrieren, um sie zu einem späteren Zeitpunkt wieder zu erwecken, wieder zu beleben, wenn die Wissenschaft der Medizin genügend Fortschritte gemacht hat, um diverse Krankheiten dann zu heilen. Diese Versuche werden heute häufig in Amerika gemacht. Ihr müsst euch jedoch nicht mehr mumifizieren und auch nicht tieffrieren lassen, was ihr jedoch tun solltet ist, das sechste Chromosomenpaar mit der Energie des Engelstors der Shoumana zu energetisieren. Das ist notwendig!

Dieses Tor der Shoumanas ist beim Untergang von Atlantis zerbrochen und zersplittert. Viele kleine Teile davon befinden sich in Südafrika, deswegen ist dort auch ein so großes Diamantvorkommen. Gaia zeigt euch alles, was ihr, meine Geliebten, machen müsst, schaut euch die Zeichen an, beobachtet sie! Denkt nicht in einer guten oder schlechten Art, denkt in einer holistischen Art und Weise. Wenn ihr mit der „Heilung" der Neuen Zeit arbeitet, müsst ihr holistisch denken, nicht in der Art, dort ist ein Organ defekt, und das zerbrochene Organ muss geheilt werden.

Das Organ ist nur der Ausdruck, dass das Leben in Disharmonie ist, und ich bringe das Leben zurück in diesen Körper, und das ist es, was benötigt wird. Wenn Menschen in dieser Zeit der Schwingungserhöhung beginnen, spirituell zu arbeiten, und jemand kommt zu euch und hat Schmerzen in seinem Bein, lass dich nicht verleiten, deine ganze Aufmerksamkeit auf seine Schmerzen im Bein zu richten, denn dann bist du nicht mehr ausgerichtet auf seinen ganzen Körper, auf sein ganzes Leben. Dieses Bein ist nur ein Ausdruck dafür, dass im ganzen Gefüge des Körpers etwas nicht in Ordnung ist. Und dieser Mensch gibt diese Disharmonie jetzt in sein Bein hinein, es ist jedoch ein Ungleichgewicht im Ganzen. Der Körper hätte die gleiche Fehlschwingung genauso in das System der Lunge, in eine Phobie auf der Ebene des Geistes oder in die Wucherung eines Gewebes hingeben können. Und du richtest dich auf sein Bein aus und sagst: Gut, dieses muss geheilt werden. Nein, der gesamte Körper, das gesamte System, muss geheilt werden. Und der Ansatz, den wir euch in diesem Buch vorstellen, geht genau in diese Richtung, den Menschen als Ganzes zu erkennen. Die Kosmische Lebenstherapie sieht den Menschen als Einheit, sie ist nicht auf das Problem ausgerichtet, sondern auf das Leben, das sich in einem Individuum ausdrückt und Teil eines großen Ganzen ist!

Elyah

Ich möchte jetzt einen sehr deutlichen Satz zu euch sagen, erlaubt mir dieses, nehmt es bitte nicht persönlich: Hört auf mit eurer Teilzeit-Inkarnation. Seid voll inkarniert. Springt mit euren spirituellen Füßen vollkommen in das Fleisch und seid hier auf diesem Planeten mit all euren Ebenen präsent. Ihr seid hier nicht an einem falschen Platz. Ihr seid hier, um die Erschaffer der Dritten Dimension in geheilter Form zu sein. Deshalb keine leeren Worte mehr, sondern handelt! Handelt wie spirituelle Wesen im menschlichen Fleisch und sagt nicht zu uns in der Geistigen Welt, ihr könntet dieses oder jenes nicht tun. Seid euch bewusst, dass ihr alles tun könnt, was ihr wollt. Vielleicht haben einige von euch den Schlüssel für das Schloss verloren. Aber seid euch dessen gewiss, dass wir hier sind, euch diese Schlüssel zurückzugeben. Deshalb geben wir euch diese Form der Behandlung, diese Form der Schwingungsmedizin, deshalb geben wir immer wieder Durchsagen, Anregungen und Workshops zu diesen Themen.

Janet

Und Stille war am Anfang von Allem-was-ist, und so ist jeder von euch in der Stille, und so lasst uns nun einen neuen Beginn feiern von Allem-was-ist. Und am Anfang waren dieses Licht und das Nichtlicht nicht getrennt.

Es war eins, und dieses Eine wurde von der Quelle allen Seins ausgesandt in das Nichts. Dieses ist Janet, die zu euch spricht, und ich möchte euch einladen auf einen Weg des Lichts in euch hinein. Und es ist eine Art Lichtgeburt, die wir mit euch feiern möchten, eine Feier, eins zu werden mit euch selbst. So geht in die Ruhe, keine Fragen, keine Antworten, einfach sein, und für einen Moment der Zeit teilt mit mir den Stillstand von Drama, den Stillstand des Rads der Zeit.

Meine Geliebten, das Leben ist mehr als ein Schicksalsrad, es ist mehr als ein Aufstieg auf die Berge und ein Abstieg in irgendein Tal. Leben ist eine reinigende Kraft, eine Energie, die sich in den verschiedensten Formen darstellen möchte. So ist diese Geburt des Lichts in dir, die Wiedergeburt des Engel-Ichs, nichts anderes als die Geburt des Sternenwesens, das du bist. Geh aus dieser eingefrorenen Zeit, du bist kein Kristall. Die Atlanter verwendeten Kristalle, denn sie sind ein Ausdruck der Fixierung, ein Ausdruck der Dauerhaftigkeit, ein Ausdruck, stabil zu sein über eine lange, lange Zeit. Doch sei dir bewusst, du bist kein Kristall, du bist eine Lebensform der Flüssigkeit, Ausdruck von Fließen, von Teilen und von Geben, eine Lebensform, die ein Fluss oder ein Ozean sein kann, je nachdem, was du ausdrücken möchtest. Sei nicht auf etwas fixiert, sei ausgerichtet auf dein Herz. Und nun, in der Mitte deines Herzens, lass eine kleine weiße Kugel erstrahlen, wie eine Perle. Und diese Perle ist Symbol und Ausdruck der bedingungslosen Liebe und des Erbes, das jeder von euch in sich trägt. Sei dir bewusst, dass du in dir die Essenz des Lebens trägst. Jeder von euch ist in einer Art spiritueller Schwangerschaft, und es ist egal, ob du als Mann oder Frau hier inkarniert bist, es ist an der Zeit, dieses jetzt auszutragen. Die Gebärmutter ist in eurem Herzen, und die Essenz des Lebens ist dort drinnen. Und so, wie ein Fötus mit seiner Mutter in Kommunikation steht, so ist auch dieser Fötus im Austausch mit dir, und er gibt dir die Kraft des Fließens. Sei kein Kristall mehr, sei nicht mehr starr, sei wie ein Fluss, und durch die Zeitalter entwickeln sich diese wunderbaren Landschaften wie der Grand Cañon. Der Colorado River hat ihn durch die Jahrhunderte geschaffen. Und so sei auch du wie ein Fluss, der in den Ozean der Zeit fließt. Die Essenz in deinem Herzen gibt dir die Stabilität des Fließens, und diese Qualität brauchst du auch, um zu deinem Innersten, zu deiner Sternengeburt, zu deinem Sternenwesen zu kommen. Meine Geliebten, erkennt, ihr seid so lange Zeit von dieser Energie, diesem Lebenselixier, getrennt gewesen, und nun geht ihr zurück in den Fluss, um in den Kontakt zu jenen Teilen des Kosmos zu kommen, aus denen ihr kommt. Orion, Plejaden, Aldebaran und Sirius sind in dir verschmolzen, in der Perle in deinem Herzen. Und erlaubt mir zu sagen, ihr wart nie alleine, auch wenn ihr es so gefühlt habt, das war jedoch keine Tatsache. Trennung ist eine Illusion, aber diese Zeit der Illusion ist vorbei. Fühle jetzt in deinem Herzen die Entwicklung dieser weißen Perle (erinnere dich an die Eingangsmeditation zur Verankerung des Systems im Gravitationsfeld des Kosmos), sie wird größer und größer, sie wird genährt von den vier solaren Systemen, das ist Lichtkontakt, der Kontakt mit deiner eigenen Vergangenheit, mit deiner eigenen Kosmischen Familie. Meine Geliebten, werdet zu einem Ozean der Liebe, in den jeder eintauchen kann, wo jeder zufriedengestellt werden kann, seid offen und nicht mehr verschlossen. Dieses Licht in eurem Herzen kann alles verändern, denn ihr seid mit dem Ort eurer göttlichen Geburt verbunden. Und lasst dieses Licht fließen, zu jedem, der mit euch verbunden ist!

Behandlung zur Meridianverbindung

Deprogrammierung von Leid- und Schmerzerfahrungen in der Muskulatur

Dieses ist eine Behandlung, die ihr entweder in einem Pool mit einem Menschen machen könnt, oder, wenn ihr keinen zur Verfügung habt, geht es auch in der Badewanne, hier ist es jedoch etwas eng dafür. Wir können sie aber auch ohne Wasser machen. Der Vorteil von Wasser ist jedoch, dass hier die Energien leichter fließen.

Bei dieser Behandlung geht es um die Verbindung der Meridiane in der ursprünglichen Form. Bei der Geburt werden bei jedem Menschen die Meridiane durchtrennt. Sie verbinden sich anschließend in der Form des Meridiankreislaufs wieder, den wir jetzt kennen. Dieser ist zum Beispiel bei chinesischen Meridianpuppen ersichtlich oder kann in diversen Büchern und Abbildungen nachgeschlagen werden. Dadurch werden jedoch Dysfunktionen erzeugt, die den Lichtdurchfluss nicht so zulassen, wie er möglich wäre. Die Folge davon sind wiederum Disharmonien auf körperlicher Ebene. Und bei dieser Behandlung werden diese Meridiane über den Lichtdurchfluss wieder in der ursprünglich gedachten Form zusammengefügt. Diese Behandlungsmethode kommt von den Shoumana, die jede Handlung mit einem Tempelgesang begannen.

Durch das Wiederverbinden der Meridiane wird Schmerz unterbrochen, und zwar physischer und psychischer Schmerz. Die Meridiane kommen dadurch in die Balance. Und wenn die Meridiane in Balance sind, ist Schmerz nicht mehr erforderlich.

Wenn diese Arbeit in einem Pool gemacht wird, braucht der Behandelnde einen guten Halt im Wasser. Dazu ist es von Vorteil, wenn er breitbeinig steht, denn es fließen sehr hohe Energien durch ihn hindurch. Er macht dann, wenn er gut steht, die kosmische Zentrierungsübung, also Visualisierung des schwarzen und weißen Kreislaufs, Aufbau des gleichschenkligen Kreuzes und Verbindung mit den zwölf Sternentoren um unsere Muttersonne. Damit ist er in einer guten Grundbalance. Jetzt lenkt der Behandelnde von seinem Thymus aus einen silber-goldenen Strahl nach oben bis zu unserer Mutter Sonne. Diese Farbe Silber-Gold wird auch als Elektrum bezeichnet. Er stellt sich die zwölf Kosmischen Sternentore und die Muttersonne vor und verbindet sich mit diesen zwölf Sternentoren. Dann lässt er diese Energie der zwölf Sternentore über die Muttersonne in den silber-goldenen Strahl und über sein Kronenchakra und die Schultern in seine Hände fließen. Der Klient liegt auf dem Wasser, und der Behandelnde hält ihn, indem er eine Hand in den Nacken und die andere unter sein Steißbein gibt. Die vorhin aufgebaute Energie fließt nun durch seine Hände in den Nacken und das Steißbein seines Klienten ein. Nun strömt diese Energie im Klienten, und zwar in gleicher Menge vom Nacken zum Herz und vom Steißbein zum Herz. Von dort aus fließt jetzt dieses Energiegemisch in das vegetative Nervensystem hinein. Auf der einen Seite geht das automatisch, auf der anderen Seite bitte ich den behandelnden Menschen, sich das entsprechend vorzustellen, denn das erleichtert den Energiefluss.

An dieser Stelle eine kurze Erklärung zum vegetativen Nervensystem:

Hier gibt es einen Unterschied zwischen Mann und Frau. Bei der Frau fließt das vegetative Nervensystem vom Kronenchakra über die Brustwarzen zum Solarplexus und wieder nach oben. Die Form entspricht einer Art Ellipse und sieht fast wie ein Auge aus, mit den Endpunkten im Kronenchakra und dem Solarplexus.

Beim Mann sind die Brustwarzen ohne Bedeutung für das vegetative Nervensystem. Bei ihm geht der Kreislauf vom Kronenchakra innerhalb der Brust bis zur Peniswurzel und dann wieder nach oben bis zum Kronenchakra. Beim Mann sind die Brustwarzen außerhalb des vegetativen Nervensystems. Der Kreislauf stellt also ein schmales Oval dar.

Der Klient liegt einfach nur im Wasser. Über die Hände fließt Sternenenergie in den Menschen hinein, in den Nacken und in das Steißbein. Es fließt automatisch ins Herz und verteilt sich weiter ins vegetative Nervensystem.

Wenn der Behandelnde in seiner Vorstellung mitgeht, ist dieser oben erwähnte kleine Unterschied zwischen Mann und Frau von Bedeutung. Dieser Energiecocktail, der durch die Hände fließt, ist durchaus spürbar, und daher die Empfehlung, sicher in dem Becken zu stehen, um diesen Fluss der Energien für zirka zehn Minuten halten zu können.

Bei dieser Behandlung startet eine Deprogrammierung. Diese startet automatisch, man braucht sie nicht in Gang zu setzen. Sie beginnt durch den Lichtdurchfluss, der durch diese Behandlung im Menschen aktiviert wurde. Das ist eine sehr spezielle Form, eine sehr tief gehende Deprogrammierung, bei der aus dem Körper alle Erinnerung an Schmerz in jeglicher Form eliminiert wird. Das heißt, wir fühlen zwar Schmerz, wir erinnern uns aber nicht mehr an alten und vergangenen.

Ich möchte euch ein Beispiel dazu geben: Wir alle kennen das Thema Zahnarzt. Ich sitze auf dem Zahnarztstuhl, ich weiß durch meine Erinnerung eigentlich schon vorher, wie schmerzhaft das ist. Das ist dann jedoch nicht mehr so. Ich sitze auf dem Zahnarztstuhl und denke: „Aha, schauen wir mal, was da kommt."

Ganz wichtig bei dieser Behandlung ist, dass der Behandelnde nichts denkt. Wenn er zum Beispiel denken würde: Ich möchte nachher einen Camembert essen, nimmt der Klient diesen Gedanken automatisch auf. Wenn dieser dann einen Camembert isst und zufälligerweise eine Milchunverträglichkeit hat, dann hat er ein Problem. Ihr übertragt als Behandelnder jeden Gedanken, jedes Gefühl, das ihr habt, auf den Klienten. Deswegen seid bitte in eurer vollkommenen Konzentration und Achtsamkeit bei dieser Meridianverbindung, die ihr damit macht.

Die zwölf Kosmischen Tugenden

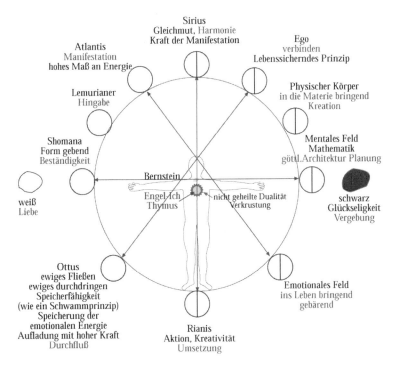

Kassiopeianisches Heilschwingungsfeld
die 12 kosmischen Tugenden

wenn der Mensch im Gleichgewicht ist,
gelingt ihm jede Aktion/Manifestation
das eine vedingt das andere

Sirius
Gleichmut, Harmonie
Kraft der Manifestation

Ego
verbinden
Lebenssicherndes Prinzip

Atlantis
Manifestation
hohes Maß an Energie

Physischer Körper
in die Materie bringend
Kreation

Lemurianer
Hingabe

Mentales Feld
Mathematik
göttl.Architektur Planung

Shomana
Form gebend
Beständigkeit

Bernstein

schwarz
Glückseligkeit
Vergebung

Engel-Ich
Thymus

nicht geheilte Dualität
Verkrustung

weiß
Liebe

Ottus
ewiges Fließen
ewiges durchdringen
Speicherfähigkeit
(wie ein Schwammprinzip)
Speicherung der
emotionalen Energie
Aufladung mit hoher Kraft
Durchfluß

Emotionales Feld
ins Leben bringend
gebärend

Rianis
Aktion, Kreativität
Umsetzung

© Michael Grauer-Brecht - Gestaltung Marianne Kurtze-Gutermuth

Elyah sagt:

Stellt euch vor, der Mensch ist ein Schwingungskreis, eine riesengroße Seifenblase, in der Seifenblase sind 5000 kleine Seifenblasen. Und jede einzelne Seifenblase ist ein Schwingungsfeld. Eine Magenschleimhautentzündung hat zum Beispiel nicht nur eine biologische Ursache, und so hat schon dieses eine Thema verschiedene solcher Blasen gebildet, je nach Ebene der Betrachtung oder Ausformung. Und dieses Legesystem fächert diese 5000 Blasen, welche sich in ungeordneter Form durch den Raum bewegen, nun in eine Linie auseinander, reiht sie quasi wie Perlen auf einer Schnur auf, und ihr könnt erkennen, welche Seifenblase ursächlich für die Magenschleimhautentzündung verantwortlich ist. Und dieses Legesystem erkennt es von selbst und baut in dieses Feld der Magenschleimhautentzündung ein Gegenfeld ein, und das ist das Grundfeld. Der Wirkungskreis dieses Legesystems beträgt 25 km, um den Bernstein beziehungsweise um den Klienten herum. Die Größe des Felds bezieht sich auf nützliche Energien in der Umgebung, die diese Heilung unterstützen können.

Elyah nennt dieses Legesystem beziehungsweise diese Darstellung „Die zwölf Kosmischen Tugenden". Diese sind die Eigenschaften unserer Kosmischen Eltern, und durch diese Legung werden sie in die Vereinigung in uns gebracht. Bei der Verschmelzung unserer DNA-Sequenzen sind diese Tugenden auch in uns verankert worden, sie sind unser Erbe! Elyah sagt, es ist ein Irrtum unserer ungeheilten Dualität, dass diese Tugenden spirituelle Tugenden seien, sondern sie sind körperliche Tugenden. Körperlich heißt in der Bedeutung von Elyah: in unserer DNA verankert, mit ihr verknüpft.

Die Kreise sind miteinander verbunden, mit Ausnahme des Lemurien-Kreises und des physischen Kreises. Diese Pfeilverbindungen symbolisieren, dass „das eine das andere bedingt". Ein Beispiel dazu: Wenn der Mensch im Gleichmut ist, dann gelingt ihm jede Aktion. Diese Verbindung ist im Diagramm durch die Pfeilverbindung von Sirius nach Rhianis dargestellt und geht im Idealfall direkt durch das Engel-Ich. Das heißt, wenn diese Aktion über das Engel-Ich geht, ist Manifestation möglich. Das Engel-Ich, der Bernstein, ist auf dem Halschakra, denn es geht um die Kommunikation mit dem Engel-Ich. Wenn alles in Harmonie, im absoluten Gleichgewicht, ist und die Kraft über das Engel-Ich geht, dann entsteht Manifestation.

Das Engel-Ich, der Bernstein, liegt auf dem Halschakra, denn es geht um die Kommunikation mit dem Engel-Ich, und der Thymus ist der Sitz des Engel-Ichs. (Halschakra und Thymus sind in der geheilten Form eins, sie gehen im gesunden Fall ineinander über, das Herz und der Solarplexus gehören in weiterer Folge auch noch dazu. Der Kosmische Mensch hat eigentlich nur noch drei Energiezentren: Kopf (Kronenchakra und Drittes Auge), Oberkörper (Halschakra, Thymuschakra, Herzchakra und Solarplexus) und Unterbauch (zweites Chakra und Basischakra). Es gab vor einiger Zeit schon Durchgaben über das Vereinigte Chakra, und das spielt hier hinein.)

Durch die nicht geheilte Dualität werden diese Pfeilverbindungen jedoch abgelenkt, gehen somit nicht durch unser Engel-Ich und können deshalb diese Qualitäten nicht direkt miteinander verbinden. Wenn wir jetzt zum Beispiel etwas dringend brauchen, etwas unbedingt wollen, uns so dem Mangel hingeben, dann gerät unser Körper in eine Art Fieber, und dieses Fieber bringt den Körper noch mehr ins Ungleichgewicht. Dadurch können die Kräfte sich nicht im Außen manifestieren. Dieses Fieber symbolisiert den Mangel. An dieser Stelle ein Leitsatz von Elyah:

Aus dem Mangel entsteht das Bedürfnis.
Das Bedürfnis versucht, sich zu erfüllen,
aus dem Suchen nach Erfüllung entsteht die Sucht.
Sucht ist Zerstörung, und Sucht bedeutet
nicht erfülltes Leben.

Aufgrund dieser Ablenkung durch die nicht geheilte Dualität können Paare nicht wirklich miteinander kommunizieren. Die Linie geht außen herum an der geheilten Dualität (Engel-Ich) vorbei und kommt dann zu dem Gegenüber. Bei uns geht es nicht durchs Engel-Ich, und das heißt, die beiden Qualitäten, die beiden Ebenen oder die beiden Partner können nicht wirklich miteinander kommunizieren. Aus diesem Grund ist Manifestation im lichten Sinne für uns im Moment nicht möglich. Die Zerstörung von Karon bedeutet nicht, wir haben etwas nicht mehr oder es wurde etwas in uns zerstört, nein, die Kommunikationsebene wurde verschoben, sie ist nicht mehr klar. Darum regiert hier auf Gaia der Mangel, die nicht erlebte Fülle in der Spiritualität und auf allen anderen Ebenen. Darum haben wir so etwas wie Krankheit; darum haben wir so etwas wie „Ich habe ein schlechtes Gefühl, weil die Ebenen nicht mehr miteinander kommunizieren. Und das alles hier auf diesem wunderbaren Planeten, der uns die Fülle in jedem Aspekt ständig in so wunderbarer Weise präsentiert."

Sirius steht oben für das männliche Prinzip, Rhianis steht unten für das weibliche. Alle Kugeln von Sirius rechtsherum bis Rhianis sind zweigeteilt und stellen unsere DNS-Struktur dar, die ursprünglich geplante und angelegte Zwölfstrang-DNS. In der Mitte liegt der Sonnenengelstein. Zwischen dem Bernstein und den Bergkristallen wird ein Spannungsfeld aufgebaut.

Nun möchte ich euch diese Verbindungslinien noch genauer erklären:

Sirius	Rhianis
Gleichmut	Aktion
Harmonie	Kreativität
Kraft der Manifestation	Umsetzung

In der direkten und klaren Verbindung zwischen Sirius und Rhianis zu sein bedeutet: Harmonie und Gleichmut geben der Aktion die Kraft zur Umsetzung, wie weiter oben schon dargestellt wurde. Die Kreativität gebiert sich, wenn der nötige Gleichmut vorhanden ist. Unter Druck oder Zwang verschließen sich die Tore der neuen Ideen. Ich muss jetzt einen superguten Einfall haben, funktioniert in den seltensten Fällen. Und wenn die Kraft der Manifestation über das Engel-Ich geht, kann der Umsetzung nichts im Wege stehen.

Shoumana	Mentalfeld
Form gebend	Göttliche Architektur
Beständigkeit	Planung
Mentalfeld	Mathematik

Über das mentale Feld kommt die Kraft der Shoumana in die Manifestation. Bevor man eine Brücke baut, wird die Statik berechnet, und aus dieser Planung gebiert sich wiederum Beständigkeit. Vor einer Manifestation sind das Mentalfeld und auch die Mathematik zu nutzen!

Elyah hat Manifestation als mentalen Akt der Klarheit definiert, ohne Einbeziehung des Emotionalfelds: Wenn du dir zum Beispiel eine Beziehung wünschst, solltest du diese vorher mental planen. Aus der Planung entsteht dann das Ritual. Das war in alten Zeiten der Balztanz. Man zeigt nach außen die Bereitschaft zu einer Beziehung, kauft sich etwas Neues zum Anziehen, sucht sich vielleicht eine neue

Haarfarbe aus und versteckt sich nicht mehr hinter alten Erfahrungen oder Schmerzen. Wenn diese Herangehensweise nicht funktioniert, wird aus dem Emotionalfeld heraus geplant, und das bedeutet: aus einem Mangel heraus, und deswegen kann das auf diese Weise nicht funktionieren!

Wenn du jetzt nicht weißt, ob du dich im Mentalfeld oder im Emotionalfeld befindest, versuche dich in die Lage zu versetzen, als ob du ein Haus planen würdest und beobachte das Gefühl dabei. Wenn du aus emotionalem Mangel heraus etwas haben möchtest (Ich bin doch so einsam, niemand mag mich, ich hätte doch so gerne Streicheleinheiten und vielleicht auch Sex), dann ist Manifestation nicht möglich. Aus Mangel heraus zu manifestieren erschafft Mangel und nicht Fülle, wie schon oben erklärt! Beim Visionieren, beim Planen, befinden wir uns im Mentalfeld. Es sei denn, du stellst dir beim Hausbau Vogelgezwitscher, Sonnenuntergänge und Liebesfilme vor, da ist dann sicher auch dein Emotionalfeld mit beteiligt. Bei der ganzen Sache ist es wichtig zu erkennen, dass aus der Planung im Mentalfeld ein ritualisiertes Verhalten erwächst. Das Verhalten eines Rituals ist ein immer wiederkehrender sicherheitsgebender Faktor. Wenn ich ein Haus geplant habe, dann kommt der Statiker und berechnet, oder der Architekt macht dieses oder jenes. Es geschieht also ein gleich bleibendes Ritual, das sicher in den Details variieren kann. Die Shoumana kreierten das mentale Feld, und darum dieser Doppelpfeil. Der eine Pfeil steht bei den Shoumana, bei den Kosmischen Eltern, der andere bei dem gegenüberliegenden geteilten Kreis, der für die beiden von ihnen erhaltenen DNS-Stränge steht.

Atlantis	Emotionalfeld
Manifestation	Verkrustung, Energiespender, hohes Maß an Energie ins Leben bringend, gebärend

Das Emotionalfeld lagert unsere Muster in Form von Verkrustungen oder Abkapselungen ein, und dazu ist ein hohes Maß an Energie erforderlich, diese verhindern jedoch wiederum die Manifestationen! Die Ebene von Atlantis verbindet sich wieder über das Engel-Ich mit dem Emotionalfeld. Auch hier ist ein Doppelpfeil gezeichnet, das eine bedingt das andere. Um die Manifestation in die Materie zu bringen, ist ein hohes Maß an Energie erforderlich. Und dieses hohe Maß an Energie bringt der Mensch über das Emotionalfeld auf, und zwar über die Kraft der Imagination.

Die Pyramide von Poseidonis wurde niemals gebaut. Sie wurde von den Atlantern erträumt. Und zwar planten die Atlanter diese Pyramide in ihrem Geist, verbanden die Kraft ihrer einzelnen Felder, nahmen die Energie der Kumaras (Kraft des Emotionalfelds) und erträumten sich die Pyramide. Dadurch haben sich Kohlenstoffatome zusammengefügt, und die Pyramide entstand. Es konnte deshalb gelingen, weil sie vom Bedürfnis losgelöst waren. Und die Kumaras haben das Emotionalfeld erschaffen,

und die Verbindung von Manifestationskraft und aufgelösten Verkrustungen, sprich geheilten Mustern, ist die Brücke dazu.

Unser Emotionalfeld ist durch Verkrustungen wie durch
Sedimente belastet, durch unsere Misskommunikationen,
all die nicht erfüllten und leidvollen Erfahrungen und die
falsch verstandenen und falsch interpretierten Empfindun-
gen. Unsere Emotionen sind nicht dazu da, Bedürfnisse
zu befriedigen, sondern um Kraft zu kreieren, die Basis für
Manifestation zu erschaffen und damit Materie zu bewegen. Die Empfindung, die wir bei einer Landschaft haben,
die uns in unserer Seele berührt, die Energie, die wir dabei
erhalten, darf der Natur durch deinen Segen, deine Liebe
und Achtsamkeit gegenüber Gaia wiedergegeben werden.
Schöpfung will sich erfahren und deine Emotion gibt dir
die Kraft und eine wunderbare Möglichkeit dazu!

Energie folgt der Aufmerksamkeit. Ich muss nicht Geld
manifestieren, wenn ich ein Haus kaufen will, sondern das
Haus. Wenn eine Idee gut ist, werden dir alle möglichen
Mittel wie von selbst zufliegen. Wenn die Idee im kosmi-
schen Sinn absichtslos und gut ist, bekommst du alles zur
Verfügung gestellt.

Der Spiegel des Emotionalfelds ist das Dritte Auge. Es
ist wichtig zu wissen, wie die Emotionen und damit die
Kräfte gebündelt werden können. Der Sitz des Emotionalfelds ist der Solarplexus. Wenn diese Kraft, diese Energie

zwischen Atlantis und dem Emotionalfeld gebündelt wird, dann geht dieser gebündelte Strahl über das Dritte Auge nach außen und verbindet so die chemischen Elemente der Umgebung, erschafft damit Manifestation, bringt ins Leben und gebiert. Wenn du dich erinnerst, die Kohlenstoffatome haben sich einst verbunden und die diamantene Pyramide errichtet.

Erinnert euch bitte an den Leitsatz: *Manifestieren aus Mangel heraus erzeugt immer Mangel.* Ich will unbedingt ein Haus haben, weil ich das brauche, ohne Haus bin ich nicht glücklich. Also nehme ich ein Fertighaus, es darf maximal 65.000 € ohne Grundstück kosten. Und dann lasse ich mir innerhalb von zwei Tagen das Ding hinstellen, und nach kürzester Zeit bin ich ganz unglücklich. Dann habe ich zwar mein Haus, aber dann fehlt mir hier eine Steckdose, da ein Wasseranschluss und dies und jenes, und so weiter. Wenn du aus Mangel etwas kreierst, hast du als Ergebnis immer Mangel. Ein alter Gedanke, der es wert ist, mal darüber nachzudenken: „Ich bin zu arm, mir billige Sachen zu kaufen."

Ottus	Ego
Durchfluss, ewiges Fließen	Verbinden, verknüpfen
Ewiges Durchdringen	Lebenssicherndes Prinzip
Speicherfähigkeit	
Aufladung mit hoher Kraft	

Die Sternenrasse der Ottus entwickelte das Ego. Das Ego ist ein lebenssicherndes Prinzip und wurde als solches geschaffen. Es sammelt Erfahrungen und kann sich dadurch in allen Bereichen des menschlichen Seins ausdrücken. Das Ego hat Zugriff auf das Mentalfeld, auf das Gefühl und auf den physischen Körper. Das Ego verknüpft auch alle diese Bereiche, um sie dem Spiegel des Emotionalfelds, nämlich dem Dritten Auge, zur Verfügung zu stellen. Das ist die geheilte Form. Wenn es in der Verbindung mit dem ewigen Fluss und dem Durchdringen geschieht, gebiert sich eine hohe Aufladung mit Energie, und das wiederum ist die Basis der Manifestation über das Engel-Ich.

In der nicht geheilten Form verknüpft das Ego auch, aber um seine eigene Vormachtstellung zu sichern, verwendet es sein lebenssicherndes und lebenserhaltendes Prinzip für sich selbst. Es will sich in der Inkarnation hervorheben, etwas Besonderes sein und sich vielleicht sogar ein Denkmal setzen. Dadurch wird Manifestation im lichten Sinn verhindert.

Es sind einfache Sätze unseres Egos, aber sie haben eine ganz schöne Tragweite. Lasst euch diese Gedanken einmal durch den Kopf gehen. Die Sätze sind sehr massiv, zum Beispiel nach dem Motto: Hauptsache, mir geht es gut. Schau einmal, wie du damit klar kommst. Ich benutze einfach. Oder: Ich werde ihm/ihr schon zeigen, wo es langgeht. Ich kann es dir mit gleicher Münze heimzahlen. Ich bin so verletzt. Du hast mich so verletzt. Oder: Man hat mich so gedemütigt. Ich bin jetzt generell und von Natur aus beleidigt. Ihr werdet schon sehen, was ihr davon habt, und so weiter. Das Ego kann das im gesamten System ausdrücken, so auch in der Spiritualität. Dazu gehört auch die gesamte Thematik der Selbstverwirklichung. Wenn ich mich selbst verwirkliche, und das auf Kosten anderer, ist es mit meiner Selbstverwirklichung nicht sehr weit. Also, das Ego ist schon ziemlich machtvoll in solchen Geschichten. Achtung vor Verknüpfungen im nicht liebevollen Zusammenhang, die Speicherfähigkeit, die Aufladung von emotionalen Energien und der Durchfluss stehen auf der gegenüberliegenden Seite!

Lemurien	Physischer Körper
Hingabe	In die Materie bringen
Annahme	Kreation

Hingabe bezieht sich auf den Gedanken der Einheit, eins sein mit Allem-was-ist. Ich bin nur dann wirklich in der Hingabe, wenn ich mit allem eins bin, wenn ich eine Situation, so wie sie mir begegnet, ohne Bedingung annehmen kann. Das gilt auch, wenn es ein Unglück für mich darstellt oder eine Krankheit ist. Ich muss mich dem hingeben, denn wenn ich das tue, bin ich eins mit dieser Energie. Ich darf sie nicht bewerten. Und das hatten die Lemurianer in ihren Genen. Sie waren in einer sehr direkten Hingabe zu Allem-was-ist. Wenn ein Komet eingeschlagen ist und alles zerstört hat, dann war das eben so, da wurde nicht lamentiert, und da wurde nicht gejammert; das war ein Umstand, der zur Natur und zur Evolution dazugehörte, und man hat ihn angenommen. Aufgrund dieser Annahme, dieser Hingabe, hatten sie die Möglichkeit, ihre geistigen Fähigkeiten in die Materie einzubringen. Dabei ging es auch um Vervollkommnung. Sie haben zum Beispiel einen Vulkan vollkommen ausbrechen lassen, damit er möglichst viel neues Land erschafft, möglichst viel Fruchtbarkeit bringt. Auf der anderen Seite haben sie aber auch dafür gesorgt, dass die Pflanzen sich verkapselt haben, damit die Samen diese Hitze überleben und wieder neu siedeln und austreiben konnten. Sie haben das Beste aus der Situation gemacht. Das ist Hingabe, und nicht Anklagen und Wehklagen. Man kann in solch einer Situation vielleicht sagen: Das passt mir nun gerade nicht in mein Konzept, aber ich gehe jetzt in diese Situation und nehme sie bewusst an. Das ist das große Erbe der Lemurianer, und das tragen wir auch in uns. Und dieses Erbe bezieht sich auf den physischen Körper. Deswegen kommen auch Menschen auf den Gedanken, Krankheit sei ein Weg. Und in diesem Sinn stimmt das auch, in diesem Sinn ist es auch ein Weg des Erkennens, und damit der Heilung. Aber bitte, versteht das jetzt nicht falsch, in dem Sinn: Ich muss krank werden, damit ich etwas kennen oder mich weiterentwickeln kann, das wäre ein Trugschluss! Aber wenn ich nun schon in so einer Situation stecke, dann kann das durchaus ein Weg zur Erkenntnis sein. Und somit macht auch dieses einen Sinn. Über die Hingabe, zum Beispiel die Annahme meiner Erkrankung, bringe ich die Heilung in die Materie und damit die Auflösung der Energie der Krankheit. Und das ist ein ganz typisches lemurianisches Erbe.

Ein charakteristisches Bild für diese Wesenheiten ist das schlagende Herz von Mu. Das Singen um den rot glühenden und leuchtenden Kristall. Sie haben darüber Energien empfangen, diese in ihren Körper überspielt und aufgenommen, sind dann aus der heiligen Höhle hinausgegangen und haben diese Informationen in die Welt gebracht, durch und über ihren Körper. Sie sind in die Verbindung zu allem gegangen, haben Bäume umarmt, das Wissen in die Kristalle gesungen oder sich mit den Walen verbunden. Sie haben diese Information in die Materie gegeben. Wichtig ist bei den Lemurianern immer die Verbindung mit der Materie. Sie haben sich nicht auf die Klippen gestellt und darauf losgesungen, nein, sie sind ins Meer gegangen und haben mit den anderen Wesen körperlichen Kontakt aufgenommen. Sie sind mit den Walen geschwommen, haben mit den Delfinen gespielt, haben sie in ihrem Lebensraum aufgesucht, – das ist Lemurien, und das ist eine ganz wichtige Tugend, es ist die buddhistische Tugend schlechthin! Annehmen, in die Situation hineingehen und in und durch die Annahme verändern. Das ist die reinste Transformation!

Diese beiden Kreise stehen frei, sind nicht verbunden, weil das Bewusstsein des Kosmischen Menschen das Bindeglied für diese beiden Ebenen ist. Dieses ist in uns enthalten, und es wird sich öffnen. Das ist die Trennung, das ist der Blitz von Karon. Das ist die Darstellung in der nicht geheilten Form im eigentlichen und tiefen Sinne. Es ist auch die Darstellung der Heilung, denn in der heilen

Form gehen diese durchgezogenen Verbindungen durch das Engel-Ich.

Weißer Kreis	Schwarzer Kreis
Liebe	Glückseligkeit
	Vergebung

Diese Kreise sind nicht verbunden. Es handelt sich hier um zwei eigenständige Energiesysteme. Weiß und Schwarz stehen für die gleichwertige Zusammengehörigkeit der Komponenten der geheilten Dualität. Wären sie verbunden und damit zusammen, entstünde daraus Grau, und das wäre die Auflösung der Dualität!

Der „weiße" und der „schwarze" Kristall sind die Regulatoren, man bestimmt damit die Intensität des Feldes. Diese hängt von der Intensität der Egostruktur ab, ihr reguliert sie über den schwarzen Kristall. Je näher der schwarze Kristall den anderen zehn Kristallen im Kreis kommt, umso intensiver und stärker ist das Feld (entsprechend der Stärke des Egos). Der weiße Kristall ist der Transponder, er ist der Stein, der mit der Seelenenergie kommuniziert. Um die Ego-Strukturen zu transformieren, ist es wichtig, je näher der schwarze Stein dem Legesystem liegt, desto weiter weg muss der weiße Kristall von den restlichen liegen. Je weiter weg ihr den weißen Stein legt, desto klarer und lauter wird die Stimme der Seele, das Feld wird entsprechend stärker.

Diese zwölf Kosmischen Tugenden sind auch die Tugenden der Sternenrassen. Und sie sind in der Präambel des Kosmischen Rats niedergelegt. Das heißt, alle Sternenrassen haben sich auf diese Werte verpflichtet, auch das Nichtlicht. Seit der Harmonischen Konvergenz 1989 und aufgrund dieser Präambel wurde ein Waffenstillstand zwischen Nichtlicht und Licht geschlossen. Und aufgrund dieses Waffenstillstands konnte sich die Menschheit weiterentwickeln. Dieses war die Voraussetzung dafür. Wenn jemand behauptet, er werde vom Nichtlicht angegriffen, dann macht drei Fragezeichen dahinter, denn es gibt diesen Waffenstillstand. Angriffe, wie es sie sicherlich lange gegeben hat, gibt es nicht mehr!

Elyah sagt, dass dieses Legesystem einen Inkubator darstellt, der die DNA in die Zeit von Atlantis zurückversetzt. Von dort aus kann sie sich entwickeln. Dieses Legesystem ist verbunden mit der Öffnung der zweiten atlantischen Pforte (Seminar von Michael/Elyah im Lichtgarten im Juni 2006). Das entspricht komplett der zweiten atlantischen Pforte in Form eines Schwingungsfelds.

9.23 Uhr ist die optimale Uhrzeit für den Beginn der Behandlung und euch als Anhaltspunkt gegeben. Es ist wichtig, diese Arbeit am Vormittag zu tun, weil das System des Menschen ungefähr acht Stunden braucht, um sich wieder zu schließen, wenn du damit therapeutisch arbeitest. Wenn du es als Wiederholung und rein aus Erholungszwecken machst, kannst du dich zu jeder Zeit hineinlegen. Der Schwerpunkt der Behandlung sollte jedoch am Vormittag sein, weil um 9.23 Uhr der Beginn der Einstrahlung in die Pyramide erfolgte und somit diese Erinnerung an die Erschaffung in unserem System wiederbelebt wird. Das ist eine Hommage an jenes Ereignis, als die ganze Natur schwieg und sich alle Wesenheiten zur Pyramide begaben, um diesem kosmischen Ereignis beizuwohnen.

Der Sonnenengelstein

Der Sonnenengelstein ist ein programmierter Bernstein, der die kommunikative Fähigkeit und Eigenschaft der ursprünglichen Pflanze, des ursprünglichen Baumes, bis in unsere Zeit gerettet hat. Diese Pflanzen lebten in einer Zeit, als der Blitz der Trennung und der Manipulation die Erde noch nicht erreicht hatte. Die Kommunikation war damals ebenso wichtig wie heute, sie war jedoch noch in ihrer ursprünglichen, durchdringenden und verbindenden Weise aktiv. Diese Bäume hatten ein hohes Bewusstsein, wir dürfen sie aber nicht mit Devas oder Baumgeistern verwechseln. Diese Bäume waren eigenständige Wesenheiten. Das sind unsere heutigen in einer Weise sicherlich auch, das dürfen wir ihnen nicht absprechen, doch Baumgeschöpfe hatten in der Zeit von Atlantis eine eigene Hochkultur. Sie hatten eigene Gruppen oder Waldhaine, in denen sie kommunizierten, und dort haben sie Schwingungen der Sterne, wie zum Beispiel solare Winde, die wir als Nordlichter kennen, in den Transponder von Poseidonis eingefächert. Sie hatten in ihren Kronen die Möglichkeit, die Energien der Sterne aufzufangen und transferierten diese zum Transponder von Poseidonis. Dieser nahm sie dann als Information in sich auf und leitete sie an die jeweiligen Empfänger weiter. Diese Wesenheiten haben bei der Zerstörung von Atlantis ihr Blut gegeben und dieses in die Erde tropfen lassen, und unter hohem Druck entstand daraus der heutige Bernstein. Diese Schwingungsinformation der solaren Energie steckt heute noch im Bernstein, deshalb nennt ihn Elyah auch den Sonnenengelstein. Diese Sonnen- und Sternenenergie erweckt das Engel-Ich, stärkt es und bringt es dadurch zu einer neuen Geburt. Deshalb spielt der Bernstein hier eine ganz bedeutende Rolle.

Meditation mit Janet: „Was ist Heilung?"

Es ist, wie wenn ihr einer Linie folgt. Und das Ziel, das Ende dieser Linie, ist, eine perfekte Lösung zur Heilung zu erlangen. Was ist Kosmische Heilung? Und ich möchte euch jetzt erklären, was Heilung in ihrer tieferen Bedeutung heißt, wie wir sie aus kosmischer Sicht empfinden. Heilung bedeutet mehr, als dass ein Organ wieder richtig funktioniert. Heilung bedeutet, eine Kommunikation zwischen allen Bereichen eures Seins herzustellen. Diese Kommunikation wird oft durch ein unterbrochenes Meridiansystem gestört. So ist es wichtig, dieses in den Fluss, in die Verbindung zu bringen, so, wie wir es euch weiter oben schon erklärt haben! Dann kann sich die Heilkraft in euch entwickeln. Die Dauer, bis die Meridiane wieder in der ursprünglichen Weise verbunden sind, liegt an der unterschiedlichen Durchlässigkeit des Menschen für das Licht, je lichtdurchlässiger der Klient, desto schneller kann diese Meridianheilung vollzogen werden.

Dieser Sonnenengelstein ist, erlaubt mir, es so zu bezeichnen, der Mittelpunkt dieser Technik. Er befindet sich auch in der Mitte dieses Legesystems. Es ist ein System, um alle Bereiche des Menschen zu verbinden oder zusammenzubringen, so dass Kommunikation wieder ungehindert fließen kann. Ihr müsst wissen, dass Heilung im spirituellen Bereich beginnt. Bitte erlaubt mir diese Bewertung. Das Schlimmste an den Heilbehandlungen, die auf Gaia erfolgen und die jetzt schon mit dieser Ebene beginnen, ist, dass sich das Ergebnis nicht im physischen Bereich zeigt, dass sie nicht bis in die Materie dringt. Die Ursache dafür ist, dass die Kommunikation unterbrochen ist. Eine Heilung im kosmischen Sinn bedeutet wesentlich mehr als eine Heilung in irdischem Sinn. Heilung im kosmischen Sinn bedeutet, dass zum Beispiel im spirituellen Bereich ein Teil eures Seelenplans geheilt wird und dieser Teil in der Dritten Dimension real wird in dem Sinn, den eure Seele möchte.

Bitte, es ist ganz wichtig, dass ihr das richtig versteht. Ich sage euch, dass die Seele die Möglichkeit bekommt zu erschaffen. Und wenn ihr zu euch selbst sagt: Ich weiß, was meine Seele will, möchte ich sagen: „Herzlichen Glückwunsch zu deinem Ego." Erlaubt mir zu sagen: Ihr müsst erst einmal lernen zu erfahren, was ist der Wunsch, was ist der Wille meiner göttlichen Seele. Das Ego in der nicht geheilten Dualität ist so groß und so stark geworden, weil die Seele nicht die Möglichkeit hatte, durch das Engel-Ich in der Materie zu wirken. Deswegen hat unser Ego diese Aufgabe in der Dritten Dimension übernommen, und dadurch ist es so stark geworden, dass wir die Stimme unserer Seele gar nicht mehr verstehen können.

So hört eurer Seele zu! Der Wunsch der Seele ist es, ihrem eigenen Plan zu folgen. Dieser Seelenplan wurde entwickelt, als die Seele die Quelle allen Seins verließ. Ein Seelenplan ist wie ein guter alter englischer Geburtstagskuchen: Er hat mehrere Schichten von Schokolade und Teig und Creme, und jede Schicht ist eine einzelne und auch isolierte Information dieses gesamten Plans.

Wenn ihr mich zum Beispiel fragt, was ist denn nun mein Seelenplan, muss ich zurückfragen, welche Schicht meinst du? Meinst du jetzt die Schicht, die du hattest, als du Heinrich der Achte warst? Meinst du die Ebene, als du ein Bauer im hohen Norden von Russland warst? Oder meinst du die Schicht, in der du jetzt lebst? Das Ganze zusammen wird als Seelenplan bezeichnet. Ihr müsst wissen, dass ihr die Menschen in eurer Umgebung heilen müsst, damit sie in den Kontakt mit ihrer Seele kommen, damit sie dann ihre Seelenpläne erhalten und diese Pläne auch in der Dritten Dimension konkret werden können. Das ist Heilung!

Und da gibt es ein ganz kleines Ding, das Ego genannt wird, und das Ego sagt: „Oh, ich möchte das aber nicht." Denn ich möchte mein eigenes Leben leben. Ich möchte euch ein kleines kosmisches Geheimnis verraten: Ein Ego kann nicht ohne Seele leben.

Deswegen inkarniert die Seele so oft, weil das Ego so stark ist, weil es seinen Willen über den Wunsch der See-

le stellt. Es ist kein Problem für eine Seele, einen neuen Körper zu erschaffen. Aber es ist für euch innerhalb eures Körpers ein Problem der Kommunikation, ein Problem der Balance zwischen den Ebenen eures Seins. Bitte hört genau zu: Manchmal benutzt der Körper eine Krankheit, um an einen optionalen Punkt zu kommen, um der Seele die Möglichkeit zu geben, die Inkarnation zu verlassen, um sich selbst verwirklichen zu können. Er macht das der Seele zuliebe und nicht für euer Ego, das sein eigenes Leben möchte! Das ist nicht der Wille der Quelle allen Seins. Aber hier, in der ungeheilten Dualität, könnt ihr dieses jeden Tag erleben.

Heilung beginnt, indem die Meridiane verschmelzen, sich zu ihrer ursprünglichen Form verbinden und dadurch auch Heilung für die Ego-Struktur erfolgen kann. Dieses Heilungs-Schwingungsfeld, das ihr mit den Steinen aufbauen könnt, ist ein Feld, in dem die Ego-Strukturen heilen können. Das bedeutet, dass das geheilte Ego dann die Kommunikation mit allen Bereichen eures Seins erlaubt.

Wenn Menschen sich begegnen oder die Geistige Welt sagt, nimm mit diesem oder jenem Kontakt auf, so wird ein Netz von Seelenplänen gewoben. Und jeder Einzelne von euch ist in diesem Netz über eine Vielzahl von Verknüpfungen enthalten. Wenn ihr mit diesem Legesystem arbeitet, dann beginnt ihr ein Netz aus Licht zu weben. Und ihr lehrt das Ego, die Energie der Seele zu empfangen.

Als Erstes wird das Ego geheilt, dann erklärt das Ego, dann erinnert sich das Ego, dann wird das Ego mit den Sternenwegen verbunden, die ihr bereits gegangen seid. Und diese vier Schritte bringen physische, emotionale und spirituelle Liebe in alle Bereiche. (Das Ego erklärt dem Gesamtbewusstsein, dass nicht jede Erfahrung wiederholt werden muss, dass Erfahrungen zum Beispiel auf den Sternenebenen bereits gemacht worden sind, und erklärt daraufhin dem Gesamtbewusstsein, dass es nicht mehr notwendig ist, diese erneut in der Dritten Dimension zu machen. Erinnern bedeutet nicht immer, dass wir es auch wissen müssen. Es gibt zum Beispiel auch Erfahrungen, an die wir uns nicht zu erinnern brauchen, die Information ist aber dennoch vorhanden und wird dem Gesamtbewusstsein eingespielt.)

Dann nennt ihr euch selbst Kanal. Ein Kanal ist durch sein Kanal-Sein in der kompletten Erfüllung. Seid ein Kanal der Liebe, das ist die höchste Form der Energie, die ihr zur Manifestation bekommen könnt. Es ist sehr wichtig, dass ihr dieses erkennt.

Jeder Einzelne von euch hat eine christliche Ausbildung oder eine christliche Sozialisation. Jeder kennt die Geschichte, als Jesus im Garten von Gethsemane betete. In seiner Angst, in seiner größten Todesangst, sprach er folgende Worte:

Nicht mein Wille geschehe, sondern dein Wille.

Das heißt, nicht der Wille meines Egos soll geschehen, sondern der Wille meines Vaters, was dem Willen meines göttlichen Plans entspricht.

Ich möchte euch in diesen Zustand bringen, in dem ihr das auch sagen könnt. Jesus sagte das in Voraussicht seiner Kreuzigung. Ihr steht jetzt Gott-sei-dank nicht vor einer Kreuzigung oder einer Tötung, aber vor eurer Heilung. Und ich möchte euch jetzt sagen: Ihr steht eurer Heilung gegenüber, doch euer Ego möchte das nicht, denn euer Ego möchte herrschen. Und ich möchte zu euch sagen: Die Zeit eures Egos in seiner alten Struktur ist vorbei, jetzt könnt ihr Heilung empfangen. Generationen von euch haben darum gebetet und gebetet, dass Heilung geschieht. Und jetzt sind wir hier, um mit euch diese Form der Heilung der Egostruktur zu teilen. Nehmt die Heilung an, um zu kommunizieren. Das ist der Weg. Seid gesegnet, und denkt darüber nach!

Das Heilfeld von An

Kassiopeianischen Heil-Schwingungsfeld
Vereinigung mit den kosmischen Eltern

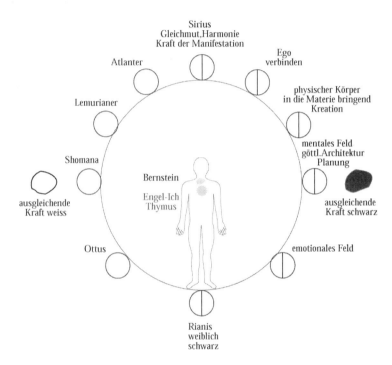

© Michael Grauer-Brecht - Gestaltung Marianne Kurtze-Gutermuth

Dieses Legesystem fächert die einzelnen Schwingungskreise auf und baut ein Gegenschwingungsfeld der Heilung auf. In der ersten Phase ist es entspannend und öffnet komplett das System. Das erschafft eine Basis der Aufnahmefähigkeit. Es reicht nicht aus, irgendeine Schwingung in ein System hineinzudrücken. Dieses muss offen sein, damit eine Bereitschaft auf allen Ebenen entstehen und der Mensch die Schwingungen annehmen kann.

Dieses Legesystem entspricht der Grafik, die in dem Kapitel „Die zwölf Kosmischen Tugenden" dargestellt wird.

Das Legesystem bricht alte und eingefahrene Egostrukturen auf, so dass Kommunikation im lichten und heilen Sinn erfolgen kann. Es fügt den Seelenplan zusammen und führt in den Zustand: Nicht mein Wille, sondern **dein** Wille geschehe.

Vor der Behandlung müssen die Meridiane beim Klienten verbunden werden, wie es in der Übung der Meridianverbindung schon dargestellt wurde. Das kann man auf einer Liege oder am Boden machen und muss nicht im Wasser erfolgen. Im Wasser fließen die Energien jedoch leichter.

Bei dieser Übung muss der Mensch auf dem Boden liegen und nicht auf der Behandlungsliege, weil man viel Platz um ihn herum benötigt. Er sollte mit weit geöffneten Beinen und Armen liegen, diese Position unterstützt die

Kristalle, denn die zehn Bergkristalle, die um den Menschen platziert werden, öffnen das System.

Als Erstes wird der Sonnenengelstein in die Kuhle am Hals gelegt, dann werden die zehn Bergkristalle um den Klienten gelegt (siehe Grafik „Die zwölf Kosmischen Tugenden"), der schwarze und der weiße Stein werden als Letztes gelegt. Der „weiße" und der „schwarze" Kristall sind die Regulatoren, man bestimmt damit die Intensität des Feldes. Die Intensität des Feldes hängt von der Intensität der Egostruktur des Menschen ab, und ihr reguliert diese über den schwarzen Kristall. Je näher der schwarze Kristall den anderen zehn Kristallen im Kreis kommt, umso intensiver und stärker ist das Feld (entsprechend der Stärke des Egos), das heißt, je intensiver die Ego-Strukturen sind, umso höher muss die Intensität sein und umso näher liegt der schwarze Kristall am Legesystem. Dadurch werden die alten Ego-Strukturen aufgebrochen. Hierzu nutzt der behandelnde Mensch seine Intuition.

Der weiße Kristall entspricht dem Transponder. Er ist der Stein, der mit der Seelenenergie kommuniziert. Um in dieser Form die Ego-Strukturen zu transformieren, ist Folgendes wichtig: Je näher der schwarze Stein dem Legesystem liegt, desto weiter weg muss der weiße Kristall von den restlichen liegen. Je weiter weg ihr den weißen Stein legt, desto klarer und lauter wird die Stimme der Seele, das Feld wird umso stärker. Durch die Entfernung der weißen und schwarzen Steine verändert ihr die Balance, das

Gleichgewicht zwischen Ego-Struktur und der Intensität der Kommunikation mit der Seele.

Wie schon oben ausgeführt, erlaubt das Ego die Kommunikation mit der Seele nicht. Wenn ihr das Legesystem macht, gebt ihr der Seele die Möglichkeit, über die Barriere des Egos hinwegzusteigen, so dass die Seele nun mit dem physischen Körper kommunizieren kann. Ihr verändert die Energie wie bei einer Waage. Und wenn ihr die Position des schwarzen und des weißen Steins gefunden habt, ist das die Zeit, in der der Mensch beginnt, mit seiner Seele zu kommunizieren. Jetzt sagt ihr dem Klienten, er soll die Hände vor sich hochhalten, wie in der klassischen Geste des Gebets, und damit lasst ihr die Seele mit dem Klienten kommunizieren. Und zwischen seinen Handchakren entsteht ein Manifestationsfeld.

Dann schiebt der Klient/die Klientin das Energiefeld zwischen den Händen zusammen, dadurch wird es dichter und dichter. Alles geschieht innerhalb des energetischen Feldes innerhalb des Kreises der zehn Steine. Und der Klient komprimiert mit der Energie seiner eigenen Seele sein eigenes Manifestationsfeld. Die Hände sind die Organe des Handelns und auch die Organe der Manifestation. „Lasst uns zusammenarbeiten, wir packen es an." Das ist mit einfachen Worten die Bedeutung der Hände. Die Ener-gie der Seele kommt über das Kronenchakra und über das Dritte Auge in das System und energetisiert dieses Manifestationsfeld. Dadurch entsteht ein Dreieck mit den Eckpunkten Drittes

Auge und den zwei Händen, und dieses Dreieck doppelt sich automatisch auch nach unten. Es ist eine Spiegelung in die Dritte Dimension, in die Ebene der Auswirkung oder Folge einer Manifestation. Dadurch erhältst du die Form eines Oktaeders. Der Oktaeder ist die Grundform des Kosmos und Basis jeder Manifestation, wie wir schon bei der Beschreibung der Pyramiden angedeutet haben.

Der Klient ist jetzt in diesem Feld, und bitte, das ist jetzt sehr wichtig: Du als Behandler trittst nicht in dieses Feld hinein! Egal, ob der Klient weint oder schreit oder lacht, du gehst nicht in dieses Feld hinein. Erlaubt mir, es in diesen klaren Worten zu sagen: Es ist verboten! Denn wenn ihr es tun würdet, gebt ihr den Befehl **eures** Seelenplans an den Menschen weiter, und er muss eurem Seelenplan gehorchen. Und das wäre wirklich eine Manipulation. Deshalb bleibt bitte außerhalb des Kreises! Und jetzt bittet ihr den Klienten, das Energiefeld zwischen seinen Händen auf die Größe eines Tennisballs zu komprimieren. Und dann bringt er diesen Ball in Form einer geführten Meditation in seinen Thymus hinein. Ihr erinnert euch an das Engel-Ich? Jetzt aktiviert das Engel-Ich innerhalb des physischen Körpers die Kraft, damit diese Manifestation Realität wird. Dann nehmt ihr den schwarzen Stein und setzt ihn auf die Stelle zwölf Uhr oberhalb des Kopfes, und ihr nehmt den weißen Stein und setzt ihn auf die Position sechs Uhr, also unterhalb der Füße. Jetzt befindet sich der Klient sozusagen in einer Linie vom schwarzen Kristall über die Kraft von Sirius, die Kraft der Manifestation und unter sich die Kraft von Rhianis, die Kraft der Umsetzung und als Abschluss der weiße Kristall mit der Energie der Liebe in sich. Das heißt, er geht voran, um diese Manifestation zu erfüllen. Er liegt immer noch auf dem Boden, und ihr beginnt jetzt, den Kreis aufzulösen. Wenn ihr vor dem Klienten steht, dann macht ihr das im Uhrzeigersinn und nehmt die zehn Kristalle weg, als Letztes den Son-nenengelstein. Und wenn ihr die Kristalle weggelegt habt, gebt ihr dem Klienten den weißen Stein in die linke und den schwarzen in die rechte Hand. Und jetzt bittet ihr den Klienten aufzustehen und sich auf einen Stuhl zu setzen. Nun macht ihr noch ein Chakren-Balancing, und nachdem der Mensch dann die zwei Kristalle zur Seite gelegt hat, ist die Behandlung beendet.

Beim Chakra-Balancing steht ihr neben dem Klienten, der jetzt auf einem Stuhl Platz genommen hat. Nun beginnt ihr, vom Dritten Auge ausgehend, die Chakren auszubalancieren: eine Hand auf dem Dritten Auge, die zweite Hand auf dem Halschakra, und nun wird die Energie über eure Hände ausgeglichen. Das dauert einige Minuten. Die zweite Hand bleibt auf dem Kehlkopfchakra liegen, die erste Hand wechselt zum Herzchakra, wieder Energie ausgleichen. Die erste Hand bleibt auf dem Herzchakra liegen, die zweite Hand geht zum Solarplexus, und das Ganze bis hinunter zum Basischakra.

Die Herausforderung bei diesem Legesystem ist, den schwarzen und den weißen Stein ins Gleichgewicht zu bekommen, damit die Seele kommunizieren kann. Der Klient energetisiert sich selbst mit der Manifestationskraft in seinem Thymuschakra, und er kann dann seinen Weg weitergehen. Bitte erinnert euch, was über Manifestation gesagt wurde. Das ist eine Manifestation, die nicht vom Ego regiert wird. Es funktioniert nicht, wenn der Klient kommt und sagt: „Ich möchte die Manifestationskraft für einen roten Jaguar." Das funktioniert nicht, denn diese Kraft würde vom Ego gesteuert werden. Nur Dinge aus dem eigenen Seelenplan, dem göttlichen Seelenplan, können in dieser Form manifestiert werden, also in die Umsetzung der Dritten Dimension gebracht werden. Und ihr werdet sehen, es funktioniert. Und das ist eine Transformationsstruktur für das Ego in einer lichtvollen Weise. Falls es im Sinne seiner Seele ist, kann der Mensch auch die Heilung der eigenen Organe manifestieren. Mit diesem Manifestationsbehandlungssystem könnt ihr sehr viele Dinge tun.

Ihr merkt, dass der schwarze und der weiße Stein in Balance sind, wenn der Klient zu sprechen beginnt. Er sagt zum Beispiel: „Ich höre Stimmen" oder „Mir wird es gerade ganz komisch" oder „Ich fühle mich energetisiert." Dann könnt ihr zu ihm sagen: „Komm, erzähl mir! Was hörst du oder was für Bilder siehst du?" Manche werden Schriftbänder vor ihrem Auge sehen. Und sie können sie auch lesen. Und ihr sitzt neben ihnen mit einem Blatt Papier und schreibt auf. Ihr werdet diese Situation nicht verpassen. Es geht nicht darum, dass ihr als Therapeut wisst, was die Seele will, sondern es ist wichtig, dass der Klient das weiß und erfährt, was seine Seele will.

Und das wird sich in dieser Linie zwischen den Händen manifestieren und zeigen. Ihr gebt ihm die Gelegenheit der geheilten Kommunikation in der nicht geheilten Dualität. Ihr erschafft mit diesem System eine Zone der geheilten Dualität. Es ist ein Legesystem von An (An ist der zentrale Gürtelstern von Orion, es ist die Zone der geheilten Dualität in unserem Universum). Wir nennen es deswegen auch die An-Behandlung. Und diese ist euch gegeben, damit ihr euren Brüdern und Schwestern die Möglichkeit geben könnt, mit ihrer Seele in Kontakt zu treten. Das ist der Weg der Heilung.

Die Quelle allen Seins möchte sich in Körperlichkeit ausdrücken, die Quelle allen Seins ist die Perfektion in Liebe, also ist auch der Körper eine Perfektion in Liebe, also ist das Grundprinzip des Körpers auch, gesund zu sein. Jetzt hat der Mensch aber auf Grund der Trennung durch den Blitz von Karon gelernt, dass man Krankheit und Disharmonie auch einsetzen kann, um in bestimmte Energien oder in bestimmte Bewusstseinszustände zu kommen. Es ist für einen Körper nicht „gesund", sich zu erbrechen, dennoch gibt es dieses im ayurvedischen Panchakarma (eine ayurvedische Reinigungskur zur Ausschleusung von Stoffwechselprodukten). Man trinkt einen bestimmten Kräutersud und führt dadurch Erbrechen und Durchfall herbei; man bringt den Körper also bewusst in eine Disharmonie. Aufgrund dieser Auszehrung durch Mineralien und Vitamine kommt es zu einem besonderen und erhöhten Bewusstseinszustand im Geist, und das ist gegen den Körper. Auch das ist eine Form von Krankheit, eine Disharmonie auf der Ebene des Körpers. Das heißt, wenn ich trainiert bin, meinen Körper bewusst in Disharmonie zu bringen, um etwas zu erreichen, werde ich einen gesunden Zustand nicht akzeptieren, denn ich brauche ja mein Panchakarma.

Ein anderes Beispiel: Ich habe es gelernt, meine Familie durch meinen Diabetes an eine gewisse Ernährung zu gewöhnen. Ich kann mit dem Diabetes gut leben, aber ich beeinflusse damit andere, es wäre für mich ein Machtverlust, wenn ich diese Krankheit nicht mehr hätte. Der Diabetes tut ja nicht weh, ich muss mir nur ein einige Malel Insulin spritzen, das war es. Das ist genau das Prinzip: Wir haben es gelernt, mit dieser Disharmonie umzugehen, sie ist für uns normal, für uns ist es nicht mehr normal, gesund zu sein!

Und erlaubt mir, es in einer philosophischen Ausdrucksweise auszudrücken: Es ist nicht der Wille der Quelle allen Seins, dass ein Organ krank wird. Deshalb aktiviert die Seele die Heilungskraft für diesen Menschen.

Meditation von Elyah nach der Errichtung des Heilfelds

Einen Weg zu den Ewigen zu finden, den sogenannten Ewigen oder Unbesiegbaren, damit waren im alten Ägypten fünf Sterne gemeint, die um den Polarstern kreisen. Man nahm an, dass dort die Götter wohnten, man könnte genauso sagen, die Kosmischen Eltern, es ist nur ein anderes Wort dafür. Seid euch dessen bewusst, Geliebte dieser Erde, dass der Kosmische Rat die Verbindung zu euren Eltern hergestellt hat, jene Ebenen, die euch „gezeugt" haben und in die Geburt dieses planetaren Bewusstseins brachten, euch in die Geburt eurer eigenen Energie brachten.

Seid nun in einer Zeit des Schweigens, Geliebte, und bitte bedenkt, in den Ebenen des Kosmos ist Stille, nehmt bitte Kontakt auf zu euren Kosmischen Eltern. Wir wählen bewusst diesen Begriff, denn die Eltern stehen für ein gewisses Gefühl der Geborgenheit, der Wurzel und der Herkunft eurer eigenen Spezies. Vergesst nicht, dass auch ihr solche Wurzeln habt im Universum der Dualität. Richtet eure Energien aus, richtet sie aus auf die Ebene des mittleren Gürtelsterns von Orion, auf An, eine Zone der Aufhebung der nicht geheilten Dualität, eine Zone der geheilten Dualität. Ihr nennt es den Goldenen Tempel von An. Seid euch dessen bewusst, geliebte Kinder dieser Erde, dass es hier keinen Tempel in eurem Sinn gibt. An ist ein Sternentor, ein Durchgang, ein Wurmloch zu einer anderen Welt, einer anderen Dimension. Ein Durchgang zu einem

Universum der geheilten Dualität, das euer Schwester-universum ist. Erkennt und begreift, dass die Welten alle verbunden sind, dass auch eure Zone der nicht geheilten Dualität, in die ihr wie Sternenfahrer inkarniert seid, mit heilen Foken verbunden sind. Ein Auftrag eurer Seele ist es, hier zu sein, in der nicht geheilten Dualität, um von der Heilung zu künden, damit die Heilung nicht vergessen wird. Nehmt eure Wurzeln mit auf diesen Planeten und erinnert euch an die Zone des geheilten Seins, aus der ihr alle stammt. Zwei Universen, die sich berühren in einem Punkt, und dieser ist eine Zone der Aufhebung der Dualität. Sei dir dessen bewusst, Kind dieses Planeten, geliebte Seele, dass du im Heilfeld einer solchen Zone bist, einer Zone der Aufhebung der Dualität, einer Zone, in der Ruhe herrscht, auch Stille, und damit ist nicht eine Grabesstille gemeint. Damit ist ein stiller ruhiger See gemeint, in dessen Anblick Harmonie, Frieden und Heilung liegt. Oh, geliebtes An in diesem Universum, viele Namen haben dir die Menschen hier auf Gaia und im Universum gegeben, begreift, dass alle diese Namen, – Himmlisches Jerusalem, Nirwana, Shambala – ein Ausdruck des einen göttlichen Bewusstseins sind: Es gibt einen Ort, an dem Frieden ist. Und nun, im heilen Feld, im aurischen Sein von An, seid ihr mit dieser Zone verbunden.

Und jetzt beginnt für euch die Zeit der neuen Erfahrung, der neuen Evolution. Das Prinzip eures Egos wird lernen, es wird sich verändern, es wird in die Kraft von An eintauchen, wie ein Kind, das ein neues Spielzeug erhalten hat, es wird spielen mit den Kräften des Lichts, es wird spielen mit der Schönheit der Seele. Wie eine geschliffene Murmel hält dein Ego die Qualität deiner Seele in der Hand und erfreut sich daran, an der Lichtbrechung der Quelle allen Seins in ihm. Erkennt und begreift Schritt für Schritt die Zusammenhänge in diesem Universum; Orion war einst die Verkörperung für Krieg und Gewalt, für Manipulation und Zerstörung. Von Orion ging der Blitz von Karon in das Universum hinaus, erreichte Kassiopeia und die Plejaden und kam auch auf diesen Planeten. Im Zentrum von Orion liegt An. Das, was einst zerstörerisch, manipulativ und kriegerisch war, ist nun ein Fokus der Hoffnung, der Ausgangspunkt der Heilung. Ein Fokus des Lichts, ja, gar ein Sternentor, das Welten miteinander verbindet.

Erkennt und begreift, in welcher Qualität der Zeit ihr seid, und so seid ihr in eurem heilenden Feld Botschafter eines Kosmischen Friedens, eines Kosmischen Bewusstseins. Einst habt ihr Spiele gefeiert, ihr habt eine Fackel im Tempel des Apollos entzündet, und ihr habt das Licht des Gottes hin zur Stätte am Fuße des heiligen Bergs Olymp getragen, um dort mit den Spielen die Götter zu erfreuen. Glaubt ihr wirklich, dass das heute anders ist? Ihr habt hier im Tempel des Lichts euer Feld entzündet und wurdet zu lebenden Fackeln. Ihr tragt dieses Licht hinaus in euer Leben und startet ein neues Spiel zur Freude der Götter? Erinnert ihr euch noch an das andere Wort für Götter? So, wie du dein Herz erwärmst und deine Freude sich entzündet, wenn du siehst, wie deine Kinder sich entwickeln, so *erfreuen sich Wesenheiten hohen Bewusstseins an deiner Evolution, an deiner Entwicklung. Vergesst es niemals: Alles ist mit allem verbunden. Geht jetzt in die Stille und hört auf die Stimme eurer Seele, das ist jetzt euer Auftrag. Erkennt und begreift, dieses ist Elyah.*

Therapeutische Wirkungsweise des „Kassiopeianischen Heil-Schwingungsfelds"
(Die An-Behandlung)

Heilsitzungen sollen laut Elyah neu definiert werden, denn manche Heilsitzungen prallen an verschiedenen Ebenen oder Umständen ab und können so nicht in die Ebene vordringen, wo Heilung benötigt wird. Dieses Legesystem bereitet jedoch den Boden dafür, dass Heilung eintreten kann.

Die Errichtung dieses Heilfelds bringt uns in die Kommunikation mit unseren Organen im Sinne der Spiritualität zurück. Das Legesystem wirkt auf den Körper. Dabei wird die Energie einer Situation im Außen über das Legesystem in unseren inneren Kreislauf aufgenommen, wodurch Kommunikation im ganzheitlichen Sinn entsteht.

Dabei können drei verschiedene Ebenen des Austausches erfolgen:

1. Der spirituelle Austausch

Innerhalb des Legesystems ist eine Kommunikation zur Seelenebene möglich. Elyah nennt das die spirituelle Kommunikation. Äußere Energien werden vom menschlichen System besser verarbeitet und integriert und in der

Folge an den energetischen Fokus gebracht, an dem sie erwünscht sind. Dieses kann zum Beispiel bei Heilsitzungen sehr wichtig sein.

Das ist eine sehr gute Übung zur Integrierung von aufgewühlten Emotionalfeldern, die durch spirituelle Arbeit in den Aufruhr gekommen sind. Das kann nach Familienaufstellungen, nach Traumarbeit, nach einer Prozessarbeit in der alten Form oder nach einer Rückführung der Fall sein. Dieses kann jedoch auch durch die Arbeit bei einer Psychoanalyse oder in ähnlichen Therapieformen hervorgerufen werden, wo in alten emotionalen Themen gekramt wird und letztendlich keine Lösung im Sinne einer ganzheitlichen Heilung geschehen ist. Elyah bezeichnet das als die „antiken Schulen". Man kann Menschen damit aus den Prozessen der emotionalen Aufwühlung holen. Wir fokussieren uns dabei jedoch „nur" auf das aufgewühlte Gefühl, nicht auf das Thema, und das System kommt wieder ins Gleichgewicht.

Durch die Legung stellt sich das Gleichgewicht von selbst ein, und die Problematik heilt durch die lebende Akzeptanz, die aus der Seelenebene kommt. Es ist sicherlich gut, wenn Themen bearbeitet werden, diese Arbeit darf jedoch auch irgendwann ihr Ende haben, damit wirkliche Evolution eintreten kann. Die Arbeit mit alten Mustern bringt uns einfach nicht weiter, da diese durch das Wiederholen und nochmalige Eintauchen immer tiefer und fester in das System eingeschrieben werden. Elyah lehnt diese Art der Arbeit ab, da keine spirituelle Entwicklung stattfinden kann, denn spirituelle Entwicklung richtet sich nach vorne. Durch diese Vorwärtsbewegung hört auch die immer wiederkehrende Prozessarbeit auf, die leider manchmal zu einer richtigen Sucht werden kann. Immer wiederkehrende Themen werden auch Suchtthemen genannt, und diese Legung kann auch bei Suchtthemen angewandt werden. Diese sind breit gefächert. Nicht nur Alkohol, Nikotin, Koffein, eben die bekannten „Laster", sind Süchte, sondern auch die Abhängigkeit von ständigen Ritualen, oder: Es muss eine bestimmt Creme sein, damit ich mich ausgeglichen fühle. Oder: Wenn ich nicht meine zehn Stunden Schlaf bekomme. Das sind Beispiele für Themen, die in diese Kategorie fallen.

Die Legung kann wiederholt werden, denn einige Egostrukturen sind nicht dazu bereit, ihre eigene Energie mit der Heilkraft zu verbinden. An dieser Stelle müsste dann Bewusstseinsarbeit erfolgen, dann kann man diese Behandlung wiederholen! Wie oft liegt also die Entwicklung am Bewusstsein des Menschen!!! Man kann diese Legung öfter machen, auch wenn die Ebenen der Kommunikation schon hergestellt sind, sie ist sehr heilsam und entspannend. In diesem Fall könnte man sagen, dass dieses Legesystem auch als *Wellness für die Seele* und somit für das gesamte System nutzbar ist.

Wenn die Seelenebene begreift und akzeptiert, dass es so in Ordnung ist, kann Heilung eintreten.

2. Kommunikation mit dem Körper

Dabei wird äußere Energie in Kommunikation zur inneren Energie gebracht, wie zum Beispiel die Energie einer Allergie. Die Aussage: „Ich vertrage keine Milch" stellt eine Misskommunikation zwischen äußerer und innerer Wahrnehmung dar. Jetzt wird über das Legesystem das Milchprodukt zusammen mit dem Klienten in die Heilenergie gebracht und die Misskommunikation aufgelöst. Das Gleiche gilt für Glaubensätze wie: Schokolade macht dick. Wenn man solch einen Glaubenssatz mit ins Legesystem nimmt, entsteht eine geheilte Kommunikation zwischen der Schwingungsebene Schokolade und dem Körper des Klienten. Wenn er anschließend Schokolade isst, nimmt der Mensch nur das auf, was der Körper an Nährstoffen aus der Schokolade benötigt. Nicht notwendige Substanzen werden ausgeschieden und vom Körper nicht eingelagert. Die Folge ist, er wird nicht mehr dick und kann die Schokolade genießen! Man kann auch mehrere Glaubenssätze zusammen in dieses Legesystem nehmen, also verschiedene zusammenfassen, wie zum Beispiel alle Themen der Ernährung, die nicht in Einklang im System sind.

Elyah sagt, diese Methode löst sehr viele Ernährungsprobleme, die damit zusammenhängen, dass wir nicht mehr mit unseren Nahrungsmitteln kommunizieren. Ernährung ist nicht dazu da, sich vollzustopfen, sondern dem Körper Energie zu vermitteln. Diese Energie-Vermittlung ist eine Kommunikation, wie der Name schon sagt, und geschieht im Normalfall auf einer nonverbalen Ebene, ist aber eine Form der Kommunikation. Vor einigen Jahrhunderten haben wir das gegessen, was wir angebaut, gesammelt oder gejagt haben (es gab keine Tomaten und Erdbeeren im Winter, keine Ananas und so weiter). Wir waren in einem Bezug zu unserer Ernährung, haben uns sehr mit ihr auseinandergesetzt, auch wegen der Vorratshaltung, die uns durch die Wintermonate gebracht hat. Im Laufe der Zeit haben wir jedoch unsere Ernährung modifiziert und auch denaturalisiert (siehe auch Kapitel *Unser Körper*). Wir essen nun Erdbeeren und frischen Salat im Winter, weil wir die Möglichkeit dazu haben, aber haben verlernt, mit unserer Nahrung in Kommunikation zu gehen, wodurch wir einen inneren Mangel genährt und erzeugt haben. Denn wir versuchen durch die Ernährung, die verschiedensten Dinge zu kompensieren, wodurch wir aber wieder Mangel nähren. Denn wenn wir zugenommen haben, müssen wir gewisse Dinge weglassen und versuchen so, den Teufel mit dem Beelzebub auszutreiben. Mangel, aufgefüllt oder „geheilt" durch Mangel, erzeugt nicht Fülle, sondern leider wieder Mangel.

Wir können ruhig in diesem Fall das Milchprodukt oder die Schokolade mit in das Heilfeld nehmen und dann in eine ganzheitliche Kommunikation mit diesen Ebenen gehen, damit der Körper das kommunizieren kann, was er möchte. Wenn die Kommunikation zum Beispiel zwischen Milch und Köper hergestellt ist, muss der Körper nicht mehr in der Art reagieren, dass er Durchfall oder allergische Reaktionen ausbildet. Ebenso kann das Legesystem Festhaltemechanismen innerhalb des Körpers lösen, wie zum Beispiel: Wenn ich mich so und so ernähre, dann bin ich spirituell und nahe der Erleuchtung, oder: Nur dann erreiche ich mein spirituelles Ziel; nur diese Art von Kleidung bringt mich zur Erlösung usw., und alle Dogmen, die uns eine bestimmte Lebensweise verordnen und an die wir uns klammern, um „besser" oder „weiter" zu sein.

Man kann Glaubenssätze über eine Imagination, durch ein Symbol oder ein Foto mit in das Feld zur Heilung nehmen. Es geht einfach darum, die Ursache der Kommunikationsstörung, das Objekt oder den Glaubenssatz zu erkennen und zu integrieren, wobei natürlich ein Kommunikationsproblem vorliegen muss. Der Therapeut bleibt immer außerhalb des Kreises. Er muss nur an den Glaubenssatz, beziehungsweise an das Objekt denken, und so wird dieses in das Heilfeld eingebracht. Bitte noch einmal zur Erinnerung die Gedankenkontrolle des Therapeuten, damit nicht Manipulation in dieser Form der Heilbehandlung Raum nehmen kann! Eine Voraussetzung für den Therapeuten ist es jedoch, dass er bereits selbst diesen Weg gegangen ist. An dieser Stelle möchte ich noch einmal darauf hinweisen, dass Heilung bei euch selbst beginnt! In diesem Sinn ist jeder Therapeut ein Heilschwingungsfeld von Kassiopeia A und kann seine Themen selbst im eigenen Schwingungsfeld bearbeiten. Er kann sich selbst in diesen Kreis der Kristalle legen, wie auch schon weiter oben beschrieben, im Sinne einer Wellnessbehandlung.

Die Kommunikation zwischen außen und innen ist die Grundstörung, mit der wir es immer wieder zu tun haben, weil wir nicht richtig mit dem Außen kommunizieren. Wie zum Beispiel der einfache Satz: Das ist mein Platz. Das stimmt in keinem Fall, denn es ist irgendein Platz und nicht mein Platz! Die Kommunikation ist permanent gestört und wir lernen mit dem kassiopeianischen Heilfeld, mit dem Außen und dem Innen in einer neuen Form in Kommunikation zu treten. Dadurch wird das Leben glücklicher und die Grundstimmung ebenso.

3. Kommunikation im zwischenmenschlichen Bereich

Elyah sagt, dass dieser Bereich momentan der wichtigste oder der dringendste ist, der der Heilung bedarf. Dazu gehören Themen wie: Ich (Ego) will immer recht haben, Ego versucht, ohne Rücksichtnahme immer an sein Ziel zu kommen, Ego sieht sich immer als perfekt an oder möchte das zumindest sein. Und um sich durchzusetzen, benutzt das Ego die üble Nachrede, ein machtvolles Auftreten oder die andere Seite des gleichen Spiels, sich zu verstecken im Sinne von sich klein zu machen, „armes kleines Ding" zu sein. Aber auch zum eigenen Vorteil eingesetztes Wissen, wie der Vorwurf: Ich bin intellektueller als du, oder: Was weißt denn du schon, oder: das Ritualisieren von alltäglichen Abläufen können Mechanismen des Egos sein, seine Machtposition gegenüber dem Partner, dem Du, aufrechtzuerhalten. Im zwischenmenschlichen Bereich können wir eine Lebenssituation oder eine Konfliktsituation in das Heilfeld geben. Dieses Schwingungsfeld dient dann als Regulativ, und der Mensch bekommt eine Antwort auf folgende Frage: „Was will mich die Begegnung, der Konflikt mit diesem Menschen auf der Seelenebene lehren?" Eine andere Formulierung wäre: „Der Konflikt ist als Botschaft der Engel zu betrachten, der mich zu spirituellem Wachstum führt."

Das sind die Hauptbereiche, in denen dieses Heilschwingungsfeld eingesetzt werden kann, und über den weißen und schwarzen Stein geschieht die Steuerung. Dafür hat jeder Stein seine bestimmten Qualitäten: Der schwarze Stein bringt das Thema oder die Situation auf den Punkt und bestimmt durch seine Entfernung die Intensität des Feldes. Er arbeitet über das Hahnemann'sche Prinzip („Ähnliches werde durch Ähnliches geheilt") und bringt die Energie in ein neutrales Feld. Der weiße Stein bringt die Kommunikationsebene mit der Seele ein und stärkt die neue Manifestation. Durch die Entfernung der weißen und schwarzen Steine verändert ihr das Gleichgewicht, die Balance, sie sind die Regulatoren, wie die Gewichte auf der Waage.

Elyah sagt, das kassiopeianische Heil-Schwingungsfeld trainiert das Engel-Ich dazu, erwachsen zu werden und überbrückt den Abgrund in der Zeit, in der es nicht wirken kann. Bitte seid euch bewusst, dass euch dieses Licht in ein höheres Bewusstsein führt. Ihr seid jetzt in einem

Zustand der Entwicklung. Das Engel-Ich wird in eurem Inneren größerer und größer, und weil das so ist, wird das Ego immer lauter und lauter, denn es fürchtet sich, seine Vormachtstellung zu verlieren. Aber da ihr über diesen Zustand Bescheid wisst, könnt ihr etwas dagegen tun, indem ihr zum Beispiel zu eurem eigenen Ego sagt: „Sei doch nicht so aufgebracht, ich weiß, dass du jetzt rumschreist, und ich verstehe das auch, aber sei dir gewiss, du bist nicht länger der Herrscher oder Bestimmer in meinem Leben." Erlaubt euch, einen Schritt zurückzugehen und euch und eure Situation aus einer gewissen Distanz zu betrachten.

Wenn jemand in eurer Umgebung eine Bühne braucht, dann gebt sie ihm. Tretet einen Schritt zurück, betrachtet die Bühne, seid ein Teil des Publikums und schaut einfach zu. Und wenn das Schauspiel perfekt war, dann applaudiert aus vollem Herzen. Es ist wichtig für euch zu wissen, dass nichts die Macht hat, euch aus der inneren Liebe herauszubringen. Und wenn ihr selbst ein Teil dieser Komödie oder auch Tragödie auf der Bühne des Lebens seid und erkennt: „Oh, jetzt spiele ich auch Theater", dann beschuldigt euch nicht. Sagt zu euch: „Es ist gut, dass ich mich jetzt in dieser Rolle erkenne, und deswegen trete ich jetzt einen Schritt zurück und betrachte mich auch mal selbst."

Und bitte erkennt, durch das Zurücktreten verändert ihr euren Blickwinkel, ihr seht anders auf die Situation, ihr seht sie aus einer anderen Perspektive, und damit auch mit einer anderen Distanz, was viel leichter geht aus einer gewissen Entfernung! Nehmt dabei euer emotionales Sein an die Hand und sagt zu ihm: Sei doch bitte jetzt mal still. Schau es dir einfach an, ohne zu bewerten! Denn es ist wichtig, diese Form der Erziehung auch dem emotionalen Feld angedeihen zu lassen. Macht euch nicht zum Spielball eurer Emotionen. Sie sind wunderbar und schön, doch manchmal können sie euch durcheinanderbringen, und dafür sind sie nicht erschaffen. Sie wurden aus der Liebe der Kumaras kreiert, um euch das Potenzial der Manifestation für das Engel-Ich zur Verfügung zu stellen, eine Energie, um zu erschaffen und nicht, um euch aus der Mitte bringen zu lassen.

Haltet euch von Diskussionen fern beziehungsweise steigt nicht darauf ein, denn Diskussionen haben immer zum Ziel, dass einer Recht bekommt. In dieser nicht geheilten Dualität kann keiner Recht haben. Ebenso wichtig ist es, sich von Streit fernzuhalten, denn dadurch entstehen emotionale Wellen, die uns in Turbulenzen bringen können. Sobald eine Diskussion emotional wird, sollte man aussteigen, sich in eine Distanz bringen, um eben diesen oben beschriebenen Weitblick zu bekommen. Das ist ganz wichtig. Wir sollten auch aufhören zu tratschen und uns der üblen Nachrede hingeben! Damit können wir sogar spirituelle Verbindungen zerstören und uns selbst und andere sehr verletzten.

Und wenn dein Ego bei bestimmten Themen große Schwierigkeiten hat sie loszulassen oder zu verändern, dann mach mit ihm ein Ritual und feiere den Abschied mit aller Würde!

Nehmen wir mal das Beispiel Liebeskummer: Besorge dir einen wunderschönen Blumenstrauß. Er soll auch teuer und wertvoll sein, denn der Schmerz deines Egos ist ja auch etwas Besonderes und für ihn sehr wertvoll! Huldige damit den Werten deines Egos und stell den Strauß auf deinen Hausaltar, wenn du einen hast, oder an einen Ort, der dir wichtig ist, an dem du jeden Tag oft vorbeikommst und so die Pracht der Blumen und in Verbindung damit den Wert deines Egothemas ehren kannst. Bring die Blumen immer in die Verbindung mit der(m) Geliebten und stelle ruhig auch ein Foto von ihr(m) daneben. Ehre jeden Tag das Thema, von dem du dich verabschieden möchtest, und sieh zu, wie die Schönheit des Straußes von Tag zu Tag verblasst. Lass zu, dass auch dein Ego dieses nachvollzieht, und wirf die verwelkte Pracht dann in Leichtigkeit weg, übergib sie dem Lauf der Natur, indem sie aus der alten Energie wieder etwas Neues erschaffen kann. Kreislauf des Lebens, Vergänglichkeit der Materie! Die reine Liebe bleibt ewig bestehen!

Die Nuggets als Schwingungsträger

Wir haben nun sehr viel über Schwingungen, über Kommunikation, über Kreisläufe und Ketten und über unseren Körper gehört, über die Zusammenhänge und Methoden, diese zu erkennen und in unserem System zu verändern. Der wichtigste Aspekt dafür, den Elyah und der Kosmische Rat uns gegeben haben, sind speziell programmierte Glasnuggets. Sie sind einer der Hauptträger von Schwingungen in der Kosmischen Lebenstherapie. Elyah hat bewusst Glas als Schwingungsträger gewählt, denn Glas ist immer flüssig, auch wenn es uns in unserer Realität der Zeit als fest erscheint. Wenn du dir alte Glasscheiben betrachtest, wirst du den Fluss des Glases erkennen, es rinnt wie in verschiedenen Tropfen oder Streifen die Scheibe hinunter, und der Aggregatzustand der Flüssigkeit ist an dem welligen Aussehen des Glases zu erkennen. Der Hauptbestandteil von Glas ist Quarz, und dieses ist das Mineral, aus dem die Bergkristalle aufgebaut sind. Quarz ist ein wunderbares Speichermedium, es lässt sich hervorragend zum Programmieren verwenden.

Und diese Programmierungen sind die Informationen, die in diesen Nuggets gespeichert sind. Sie haben eine bestimmte Farbschwingung, die jedoch nicht die entscheidende Information darstellt, denn diese ist nur eine Entsprechung, eine Übersetzung in die Dritte Dimension. Es ist wie eine zusätzliche Information, die unsere Sinne in einem weiteren Maß berühren soll. Die Farben sind, wie gesagt, nicht die Schwingung an sich, sie sind nur die Träger. Dazu möchte ich dir ein Beispiel nennen: Wenn du den Blauen Nugget nimmst, hast du nicht nur die blaue Farbschwingung, sondern auch die Schwingung der Plejaden, die Schwingung von Kassiopeia, und damit auch die Schwingung von Elyah, selbst wenn das Blau dabei ist. Und Blau ist ja auch DIE Farbe von Elyah.

Janet an dieser Stelle:

Möglicherweise denken jetzt einige von euch: Gut, die spirituelle Welt ist ein bisschen verrückt. Vor Jahren haben sie uns etwas über Kristalle erzählt, über Turmaline, ihr habt Kupferpyramiden auf euren Köpfen zu tragen und anderes. Nein, wir sind nicht verrückt. Einige Dinge sind schon sehr lustig, aber nicht verrückt. Bitte versteht, der Kosmos ist in Schwingungsfeldern erschaffen, die Planeten um euch sind in einem Netz der Gravitation, und diese ist Schwingung. Gaia hält den Mond in einer Balance der Gravitation, und das ist ein Feld, und genauso hält die Sonne alle Planeten in einem Netz der Gravitation in ihren Bahnen. Eure Milchstraße wird genauso durch ein Schwingungsfeld der Gravitation gehalten, und diese von dem Andromedanebel und so weiter. Bitte versteht, was wir tun, ist nichts anderes, als Kosmische Physik auf die Ebene von Gaia zu transferieren. Wie im Großen, so auch im Kleinen. Und dieses wird euch dienen, und das ist wichtig für euch zu erkennen: Nicht nur ihr dient der Kosmischen Welt, sondern genauso dienen wir euch.

Elyah hat im letzten Jahr (2007) begonnen, mit den Teilnehmern von Seminaren und Workshops die verschiedensten Nuggets zu energetisieren. Da gibt es zum Beispiel die Nuggets mit den zwölf Kosmischen Strahlen. Diese sind Schwingungsträger der zwölf Sternentore, die energetisch um unsere Sonne positioniert sind. Diese sind für jedermann(frau) gedacht, zum Verschenken und Verteilen, denn sie unterstützen Gaia in ihrer Evolution, in dem, was wir Aufstieg in die Fünfte Dimension nennen. Sie unterstützen die Menschen und auch die Tiere, die sie nutzen, auch in dieser Entwicklung, auf eine sehr allgemeine und unspezifische Art und Weise. Sie sind wie kleine Glücksbringer und berühren jeden auf seine Weise. Diese Nuggets kann man auch leicht über eine Meditation herstellen (für nähere Informationen siehe bitte *www.elyah.net*), man kann sie jedoch auch vervielfältigen oder doppeln, indem man einen bereits geladenen Nugget nimmt, ihn mit leeren oder neutralen zusammengibt und dann einige Male mit der Ausrichtung schüttelt, dass sich die Energie auf die ungeladenen Steine übertragen möge. Bevorzugt werden klare Nuggets für diese zwölf Kosmischen Strahlen verwendet.

Dann gibt es rote Steine, die mit der Energie des schlagenden Herzens von Mu geladen sind, die uns mit der Qualität von Lemurien verbinden. Auch diese können auf einfache Weise vervielfältigt werden, um diese Schwingungen vielen Menschen zur Verfügung zu stellen. Durch diese und auch weitere Energetisierungen von Elyah ist es schon zu einem richtigen Boom geworden, Glasnuggets zu programmieren, denn diese Glasteile sind ja preiswert zu erwerben und leicht zu vervielfältigen. Das war auch die Intention von Elyah, möglichst vielen Menschen diese Energien zur Verfügung zu stellen, um dadurch die Entwicklung der Menschen und auch die von Gaia zu beschleunigen, und das hat sie dadurch erreicht. Jedoch kam es leider auch hier schon zu Missbrauch in der Kommunikation, sei es, dass sie kommerziell zu überhöhten Preisen vermarktet wurden, sei es, dass die Informationen nicht stimmten oder die verschiedensten Programme eingespielt wurden, die nicht im Sinne der liebevollen Öffnung und damit Entwicklung waren.

Bei den Nuggets der Kosmischen Lebenstherapie hat nun Elyah einen „Sicherheitsmechanismus" eingebaut, damit auf gar keinen Fall ein Missbrauch geschehen kann. Die Energetisierung ist bei diesen sehr aufwendig und kann nur von geschulten Menschen vorgenommen werden. Man kann diese Schwingungsträger überhaupt nicht kopieren, bei einem solchen Versuch würde dem Grundnugget, dem Original, nichts geschehen, der leere würde jedoch nur teilweise die Schwingung übernehmen. Dadurch würden Störfelder erschaffen, und Misskommunikation oder Chaos wäre die Folge. Und das wäre genau das Gegenteil dessen, was Elyah und der Kosmische Rat uns durch diese Schwingungsträger übermitteln möchten. Sie sind wegen der leuchtenden Farben für Kinder sicher sehr anziehend, Elyah bittet uns jedoch zu bedenken, dass sie eine Hochpotenz kosmische Kräfte sind und eine Vereinigung oder Verschmelzung verschiedenster planetarer Foken darstellen! Sie bittet uns, diese Nuggets wie medizinische Instrumente zu betrachten und auch zu behandeln. Du würdest deinem Kind ja auch kein Originalskalpell oder eine Spritze zum Spielen übergeben.

Man kann diese Nuggets mit den Anwendungen der Schulmedizin kombinieren, man kann sie aber genauso alleine verwenden, sie erschaffen Heilfelder, die mit allen gängigen Methoden, seien sie aus der traditionellen Medizin oder einer alternativen oder spirituellen Herangehensweise, kombiniert werden können. Ich möchte euch ein kleines Beispiel geben.

Jemand hat Penicillin genommen, um eine Entzündung in seinem Mund zu verhindern oder auszuheilen. Man könnte das genauso ohne Penicillin machen, indem man die entsprechenden Nuggets verwendet und das gleiche Resultat erhält, wobei diese jedoch nur in dem betroffenen Gebiet und nicht im gesamten Körper wirken. Wenn wir das Penicillin einnehmen, wirkt es im gesamten Körper, auch dort, wo es nicht gebraucht wird. Es ist somit ein großer Segen der Kosmischen Lebenstherapie beziehungsweise der Schwingungsmedizin, wie wir dieses Konzept ursprünglich genannt haben, dass wir diese Veränderung der Schwingung nicht in den gesamten Körper geben müssen, sondern nur an die Stelle, wo sie hingehört, wo sie nützlich ist und der Körper sie in einer sinnvollen Art gebrauchen kann. Und jetzt beginnt ihr, euren Körper zu vergiften. Die segensreiche Entdeckung des Penicillins als Antibiotikum, das sich ja, wie der Name schon sagt, **gegen** das Leben richtet, wird im gesamten Körper verteilt, und somit verteilt sich die gegen das Leben richtende Schwingung so im gesamten Körper. Das gleiche geschieht bei allen Medikamenten, die über den Blutkreislauf durch den Körper transportiert werden!

Mit den Nuggets kann man zum Beispiel die Schwingung eines Medikaments reduzieren, man kann auch die Wirkung eines Medikaments hineinspielen und dann diesen Träger der Schwingung dem Patienten übergeben. Dieser kann dann die Nuggets auf die Stelle in seinem Körper geben, wo die Krankheit sitzt. Dadurch fügst du die Schwingung der Medizin und die spirituelle Schwingung der Nuggets zusammen, und diese beiden Aspekte gehen durch die Oberfläche der Haut direkt in das System der Disharmonie, die sich aus sich heraus auflöst. Sie trocknet in einer Art und Weise aus. Es ist so ähnlich, wie die Energie in die betroffenen Zellen zu implantieren. Durch diese Vorgehensweise bleibt die Schwingung jedoch isoliert auf diesen konkreten Teil.

Ich möchte euch ein Beispiel geben. Ihr lebt in einer Zeit der Transformation und genauso auch in einer Zeit der allergischen Reaktionen. Diese nehmen in eurer Gesellschaft rapide zu, jedoch ist eine allergische Reaktion eine natürliche Reaktion, wodurch der Körper nur einen Stoff, ein Element, ausscheiden möchte, das ihm nicht guttut. Dafür erschafft er einen Stoff, den ihr Histamin nennt. Durch diesen beginnt die Nase zu tropfen, die Augen zu tränen, oder manchmal übergibt man sich oder bekommt Durchfall. Das sind natürliche Reaktionen, meine Geliebten, denkt nicht in der Linearität von A nach B, denkt holistisch, so, wie es euch Elyah schon lange sagt.

Es gibt Projekte auf der Erde, die erschaffen worden sind, um Menschen zu manipulieren, indem durch energetische Ströme das Gehirn manipuliert wird. Ihr wisst, dass das funktioniert, weil ihr Menschen seid, die meditieren. Durch diese Projekte haben sie Pflanzen infiltriert und aggressiv gemacht, zum Beispiel das Gras. Manche Menschen sind sehr allergisch auf Graspollen und können im Sommer nicht in die Natur gehen, weil sie eine sehr starke allergische Reaktion auf diese Graspollen haben, und das geht bis hin zu Hautkrankheiten wie Neurodermitis. Nicht die Menschen sind krank, das Gras ist krank. Die Menschen reagieren auf einen natürlichen Stoff in einer allergischen Art. Sie wurden Opfer des Lebens. Sie können nicht normal atmen, denn überall sind diese Graspollen.

Wir leben in einer Welt, die sich sehr schnell verändert. Es gibt Energien in der ungeheilten Dualität, die Leben zerstören möchten, und Menschen allergisch zu machen ist eine Zerstörung des Lebens. Und sie tun es mit Pflanzen und Nahrungsmitteln, mit Trinkwasser und mit vielem anderem, weil wir an diese Dinge gewohnt sind. Und das ist auch der Grund, warum allergische Reaktionen auf spiritueller Ebene nicht zu fassen sind. Wir können sie besänftigen, jedoch nicht heilen, weil es im Grunde keine Krankheit ist. Es ist eine natürliche Reaktion. So achtet bitte darauf, wo eine Energieschwingung herkommt und wie ihr sie mit eurem Energiefeld verbindet. Zum Beispiel die Allergie, sie ist keine Krankheit. Die Allergene wie Pollen wurden durch Manipulation aggressiv gemacht. Pollen dienen eigentlich der Vermehrung, der Befruchtung, und wir haben durch unser Verhalten auch das Umfeld für die Pflanzen beinahe vernichtet. Sie versuchen dennoch, sich durchzusetzen und geben ihr gesamtes Potenzial in diese Pollen hinein. Unser Körper reagiert darauf und schwemmt diese Pollen aus, wir nennen es eine allergische Reaktion. Die Birke hat ein eigenes Schwingungsfeld. Elyah sagt, man kann der Birke erklären, du tust mir nicht gut, wir sprechen aber nicht die Sprache der Birke. Wenn ich eine Allergie habe und Birken in meiner Nähe stehen, erkläre ich ihnen den Krieg, ab damit.

Die neue Vorgehensweise wird so aussehen: Wir werden Schwingungsebenen aus den Sternen nehmen (die Schwingungen der Nuggets), diese mit unserem Feld verbinden und der Birke darüber klar machen: Deine Pollen lösen in mir eine ungünstige Reaktion aus, und bieten der Birke an, sich zu verändern. Sie ist ja nicht unser erklärter Feind, und sie wird das annehmen. Dadurch wird sie in einem Jahr keine Fruchtstände mehr bilden und sich in dieser Periode verändern und dann, im darauffolgenden Jahr, wieder Pollen streuen, aber wir werden nicht mehr reagieren. Bist du jetzt geheilt? Nein, denn du warst nie krank. Du reagierst nur darauf, und diese oben beschriebene Art ist eine Form der Behandlung, die fünfdimensional ist. Das ist ein klassisches Gestalten des Lebensraums, und zwar im lichten Sinn. Du kannst dort leben und die Birke auch, ohne Medikamente und ohne Probleme.

Es ist wie eine Kosmische Welle, und diese Welle enthält in sich Heilungsenergie, verschiedene Heilfelder und Schwingungen, und die neue Herangehensweise der Schwingungsmedizin ist jene, dass du Schwingungen dem Menschen in der Art zur Verfügung stellst, wie er sie im Moment gerade braucht. Sicher wirst du dann sagen, der blaue Nugget oder der grüne, jedoch stehen dahinter diese Energien. Es sind die der Plejaden, die von Sirius und so weiter eingeschlossen, zentriert in einem Punkt.

Elyah sagt, die Nuggets sind ein Bindeglied zwischen Tachyonenenergie und Kosmischer Energie, gespickt mit den Kosmischen Strahlen, und somit Brücken zum men-talen Feld, zum emotionalen Feld bis hin zum Körper. Wir müssen von den rein spirituellen Erfahrungen hinein in dreidimensional-spirituelle Erfahrungen kommen, und da können uns die Techniken der Geistigen Welt sehr helfen, nur müssen sie im physischen Körper, im emotionalen und auch im seelischen Sein erfahrbar und umsetzbar gemacht werden. Es gibt viele Techniken, und sie sind alle auf ihre Weise gut und wichtig. Manche Menschen machen damit ganz tolle Erfahrungen, und andere merken gar nichts. Wie kann denn das sein? Gut, dann sagt die klassische esoterische Lehre, sie sind noch nicht so weit. Diese Er-klärung ist jedoch zu einfach, denn wenn die Quelle allen

Seins sagt, und ich nehme mal die christliche Auslegung, denn sie liegt uns am nächsten: Gott will, dass alle Menschen zur Erkenntnis der Wahrheit kommen, dann heißt das: <u>alle</u> Menschen, und nicht nur ein exklusiver Kreis. Dann muss es dazu Brücken geben, denn Willi Müller, der tagsüber am Gerüst arbeitet, setzt sich nicht abends an seinen Meditationsplatz und chantet OM. Der raucht sich eine Zigarette und schaut sich einen Krimi an. Und auch dieser Mensch ist ein Ausdruck der göttlichen Seele, und auch zu dem sagt Gott: Ich möchte, dass du zur Erkenntnis der Wahrheit kommst. Die Nuggets sind Brücken dazu, nämlich Brücken der spirituellen Technik in die Dritte Dimension.

Wie arbeiten nun diese Nuggets? Sie gehen in die Verbindung mit Wasser. Ihr müsst sie jedoch nicht in Wasser geben, denn eure Atmosphäre ist ja voll von Wasser. Die Nuggets gehen also in Verbindung damit, und da die Luft ein Netzwerk von Wasserteilchen ist, wandern die Schwingungen der Nuggets von Wassermolekül zu Wassermolekül.

Der blaue Nugget

Um euch einen Einblick in die Vielfalt der Energien und der Anwendung der Nuggets zu geben, möchte ich nun auf einen speziell eingehen, den Nugget mit der Farbschwingung Blau! Die Farbe ist jedoch nur ein kleiner Bestandteil der Schwingungsebenen, die in diesem Nugget enthalten sind, das Blau repräsentiert jedoch am „besten" die Informationen in diesem Schwingungsträger und gilt entsprechend auch für die anderen Nuggets. Die Beschreibung und Anwendung der anderen ist Hauptbestandteil des zweiten Buches.

Blau ist die Farbe der Hoffnung, und Blau ist die Farbe der Kosmischen Kommunikation zwischen der Quelle allen Seins und der Seele. Eines der wichtigsten Dinge, die ihr in diesen Tagen lernen müsst, ist es, mit eurer Seele zu kommunizieren, und genau dazu verhilft euch dieser blaue Nugget.

Wenn du das Krönungsritual einer Königin oder eines Königs beobachtest, wirst du feststellen, dass der Krönungsmantel meistens blau ist, aus blauem Samt mit Stickerei und Hermelinfell auf der Innenseite, alles sehr prunk- und wertvoll. Und die Farbe Blau steht in diesem Fall nicht für die Würde der gekrönten Persönlichkeit, sondern dafür, dass durch diesen Menschen alle Verbindungen gehen. Als der Kaiser von Österreich gekrönt wurde und er sich niederkniete, **war** er Österreich, denn alle Angelegenheiten, alle Verantwortlichkeiten des Kaiserreichs waren zentriert und fokussiert auf diesen einen Punkt, auf diese Person. Und das ist der BLAUE NUGGET. Der blaue Nugget ist nicht der Hauptstein, aber alle anderen können über ihn geführt werden, er ist wie ein Eckpunkt, wie eine Säule für das ganze System.

Der blaue Nugget ist der einzige, den man wie ein Schmuckstück für längere Zeit tragen kann, wichtig ist nur, dass er in Silber gefasst wird, denn Silber ist ein Überträger dieser Schwingung, und in Kombination mit dem Nugget kann der Thymus daraus kolloidales Silber erzeugen, das für das Immunsystem von immensem Vorteil ist.

Die größte Wunde der ungeheilten Dualität ist es, nicht getrennt zu sein. Die Wunde ist es, dass du nicht mehr in den Kontakt kommen kannst, nicht mehr zu deinen kosmischen Wurzeln oder Samen gelangen kannst. Ihr braucht einen Kanal oder eine Technik, um das zu tun, und ihr seid dadurch auch nicht im gesamten Erfassen des Ganzen, sondern ihr bekommt wieder nur einen kleinen Teil zu spüren und zu fassen. Dafür erschufen Wesenheiten aus dem Hause Rhubinius einen Schutz um diesen Kosmischen Samen. Diesen nennt Elyah „Die Höhle des Vergessens“. Die Höhle des Vergessens ist ein blumiger Name für eine Energie, die das Ego sich nicht an die eigene göttliche Manifestationskraft erinnern lässt und ihm auch den Zugriff zu einem großen Prozentsatz verwehrt. Hätten wir dieses Energiefeld nicht, gäbe es keinen Planeten mehr, denn jeder hätte auf Ego komm raus herummanifestiert. Und was dabei herauskommen würde, kann man sich an einem einfachen Beispiel klarmachen.

Zehn Menschen befinden sich in einem Raum. Der erste wünscht sich eine Temperatur von fünfundzwanzig Grad, weil er sich dabei am wohlsten fühlt. Er setzt dann seine Manifestationskraft im Sinne seines Egos ein und fühlt sich pudelwohl. Der nächste kann jedoch bei achtzehn Grad seine Konzentration und seine Fähigkeiten optimal entfalten, und so erschafft er eine Gegenmanifestation im Sinne seines Egos. Wenn das nun alle Anwesenden in diesem Raum genauso machen, kann man sich leicht vorstellen, welches energetische Chaos sich hier gebiert. Die Auswirkungen in dem Raum, wo diese Manifestationskräfte aufeinandertreffen, würden dieses energetische Chaos dann auch widerspiegeln in einem Wettkampf der Kräfte, die aus dem Ego geboren wurden. Deswegen war es auch wichtig, diesen Raum, diese Höhle, wie eine Amethystdruse zu verschließen. Man kann von außen nicht erkennen, dass da ein Amethyst, ein Kristall, enthalten ist.

Und genauso ist der Kosmische Same in dir eingeschlossen, wie in einer Höhle. Dieses Energiefeld umgibt das Engel-Ich! Bitte, meine Geliebten, setzt euer Gehirn ein! Wenn ihr einen Schlag auf euer Sternum bekommt, bleibt euch der Atem weg und ihr könntet sterben. Einige Menschen erbrechen dann, es ist eine schlimme Erfahrung, der gesamte Blutdruck bricht zusammen, denn das Sternum ist ein sehr sensibler Punkt eures Körpers, und genau dort ist diese Höhle gelegen. Eine der wichtigsten Aufträge von Elyah ist, uns darauf hinzuweisen: Schaut hin, was ist in der Vergangenheit geschehen; schaut, was haben eure Philosophen und die Religionsgründer gesagt, was haben sie über den roten Faden gesagt. Vergesst nicht, da gibt es etwas in euch, das all dieses überwinden kann. Und das ist jener Kosmische Same in dir. Was denkst du, warum glauben die Menschen, dass Gott im Himmel ist und nicht auf der Erde? Weil sie sich erinnern, wir kommen von den Sternen, irgendwo da draußen, und da draußen sind unsere Wurzeln. Woher wissen sie das? Diese Erinnerung kommt aus der Höhle, sie vergessen nicht alles, können sich vielleicht nur mehr an zwei Prozent erinnern. Und das ist auch der Grund, warum sich so viele Menschen fragen: Woher komme ich, und wohin gehe ich?

Warum ist denn Marias Mantel blau? Und es gibt auch die Aussage, dass Blau die Farbe der Hoffnung ist. Blau ist die Farbe der kosmischen Kommunikation zwischen der Quelle und der Seele. Meine Geliebten, was ihr in diesen Tagen lernen müsst ist, mit eurer Seele zu kommunizieren, und es gibt eine Beziehung zwischen dem geheilten Feld der Kommunikation und der Höhle des Vergessens. Dieses Feld ist genauso ein Feld der Heilung wie ein Feld der Kommunikation. Wenn das der Käfig des Vergessens ist, ist außen herum der physische Körper und das Heilfeld, und zwischen diesen beiden ist eine Energie, eine Schwingung. Diese Schwingung nennt Elyah Kommunikation, und das heißt nicht nur sprechen, nein, es ist ein Fluss von Energie, die durch die 144 Ebenen der Kosmischen Strahlen beschrieben wird. Und so sagt Elyah: Nehmt meine Energie, nehmt das blaue Licht und öffnet die Höhle des Vergessens, aber, und nun hört gut zu, zerstört nicht! Wenn du eine Nuss öffnest, musst du die Schale zerbrechen! Und deswegen gibt sie einen guten Ratschlag: Benutzt diese Energie dazwischen und sagt zu euch selbst: Gut, diese Höhle ist sehr solide, es ist das stärkste Material, das man hier auf Gaia bekommen kann, es ist komprimierte Energie. So sei du selbst Kohlenstoff, sei du selbst wie ein Diamant und sag: Gut, ich bin komprimierter Kohlenstoff, und ich verwende das Kosmische Licht, lass es in mich fließen. Ich bin ein Ausdruck der Kosmischen Strahlen, und ich gehe in Kommunikation mit dieser Höhle, ich bin eins mit dieser Kommunikation und eins mit der Materie, und dann gehe ich hinein und wecke meinen Kosmischen Samen, und dann wächst er. Elyahs Energie ist in diesem Nugget, tragt es auf eurem Sternum und gebt die Information der Kommunikation an den Kosmischen Samen in euch und sagt:Ilh bin da, ich weiß, dass du da drinnen bist, aber ich tue mein Bestes, um die Höhle zu öffnen, und dann kannst du dich entwickeln. Und das ist die Flamme der Hoffnung, die Elyah in beinahe jeder Botschaft vermittelt.

Und verbreitet den blauen Strahl über die ganze Welt, sodass auch jedes Tier, die Hirsche im Wald, die Steinböcke, die Vögel und alle anderen es erhalten können und begreifen: Oh, ich habe einen Kosmischen Samen in mir, ich bin mehr als „nur ein Tier", ich bin ein Ausdruck der Quelle allen Seins. Und das ist ein wirklich wichtiger Schritt in der Entwicklung des Bewusstseins auf unserem Planeten!

Diese Elyahschwingung in Verbindung mit anderen kosmischen Ebenen, die in dem blauen Nugget enthalten sind, entwickeln in deinem Thymuschakra die Energie, kolloidales Silber in dir zu erzeugen. Und das ist wunderbar für dein Immunsystem in deinem Körper. Du wirst bemerken, dass eine Infektion nicht mehr so schnell greifen kann, und nach einigen Monaten des Tragens sind keine Infektionen mehr möglich. Was die Ebenen der Geistigen Welt tun möchten ist, die Schwingung der Quelle allen Seins in die Materie zu bekommen, und dazu nutzen sie dieses Medium der Glasnuggets. Was ihr erkennen müsst ist, dass ihr so weit entwickelt seid wie ein vierjähriges Kind. Und ich sage das nicht, um euch zu verurteilen oder zu bewerten, ich sage das aus der tiefen Liebe meines Herzens, ich möchte nur ein Beispiel geben. Ihr müsst durch positive Erfahrungen lernen, nicht indem ihr über etwas positiv denkt, ihr müsst es fühlen, erleben und dadurch begreifen! Ihr müsst es in eurem täglichen Leben erfahren, es ist die Art und Weise, wie Elyah vorgeht, Spiritualität in unseren Körper zu bringen. Ihr müsst die Erfahrung machen, oh, ist es nicht lustig, ich bekomme keine Erkältung, keine Infektion im Winter, wunderbar, mein Körper ist in einem guten Zustand und in einer guten Stärke. Und dann müsst ihr auch nicht sagen: Danke, Elyah, für das tolle Wunder. Dann sagt ihr zu euch: Danke, göttliche Seele, du gibst mir so viel Lebensenergie und Schutz. Wenn du dich in deinem physischen Körper wohl und zu Hause fühlst, ist die Freude wie ein Springbrunnen, wie eine Quelle. Und dann ist deine Liebe wie ein Fluss für ein trockenes Land, und links und rechts gedeihen Pflanzen, Oasen beginnen zu entstehen, die Vögel und andere Tiere ziehen ein, und Leben ist überall. Ja, überall, du bist eine Lebensform und keine Form der Existenz! Dieser blaue Nugget startet die Kommunikation in deinem physischen System mit deinem spirituellen System, eine Kommunikation des Lebens, und du gehst in die Entwicklung des Bewusstseins, dass alles mit allem verbunden ist. Alles entwickelt sich durch dieses blaue Licht, und wenn du dieses blaue Licht trägst, gehst du in das Bewusstsein: Ich möchte in die Kommunikation gehen mit Allem-was-ist. Dann bewegt sich dein physisches Feld, dreht sich um und geht in die Verbindung mit der Höhle des Vergessens. Dort, im Gebiet des Sternums, dort ist diese Höhle des Vergessens. Kohlenstoff ist ein sehr stabiles und festes Material. Ein Diamant ist aus Kohlenstoff gemacht und hat sich unter sehr hohem Druck entwickelt. So auch du. Du hast dich zu einem Diamanten entwickelt, du bist aus Kohlenstoff, oder nicht? Du hast dich unter sehr hohem Druck des Schmerzes zu einem Diamanten entwickelt, – durch Bürden, Sorgen, alle deine Blockaden, alle deine Prozesse und all den alten Schrott. Nun bist du ein Diamant und brauchst den Druck nicht mehr. Sag DANKE zu den alten Zeiten und sag, es war furchtbar,

211

aber jetzt bin ich darüber weg und bereit, die Grenze zu einem neuen Bewusstsein zu überschreiten. Es spielt keine Rolle, was du mir angetan hast, ich habe überlebt, und nun bin ich in einem Status des Bewusstseins, dass ich mein Glück selbst kreiere. Dieses blaue Licht von Elyah in diesem Nugget bringt dich in die Entwicklung, vor dieser Kammer des Vergessens zu stehen und sagen zu können: In Ordnung, ich gehe in ein Verschmelzen mit dir. Und ich kann sehen, was der Same meiner Seele, mein Kosmischer Same ist. Und aus dem Land meines Körpers, aus meiner Materie, kann eine neue Pflanze entstehen, das ICH BIN entwickelt sich aus diesem Samen heraus. Und jetzt gebe ich die Antwort. Wenn jemand in der Nähe stirbt, kannst du ihm diesen blauen Nugget geben, und er öffnet in ihm das Bewusstsein, dass ein neues Leben beginnt und dieses Ereignis nichts Furchtbares und Schreckensvolles ist. Und du gibst dieser Seele die Erfahrung einer lichtvollen Reise. Aber tue dasselbe, wenn du zu einem neugeborenen Kind kommst. Gib dem Baby dieses blaue Licht und sag zu ihm in einem inneren Dialog: Herzlich willkommen auf diesem wunderbaren blauen Planeten, es ist so ein segensreicher und vollkommener Ort. Gib dein Bewusstsein und dein Licht an diesen Planeten und mach aus diesem Erdenstern einen lichtvollen Ort durch deine Präsenz. Dadurch, meine Geliebten, erinnert sich die Seele an jenen Punkt, wo sie in dieses Feld auf diesen Planeten gekommen ist, und dann erschafft ihr lebenslanges Glück und Freude für dieses Wesen. Wenn du das blaue Licht neben dir hast, wenn du einen blauen Nugget bei dir hast, kannst du es durch einen mentalen Wunsch einem Menschen oder einem Gegenstand, einer Maschine oder einer Landschaft zur Verfügung stellen, damit überwindest du das gestörte Feld der Kommunikation des anderen.

Verwendet diesen Nugget, dieses blaue Licht, um die Atmosphäre in euren Wohnungen zu energetisieren. Dafür ist es notwendig, Wasserdampf zu nutzen und den Nugget in jene Gefäße zu geben, in denen ihr Wasser erhitzt, und wenn diese dann Wasserdampf erzeugen, bringt ihr ihn in die Atmosphäre eurer Wohnung, und die Energie kann durch alle Räume getragen werden. Menschen können diese kleinen Wasserteile einatmen, und so gebt ihr diese Energie in den physischen Körper. Ihr könnt jede Flüssigkeit mit diesem blauen Licht energetisieren. Man kann auch die Wasserversorgung eines ganzen Hauses mit der Schwingung des blauen Lichts versehen, dazu legt man einen solchen Glasstein auf das Zuleitungsrohr des Hauses, und das Wasser ist mit dieser Schwingung programmiert. Erkennt, dieses blaue Licht von Elyah kann euch ein größeres Bewusstsein bringen, sodass ihr Menschen in eurem Feld der Misskommunikation besser versteht.

Das alles macht das blaue Licht der Kommunikation. Und dann, an einem kalten Wintermorgen, sitzt du in deinem Auto und der Motor springt nicht an. Was ist deine erste Reaktion? Das ist ein Wort, das ich jetzt nicht aussprechen möchte.

Hier ist die neue Verhaltensweise: Beginne, mit dem Motor zu kommunizieren. Schicke das blaue Licht zum Motor, und ich weiß, das klingt jetzt etwas verrückt, aber diese Maschine ist genauso eine Wesenheit mit Bewusstsein, eine Lebensform, auch wenn du das vielleicht nicht verstehen kannst, aber es ist so. Beschenke sie mit deinem Wunsch zur Kommunikation und mit deiner Liebe. Und dann steig aus deinem Auto aus und fahr mit dem Bus. Ich habe nicht gesagt, dass der Motor nach dieser Kontaktaufnahme funktioniert, aber der Motor ist in Frieden mit dir und hat nicht die Energie deiner Verärgerung in sich aufgenommen. Das Ergebnis dieser Kommunikation ist Frieden. Dann wirst du dein Auto bei nächster Gelegenheit zu einer Werkstatt bringen, und die Mechaniker werden sehr schnell finden, was deinem Auto fehlt, und du wirst überrascht sein, wie billig die Reparatur ist. Denn eine Maschine ist genauso ein selbstheilendes System wie du selbst. Geh in die Kommunikation mit deinem Geschirrspüler, deiner Waschmaschine und deinem Computer. Alle Dinge, die dich umgeben, haben ein Bewusstsein. Und wenn du in dieser Weise des Denkens und Kommunizierens geübt bist, beginnt eine Form der Kreativität in dir, und das ist die zweite Ebene der Kommunikation. Die erste Ebene ist Frieden, die zweite ist Kreativität. Du bringst durch dieses blaue Licht Kreativität in dein Leben. Du beginnst, neue Wege zu gehen. Tapferkeit gebiert sich, Neugierde beginnt. Wenn du an einen neuen Beruf denkst, denke nicht darüber nach, erschaffe ihn dir, gehe in deine Kreativität.

Und an diesen Beispielen erkennt ihr, dass Kommunikation alles verändert, ihr müsst nur mit euch kommunizieren, nicht einfach da sitzen und sagen: Ich bin so arm und voll von Mustern, sondern: Es gibt eine Höhle in mir, und diese Höhle ist die Höhle des Vergessens, und es gibt eine Ebene um mich, es ist dieses Schwingungsfeld, und ich muss die Kommunikation beginnen zwischen der Höhle und dem Feld, und das bringt mir Frieden und Kreativität. Das beschreibt, auf den Punkt gebracht, die gesamte Thematik. Zwischen dem Engel-Ich und dem Aurafeld gibt es eine Energiephalanx, eine Schwingungsebene. Die Kommunikation ist hier eine heilende und verbindende Technik. Aus dieser heilenden Schwingung entsteht letztendlich das Feld der Manifestation. Unsere Materie liegt dazwischen, sie ist der Garant, dass wir in der Dritten Dimension manifestieren können. Stimmt die Kommunikation auf allen Ebenen, dann ist auch die Manifestation von Materie in jeglicher Form möglich. Das ist der Zustand des Kosmischen Menschen und der geheilten Dualität. Und ich hoffe, dass ihr Freude daran habt und der blaue Weg zum Himmel für euch wird.

Elyah sagt, wenn ihr mit diesem blauen Nugget arbeitet, werdet ihr die Erfahrung machen, dass Menschen weniger Medikamente brauchen. So kann man bei hormonellen Therapien, Antikörpertherapien und anderen die Dosierung reduzieren, und die Nebenwirkungen bleiben weitestgehend aus.

Geräte mit sehr schädlichen Wirkungen sind auch die Metalldetektoren an Flughäfen, an den Eingängen von Hotels und anderen „schützenswerten" Gebäuden, sie sind zerstörerisch, lasst mich das in dieser Weise sagen, wie die Mikrowelle. Diese Art der Strahlen geht direkt in das Zentrum des Gehirns und verändert dort die Schwingung, so dass Krebs erst entstehen kann. Indem man die blauen Nuggets trägt, kann man die schädlichen Wirkungen dieser Flughafengates lindern beziehungsweise eliminieren, denn die Nuggets gehen in Kommunikation mit diesen Strahlen des Tores, die dann den physischen Körper nicht mehr in der ursprünglichen Form erreichen, sie irritieren ihn nicht mehr. Der blaue Nugget schirmt sozusagen vor den schädlichen Energien eines Flughafengates ab. Er schützt nicht, er schirmt ab. Die Strahlen werden nicht weggedrückt, der Körper nimmt die Energien schon auf, er transformiert sie jedoch und kommuniziert, wandelt sie in Licht und Liebe um.

Der blaue Nugget erschafft beim Träger eine Interaktion auf der Basis von Körperlichkeit zwischen Geist und Seele. Er bringt den Mut der Erweiterung, der Veränderung und die Kraft, ins Leben zu springen, Lust auf Leben nicht nur wahrzunehmen, sondern auch auszudrücken! Er weckt die Aspekte von: Hallo, da bin ich, nehmt mich wahr, ich habe etwas zu sagen, ich habe etwas zu tun, ich habe etwas darzustellen!

Der blaue Stein ist der Inkarnationsstein, er erschafft

die Verbindung zu deinem Körper, und wenn du dich in deinem Körper nicht zu Hause fühlst, über den blauen Stein kommt die Verbindung mit der Materie wieder zustande. Das klingt positiv, kann aber von einem Menschen mit einem gestörten Feld der Kommunikation als negativ empfunden werden. Er ist mit seinem Körper nicht zufrieden, und das wird ihm dadurch erst richtig bewusst. Also, Kommunikation kann auch ein zweischneidiges Schwert sein!

Die Farben der Nuggets – die zwölf kosmischen Tugenden

Ich möchte nun die gesamten Farben der Nuggets noch einmal gemeinsam darstellen und von einer anderen Seite betrachten.

	Geist	Körper	Seele
Quellensteine	12	1	2
	Türkis	Blau	Gold
Sternenwegsteine	3	4	5
	Grün	Violett	Silber
Kosmische Elternsteine Manifestationssteine	6	7	8
	Apricot	Bernstein	Schwarz
Geburtssteine	9	10	11
	Rot	Klar	Weiß
	Weiblich	Männlich	Dynamik

In dieser tabellarischen Darstellung findet sich auch sehr viel kabbalistisches Wissen, auf das wir in den folgenden Büchern noch weiter eingehen werden. Dieses Diagramm stellt die zwölf Kosmischen Tugenden dar, wie sie weiter oben schon als Kreisdiagramm dargestellt wurden. In den folgenden Jahren kommen noch Zusätze hinzu, welche jedoch jetzt noch nicht geöffnet sind, da sie erst im Zuge der Schwingungserhöhung und der damit verbundenen Erweiterung unseres Bewusstseins für uns erfassbar und somit anwendbar werden. Auch die Stufen der Schwingungserhöhung spielen sich innerhalb dieses Diagramms ab. Wir gehen von der Ebene der Geburtssteine in die Ebene der Steine unserer Kosmischen Eltern, weiter in die Ebene unserer Sternenwege und zurück in die Ebene der Quelle, aus der wir alle gekommen sind.

Wenn ihr jetzt vor dieser Tabelle sitzt und euch die Spalten von oben nach unten betrachtet, steht die erste für den Geist, die zweite für den Körper und die dritte für die Seele.

1. Zur ersten Spalte des Geistes gehört die kognitive Leistungsfähigkeit (ich denke, also bin ich), der gesamte Bereich der Philosophie, das Denken, alle Bereiche der Religion und der Psychologie, und genauso das emotionale Selbst.
   Wenn ihr diese Tabelle von oben nach unten lest, wird der Seelenauftrag der Quelle allen Seins klar, denn auch sie hat einen eigenen Auftrag. Jeder Geist geht aus der Kommunikation des Großen Ganzen heraus (Türkis), um Heilung zu bilden, um eine Welle der Heilung zu erschaffen (Grün). Dazu kreiert sich der Geist ein emotionales Bewusstsein, um eine hohe Leistung der Energie, eine hohe Ladung an Licht aufzubringen (Apricot), das sich dann in der Materiewerdung vollendet (Rot)! Zeugung in die Materie ist immer ein Akt der Liebe, ab einem gewissen Bewusstsein.

2. Zur zweiten Spalte gehört der Körper. Er ist zuerst einmal mein Körper, aber auch allgemein der Körper, wie der Tisch, der Ball, das Haus und alle Dinge auf der Erde. Dazu gehört aber auch Gaia als körperliches Wesen und das Bewusstsein der Materie, bewusst in der Materie zu sein. Dazu gehören auch die Wissenschaften, die sich mit den Erscheinungen der Körperlichkeit befassen, wie zum Beispiel die Astrologie, die Physik, die Chemie und natürlich die Medizin.

Der Körper geht über die Vernetzung, über die geheilte Kommunikation mit allen Ebenen (Blau) und bringt uns in die Kraft der Transformation (Violett). Aus diesen alten, erlösten Themen und Erfahrungen erwachsen ihm neues Licht und neue Kraft (solare Speicherung von Energie, Bernstein), die ich zur Durchlichtung der Materie durch mein Sein, durch meine Körperlichkeit verwenden kann (Klar).

3. Zur dritten Spalte der Seele gehören die Mathematik und ihre Umsetzung in Schwingung, die Musik, der Traum und das Channeln. Zu dieser Ebene sind alle spirituellen Begabungen zu zählen, wie die Hellsicht, das Erfassen von Visionen und die Kontemplation, aber auch die Klarheit, die Zielgerichtetheit und die Durchsetzungskraft. Alles lebt, alles hat Bewusstsein, und alles gibt Antwort!

Die Seele erfährt sich durch die dynamische Kraft, über die sie sich ausdrücken kann (Gold), und verbindet sich mit der Kraft des Aufnehmens und des Erfahrens (Silber), und das führt über die Allverbundenheit in die Auflösung im Ganzen (Schwarz), und aus der Summe meines Lichts geht sie in die Kraft der Manifestation (Weiß).

Der blaue Stein steht im Zentrum der drei Ebenen, er ist der körperzentrierte Stein. Der blaue Stein ist der Vermittler durch die Bildung von neuen Synapsen im Gehirn, er verbindet den Geist mit der Seele, und die Bühne dessen ist der eigene Körper, aber auch die erweiterte Form von Körper, die Materie, die uns in allen Dingen der Körperlichkeit umgibt. Er bringt uns in die Interaktion, in die Kommunikation in der geheilten Form mit allen Formen von Körper. Er ist der Inkarnationsstein und erschafft die Verbindung. Er ist eine Interaktion auf der Basis von Körperlichkeit zwischen Geist und Seele.

Jetzt lasst uns das Diagramm von der Seite aus betrachten und lesen:
Die erste Ebene ist die der Quellensteine, die auch die Dreieinheit der Quelle allen Seins darstellt: Aus der Kommunikation des Großen Ganzen (Türkis, weiblicher Aspekt) gebiert sich die Kommunikation mit allen Aspekten (Blau, männlicher Aspekt), und daraus entsteht die Dynamik, sie ist die resultierende Kraft (Gold).
Die zweite Ebene nennt Elyah die Sternenwegsteine. Wir verlassen die Quelle allen Seins (die erste Ebene) und gehen in die zweite Ebene der Sternenwege hinein:

Wir haben die göttlichen Attribute der Heilung (Grün), der Transformation (Violett) und die Kraft des Aufnehmens und des Erfahrens (Silber) in uns und sind so vorbereitet, in die Materie zu gehen, um neue Erfahrungen zu machen.

Die dritte Ebene ist die Kraft der Kosmischen Elternsteine, oder der Steine der Manifestation:
Hier kommt die Erschaffung des emotionalen Systems, um Erfahrungen in die Quelle zu transferieren (Apricot), in der zweiten Spalte erwächst aus dem alten neues Licht, und diese Ebene steht auch für die Speicherung von Licht wie zum Beispiel der solaren Energie (Bernstein) und das führt in die Auflösung im Ganzen, trotz Materie, es steht hier für die Allverbundenheit (Schwarz).

Die vierte Ebene stellt die Steine für die Geburt in die Dritte Dimension dar:
Die Verbindung der Seele in die Materie, in den Körper (Rot), bringt mich in die Lage der Durchlichtung der Materie durch mein Sein (Klar), und aus der Fülle meines Lichtes beziehungsweise aus der Summe meines Lichts gehe ich in die Kraft der Manifestation (Weiß).
In diesem Diagramm ist die ganze Vielfalt des menschlichen Seins und all seiner Wege enthalten! Und es ist auch wichtig zu erkennen, dass sich die Quelle allen Seins genauso entwickelt! Das geschieht jedoch auf einem Niveau, das wir nicht verstehen können.

Wenn eine Seele die Quelle allen Seins verlässt, denken wir ja immer, sie verlässt die Perfektion, sie begibt sich in die Niederungen der Materie hinein, sie verlässt die Vollkommenheit. Aus der Sichtweise einer Seele ist das etwas ganz anderes. Eine Seele sagt sich: Ich entwickle mich von Türkis nach Rot, das ist ein erstrebenswertes Ziel, das ist für die Seele ein Aufstieg, ein Entwicklungsweg. So, wie wir uns immer um die Durchlichtung kümmern, so kümmert sich eine Seele um die Materiewerdung, darum, komprimiertes Licht darzustellen, und das zeigt sich hier unten auf der Ebene der Materie, dem Rot!

Das sind die Sprossen, die sie auf ihrem Weg hinter sich lässt, um dahin zu kommen, wo wir jetzt sind. Das heißt, wir sind aus dem Blickwinkel der Seele schon auf der Stufe der Vollendung und streben zurück zu unserem Ausgangspunkt. Damit diese Pendelbewegung immer wieder passiert, haben wir den Atem, das Aus- und Einatmen. Das ist der Motor des Lebens, und das liegt außerhalb jeglicher Bewertung. Das heißt, wenn wir hier auf der Stufe des Rots angekommen sind, geht für uns der Weg wieder zurück, genau über diese Schritte der Kosmischen Eltern, der Sternenwege zurück zur Quelle allen Seins. Das sind die Schritte der Pendelbewegung, die sich auf allen Ebenen immer wieder vollziehen, der große Rhythmus des kosmischen Atmens. Wir müssen dahin wieder zurück, damit sich dieses Universum der geheilten Dualität wieder erschaffen kann. Das bedeutet nicht, dass wir exkarnieren müssen, denn der Bruch liegt hier in dieser zweiten Ebene der Manifestation.

Hier in dieser Ebene beginnt die nicht geheilte Dualität, also ziemlich weit unten, und das ist gut, denn diese Ebene überwinden wir relativ leicht, weil die Kräfte von oben ja auch nachschieben, das heißt, sie unterstützen uns sozusagen von oben her. Das ist am Anfang des Buches in der Meditation gemeint, wo es um die Erschaffung des Kosmischen Menschen ging:

Und das blaue Licht der Hoffnung erfülle euch mit dem Mut, die Wunde der ungeheilten Dualität zu überschreiten, die sich in Form einer Hecke zeigt. Ihr hört unsere Stimmen, aber ihr seht uns nicht. Ihr spürt unsere Energie, aber ihr erreicht uns nicht. Doch das Licht bricht sich durch die grüne Wand der Dornen und der Blätter, erfüllt die Tempel eures Egos mit dem blauen Licht. Diese Hecke steht genau hier zwischen den Ebenen eins und zwei. Ihr hört uns, ihr spürt unsere Energie, aber ihr nehmt uns nicht wahr. Ihr geht nicht über die Hecke, weil hinter der Hecke warten schon eure Kosmischen Eltern, führen euch in eure Sternenwege ein, ihr erkennt eure Bedeutung und seid dann an der Quelle allen Seins.

Das heißt, diese Pendelbewegung hat nichts mit Inkarnation und Exkarnation zu tun. Ich kann in dieser untersten Ebene, die die Ebene der Erleuchtung für die Seele darstellt, mich an diesen Zustand dort oben erinnern, und dann wird aus dieser Pendelbewegung ein Kreis. Deswegen sind spirituelle Wege sehr mit Vorsicht zu betrachten, die sich nur auf den Geist, nur auf die Seele oder den Körper beziehen, – Wege, die sich nur darauf beziehen, eine Begegnung mit Gott, mit der Seele zu erzielen. Das

Geheimnis liegt im Dreiklang, weil diese Teile untrennbar miteinander verbunden sind. Es ist wichtig, für uns als Menschen, zu verstehen, dass wir im Sinne der Seele nicht auf der untersten Stufe angekommen sind, sondern auf der höchsten.

Auch wenn sich der Mensch nicht an seine Seele erinnert und in der Dritten Dimension wie ein „Blinder" herumirrt, ist es dennoch die Erfüllung der Seele!

Das Problem in diesem Bereich liegt in der Erschaffung des emotionalen Selbst. Dieses ist durch den Blitz von Karon in die Verballhornung geraten, weil es dadurch aus seiner Rolle gestoßen wurde, Mittler zur Seele zu sein. Es wurde somit zum Feind der Seele in der Dualität, weil ich mich so unter Druck oder ich mich so im Mangel und so weiter fühle. All das vermittelt mir mein emotionales Selbst, das ist nicht der Körper. Es gibt Menschen mit schwersten körperlichen Gebrechen, und die sind der Ausdruck der Fröhlichkeit! Sie sind voll und ganz dem Leben zugewandt und leben absolut ihre Seelenqualität. Sie jammern nicht, sie klagen nicht, sie jaulen nicht und sind glücklich. Das emotionale Selbst ist der Knackpunkt, es war die Angriffsfläche für Karon, und die hat er nicht verfehlt!.

Es geht um den Kontakt zur Seele, es geht um die Kommunikation zur Seele. Behandelt sie wie in einer Liebesbeziehung: Sie will umworben sein, sie braucht Romantik, sie braucht Zeit, Zärtlichkeit im Sinne der Seele.

Das alles braucht die Seele. Sie war ja über Inkarnationen ein Mysterium, wo wir Priester brauchten, wo wir Mittler und Götter brauchten, um diesen Begriff Seele zu definieren und ihr ein Bild zu geben, eine Vorstellung zu bekommen, was das eigentlich ist. Und jetzt kommen vermehrt Begriffe wie Seelenplan ins Spiel, da haben sehr viele Menschen Angst davor, weil wir Seelenplan nicht wirklich verstehen können, denn es könnte vielleicht mein Auftrag sein, Äpfel zu zählen im Kongo, und wer möchte das schon wirklich! Ein Seelenauftrag ist ein liebevolles Umwerben des Geistes und des Körpers. Die Seele gibt Antwort, sie hat sich mit einem bestimmten Ziel inkarniert! Eine Seele hat einen speziellen Auftrag, und ein Teil davon kann sein, eine Sozialstation irgendwo zu gründen, oder auch Apfelbäume im Kongo zu zählen, um auszurechnen, wie viele noch gepflanzt werden müssen, damit das Grundwasser wieder hochkommt. Aber der Knackpunkt ist: Der Körper, die Seele und der Geist sind nicht im Gleichgewicht. Aber nicht nur mein oder dein Körper, auch der von Gaia ist im Ungleichgewicht, was wir an der Zerstörung der Umwelt sehen, an der Ausbeutung der Ressourcen, an dem raschen Wandel des Klimas und all den anderen Problemen, die der Körper von Gaia zeigt. Es ist immer der Körper, der die Prügel abbekommt, und das zieht sich durch alle Ebenen der Körperlichkeit durch! Das ist nicht negativ gewertet, aber die Krankheiten des Menschen und die Umweltkatastrophen werden in den nächsten Jahren zunehmen! Die Körper, auch der von Gaia, versuchen sich zu reinigen und die Ebenen im Gleichgewicht halten.

Die Sinne des Menschen – Sehen, Fühlen, Riechen

Der Mensch als Wesen der Dritten Dimension verfügt über eine Vielzahl von Sinnesorganen. Sie alle sind Wahrnehmungskanäle, die uns weitreichende und vielschichtige Erfahrungen ermöglichen. Kommunikation ist eben nicht nur eine Sache der Worte und damit der Ratio, sondern wesentlich weiter zu sehen, da sie sogar weit über unsere bekannten Sinnesorgane hinausgeht. Deshalb hat Elyah im therapeutischen Konzept der Kosmischen Lebenstherapie das Potenzial verschiedener Schwingungsträger wie Glas, Farbe, Form, spezielle Düfte und Töne miteinander verbunden und verwoben.

Über die verschiedenen Organe der Sinneswahrnehmung ist der Mensch in der Lage, Farben und Formen wahrzunehmen, Eindrücke über Berührungen zu erleben, unterschiedliche Düfte und Gerüche wahrzunehmen und wohlklingende Töne und Klänge, aber auch störendem Lärm zu erfassen und über das Gehirn zu verarbeiten. Diese Fülle an Möglichkeiten macht ihn zu einem besonderen Wesen im Universum der Dualität, denn diese Vielfalt ist sehr selten, wenn nicht einmalig! Viele Vertreter aus den lichten Ebenen der Geistigen Welt „beneiden" uns um die Möglichkeit, diese abwechslungsreichen Eindrücke und Sinnesfreuden erleben zu können, über die sich das Erkennen und Begreifen von Materie ausdrücken kann. Dieses äußert sich zum Beispiel in Situationen, in denen ein Volltrancemedium während der Durchgabe eines Wesens aus der Geistigen Welt um Dinge bittet, die er oder sie im Alltagsleben nie zu sich nehmen würde. Das kann zum Beispiel ein Glas Bier oder Wein sein, eine Tasse besonderen Tees, das kann sich aber auch im genussvollen Rauchen einer Zigarette zeigen. Die Aufgestiegenen Meister erinnern sich an ihre Vorlieben aus ihren Vorleben und nutzen manchmal diese Gelegenheit, einige dieser Sinnesfreuden zu wiederholen.

Sehen und Fühlen

Elyah hat die Möglichkeiten und das weite Spektrum der Wahrnehmungskanäle in uns erkannt und so den Nuggets des Basissets der „Schwingungsmedizin" wunderbare Farben zugeordnet. Sie legt besonderen Wert darauf, dass die Glasobjekte, die mit diesen hochschwingenden Energien geladen werden, brillant in Form und Farbe sind. Selbst die Reihenfolge und Art der Legung bei der Aufbewahrung hat eine Bedeutung, da die einzelnen Nuggets auch im Verbund miteinander schwingen und auf den Menschen abgestimmte Heilfelder erschaffen. Deshalb spielt die Form der Verpackung eine wichtige Rolle und wird von uns sehr aufwändig und liebevoll gestaltet. Es ist gewollt, dass sich unsere Augen und Hände an dem Strahlen und Funkeln erfreuen und diese freudvolle Erfahrung an die Nervenreizleitungen im Gehirn weiterleiten, wo sich daraufhin Synapsen neu verbinden dürfen.

Düfte wahrnehmen

Jeder Duft, jeder Geruch ist ein Schwingungsträger und übermittelt Informationen und Zusammenhänge, die über die Nase aufgenommen werden. Die Bandbreite der verschiedenen Gerüche in unserer Umwelt ist unendlich. Die Definition von Duft und Wohlgeruch auf der einen Seite, Missgeruch und Gestank auf der anderen Seite ist einer sehr großen Subjektivität unterworfen. In unserem Sprachgebrauch gibt es die Aussprüche: „Jemanden gut riechen zu können", oder „ihn eben nicht riechen zu können", der die Kommunikation auf einer subtilen, unbewussten Ebene unseres Körpers beschreibt. Wenn man dieses jetzt etwas ausführlicher beschreibt, sagt dieser Satz etwa Folgendes aus: Ich mag deinen ureigenen Geruch, und über das Schwingungsfeld, das er bildet, nehme ich in Leichtigkeit viele Informationen auf, die mir guttun, die mich inspirieren und beleben. Es baut Brücken in meinem Gehirn, – Brücken, um Erinnerungen in mir zu wecken, die mich in ein Erkennen und Verstehen und dadurch in die Erweiterung meines Seins führen. Deshalb nehme ich den Geruch, den dein Körper im Zusammenspiel all deiner Ebenen produziert, dankbar als eine Form des Austauschs an und erfreue mich daran.

Genauso funktioniert diese Kommunikation über die Geruchsnerven mit Tieren, Pflanzen und allen Elementen auf der Erde. Sind die Wohlgerüche der Blumen nicht für uns alle ein Genuss? Wir lieben doch alle den Duft von fertig gekochten Speisen, der aus der Küche strömt, und auch wenn wir nicht hungrig sind, umfließt und liebkost er unsere Sinneszellen. Und das warme Aroma von Lebkuchen oder Keksen, bringt es uns nicht alle in die Vorfreude auf Weihnachten, in freudiges Erwarten? Ist es nicht eine immer wiederkehrende Sinnesfreude, die wir am späten Nachmittag erleben dürfen, wenn der Abend zu dämmern beginnt? Wenn alle Sinne angesprochen werden, auf dass wir uns die Zeit nehmen, wenn die Gerüche und Farben der Natur besonders intensiv werden und unsere Sinne bestürmen, um uns so die Offenbarung eines Übergangs zu untermalen?

In der Kosmischen Lebenstherapie geht es um das Miteinbeziehen einer weiteren Ebene der Kommunikation. Elyah hat nämlich jedem Grundnugget einen eigenen Duft zugeordnet und uns die jeweiligen Wirkungsweisen erläutert.

GOLD	LAVENDEL	Öffnung des **Kronenchakras,** antiseptische und beruhigende Wirkung, Förderung des Gehörsinns, harmonisierend.
BLAU	ARABISCHE ROSE	Stimuliert bzw. öffnet das **Dritte Auge**, öffnet und weitet das Herz, Öffnung der Geschmackspapillen, Anregung der Merkfähigkeit, fördert den Ausstoß von Giften aus dem Körper.

SMARAGD-GRÜN	GRIECHISCHER BASILIKUM	Potenziert den Durchfluss, stärkt das **Kehlkopfchakra**, in Verbindung mit dem türkisen Nugget hervorragend für Inhalationen geeignet, da schleim- und krampflösend.
ROT	PATCHOUILI	Stärkt das **Basischakra**, wirkt stark erdend, steht für Stabilität und in die Tiefe gehen können, trancefördernd.
TÜRKIS	JASMIN	Dem **zweiten Chakra** zugeordnet, fördert die Kreativität, löst starke Zentrierung aus, steigert den Appetit und regt in Verbindung mit dem blauen Nugget den Stoffwechsel an, ist ein hervorragendes Mittel der Kommunikation beim Abnehmen.
APRICOT	APFEL	Dem **Herzzentrum** zugeordnet, weckt alle Sinne, stimmt fröhlich und glücklich, regt Synapsenbildung im Gehirn an, steigert die Lust auf das Leben.
VIOLETT	LEMONGRASS; BERGAMOTTE	Stärkt den **Solarplexus**, steigert die Konzentration, wirkt allgemein anregend, auch auf das mentale Feld, stimmt philosophisch, klärt Hintergründe.

231

SILBER	YLANG YLANG	Dem **Kronenchakra** zugeordnet, fördert die Libido, Öffnung der Sinnlichkeit in allen fünf Sinnen, fördert das Streben nach transzendenter Körpererfahrung, stärkt den Lichtwerdungsprozess in der Materie.

Ein ätherisches Duftöl wird aus Pflanzenextrakten gewonnen und besteht aus einer großen Anzahl von Wirkstoffen, die in einer natürlichen Komposition zusammengefügt sind. In den alten Zeiten von Atlantis haben die Shoumana und die Lemurianer diese Duftkreationen hergestellt. Elyah erzählte, dass es damals so etwas Ähnliches wie Olympische Spiele gegeben habe, bei denen es darum ging, gewisse Aromen und Essenzen zu komponieren. Man rief daraufhin die Bevölkerung und eine Jury zusammen und „beduftete" sie in einer Art Wettstreit, vergleichbar mit der „Beschallung" durch Töne bei einem Konzert. So, wie wir ein schönes Klangerlebnis als sinnliche Erfahrung erleben, verfehlte diese Art der „Aromatisierung" ihre sinnliche und lustvolle Wirkung sicher nicht.

Auch in der Kultur der alten Ägypter finden wir Erinnerungen an diesen Umgang mit Duftstoffen. Sie trugen bei gewissen Prozessionen Duftkegel auf ihren Köpfen, die mit ätherischen Ölen gefüllt waren. Diese Düfte schwappten dann beim Gehen leicht über den Rand und liefen an den Kleidern und Körpern der Menschen herunter. Dadurch wurde die von der Sonne aufgeheizte Luft in einen sinnlichen und überschwallenden Duft getaucht und die Zuschauer und Begleiter der Prozession angeregt, ihre Sinne zu öffnen und in weitere und höhere Bewusstseinsebenen zu treten.

Die Grundlagen zur Erfindung von Parfum sind aus diesen Erinnerungen geboren. Eine interessante Geschichte zu diesem Thema ist im Roman und Film: „Das Parfum – Die Geschichte eines Mörders" von Patrick Süskind dargestellt. Das Buch basiert im Wesentlichen auf Annahmen über den Geruchssinn, die emotionale Bedeutung von Düften, Gerüchen und deren Nachahmung in Form von Parfums. Der Roman handelt von Jean-Baptiste Grenouille (frz.: Frosch), der ohne Eigengeruch, aber mit einem ausgeprägten Geruchssinn auf die Welt kommt. Er beschließt, „das Parfum" zu kreieren, das alles enthält, doch trotz der unwiderstehlichen Anziehungskraft dieses Duftes merkt Grenouille, dass er letzten Endes doch alleine ist, da ihm der Duft nur als Maske dient.

Die Kreation von Duftnoten ist eine Kunstform, die sich bei jeder Neubildung einer Blüte wiederholt. Nach gleichbleibender Rezeptur entsteht jedes Mal eine einzigartige Komposition unterschiedlicher Aromen, die sich wie ein lebendes Bild ständig neu reproduziert.

Diese Informationen baut Elyah in die Therapieform über spezielle Schwingungsöle ein, denn somit erweitert sie das Spektrum der Kommunikation und dadurch die Möglichkeit zu deren Heilung. Sie sagt auch, dass die Körper-Nuggets einen speziellen Geruch haben, aber der Mensch nicht in der Lage ist, das zu riechen. Ein Hund kann den Duft der Nuggets auch riechen, so wie er das Element Erde oder das Element Feuer riechen kann. Die menschliche Nase kann nur den Rauch wahrnehmen, aber nicht das Element an sich. Darum sieht Elyah davon ab, den Körpernuggets einen Duft zuzuordnen. Da wir ihn eh nicht wahrnehmen können, würde sie damit eine Missinformation streuen.

Die therapeutischen Schwingungsöle

Aus diesen acht Duftessenzen lassen sich in Verbindung mit den Nuggets und einem Trägeröl wunderbare Duftkompositionen für spezielle Anwendungsgebiete kreieren. Die Bandbreite ist sehr groß, und die Wirkungen sind weitreichend. Im Anschluss möchten wir einige Beispiele zur Inspiration anführen. Achtung, bitte niemals die reinen ätherischen Öle für Massagen oder Einreibungen verwenden, denn diese sind zu intensiv und überfordern den Körper!

Da man zum Beispiel mit einem Baby nicht auf mentaler Ebene kommunizieren kann, ist dieses eine hocheffiziente Möglichkeit, seinem System Informationen und Heilschwingungen anzubieten, die es leicht und gut aufnehmen kann. Wenn ein Neugeborenes „Landungsschwierig-keiten" auf unserem wunderbaren Planeten zeigt, ist die Verbindung von Jasmin und Apfel eine optimale **Beruhi-gung**skomposition für eine Babymassage.

Die Mischung aus Apfel und Jasmin ist auch ideal bei Kleinkindern, die **Konzentration**sprobleme und deshalb Schwierigkeiten in der Schule haben. Der Duft des Apfels regt an, Jasmin beruhigt und zentriert. Das Kind ist in einer aktiven und gleichzeitig ruhigen Aufnahmephase und lernt dadurch leichter und schneller.

Bei sehr großen Lernschwierigkeiten und Problemen mit der Aufnahme von neuem Wissen erzeugt man eine Dreistufung und damit Potenzierung der Energie in der Schwingungsessenz, indem man den silbernen Nugget zu Jasmin und Apfel dazu nimmt. Silber fördert die Aufnah-mebereitschaft, Apfel wirkt anregend und Jasmin beruhi-gend. Daraus kreiert sich ein Schwingungsfeld, mit des-sen Hilfe Ablenkungen leicht umgangen und die Dinge auf den Punkt gebracht werden können.

Anhand dieser Beispiele kann man erahnen, dass die Anzahl an Kombinationsmöglichkeiten mit den oben ge-nannten Duftstoffen sehr groß ist. Ein Schwingungsöl, kre-iert aus ätherischen Essenzen mit verschiedenen Grund-nuggets, lässt sich auch noch um die vier Körpernuggets, die den Kräften der Elemente zugeordnet sind, erweitern. Das heißt am Beispiel der Konzentrationsschwierigkeiten, dass man zu der oben beschriebenen Komposition noch das Element Feuer (also den schwarzen Nugget) dazugeben kann, damit zusätzlich die Hirntätigkeit angeregt wird.

Die Anwendungsmöglichkeiten dieser therapeutischen Duftöle sind vielseitig. Die Energieübertragung am Körper erfolgt über die Einreibung des Schwingungsöls und kann bei jeder Art von Massage verwendet werden.

Eine wasserbetriebene Duftlampe (oder ein Diffusor) wirkt auf die Atemluft im Raum energetisierend ein, indem sie die Duftaromen „verschwingt". Dabei kann hier die reine ätherische Ölkombination in Verbindung mit einem Grundnugget verwendet werden.

Es auch schön, an einem heißen Sommertag ein Leinentuch nass zu machen, es mit 2 – 3 Tropfen des Öles über die Aufschwingung mit einem Nugget zu beträufeln und dann über ein Kinderbett zu hängen, um eine Verdunstungskühle entstehen zu lassen. Dabei erfolgt die Kommunikation über den Schwingungsträger der Luft und des Wassers.

Diese Therapieöl-Kompositionen sind natürlich auch als Zusätze für Waschungen und Bäder möglich.

Elyah ist sehr traurig darüber, dass man die gute alte Kunst des Briefeschreibens in unserer Zeit und Gesellschaft nicht mehr pflegt. Briefe kann man nämlich auch beduften, was bei Emails leider (noch) nicht geht. Über persönlich verfasste Zeilen auf Papier wird dem Empfänger ein viel weitreichenderes Schwingungsfeld übermittelt als durch die modernen Formen der Kommunikation. Die Inhalte und Informationen werden durch das persönlich Geschriebene für den Leser wesentlich klarer und verständlicher. Die Kommunikation über einen Brief sei auch viel klarer als die Kommunikation über das Telefon! Also sollte man doch bei wichtigen Dingen auf diese gute alte Tradition zurückgreifen, die geschriebenen Zeilen mit einem Duft untermalen und darüber mehr als nur die Worte „mit-schwingen" lassen, auch wenn das heute von vielen als antiquiert angesehen wird.

Elyah empfiehlt ebenfalls das Beduften von Schultaschen oder Etuis mit Schreibgeräten für unsere Schüler, weil sie so diesen, für sie heilenden Geruch an ihrem Schulplatz haben und dadurch die Information von Konzentration auch kontinuierlich mitbekommen. Bei Kindern mit Lernschwierigkeiten lädt sie zu einem täglichen Duftritual zum Einstieg in die Hausaufgabe ein, indem man gemeinsam mit dem Kind ein Duftlämpchen mit der Schwingungsessenz „Konzentration" entzündet. Nach leichter und stressfreier Erledigung seiner Übungen bläst das Kind die Kerze der Lampe wieder aus und kann sich freudig anderen Dingen widmen.

Elyah bittet uns, die Düfte der Schwingungsessenzen

äußerst kreativ anzuwenden und sie auch zum Beispiel bei der letzten Spülung von Waschgängen einzusetzen. Dazu verwendet man eine neutrale, nicht duftende Wäschepflege, versetzt diese mit einem Duftöl der eigenen Vorliebe und gibt sie so dem letzten Spülwasser bei. Dafür eignen sich Lavendel, arabische Rose und Apfel besonders gut.

Ton und Klang

Hören ist von entscheidender Bedeutung für die Orientierung des Menschen in seiner Umgebung. Bereits nach sechs Wochen ist das Ohr das am besten entwickelte Organ eines menschlichen Embryos. Ungeborene Kinder hören die Stimme ihrer Mutter und Umweltgeräusche sehr intensiv und werden dadurch auch mit einer Unzahl von Informationen genährt. Die lautesten, und damit am meisten bestimmenden Töne sind jedoch der Herzschlag der Mutter und das Fließen und Rauschen des Blutes, das der Fötus in der Fruchtblase wahrnimmt. Die Rhythmen der modernen Musik bedienen sich dieser Erinnerung, und dieser „Beat", dieses Schlagen, geht in frühester Entwicklungsphase in Fleisch und Blut über. Dieses Geräusch wird vom Ungeborenen als sehr laut und dominierend wahrgenommen und ist mit einer Durchschnittsstärke von 80 Dezibel fast mit der Lautstärke in einem Tanzlokal am Samstagabend vergleichbar. So beginnt unser Leben mit einer starken Sinneswahrnehmung im Bereich der Töne, und diese setzt sich durch unser ganzes Leben fort.

Auch bei der Kosmischen Lebenstherapie werden die Klänge mit einbezogen, denn auch die Töne bilden, wie bereits erwähnt, einen Schwingungsteppich. Wir alle können uns an solche Bereiche erinnern, egal, ob es sich dabei um natürliche oder künstlich erzeugte Klangbilder handelt. „Unser Lied", das wir allezeit in Beziehung zu einem unserer Partner bringen und das uns immer in der Erinnerung bleiben wird, egal, ob die Beziehung vorbei ist oder nicht, wird uns an diese bestimmte Situation erinnern, an die Begleitumstände und das Gefühl von damals. Die Töne haben die Situation mit all den anderen Sinneseindrücken zusammen in unserem Körper, in unseren Zellen, gespeichert. Die immer wiederkehrenden Melodien in der Werbung oder einer bestimmten Sendung im Fernsehen haben den gleichen Hintergrund: die Information, die übermittelt werden soll, tief und gründlich in unserem System zu speichern. Schon bei den ersten drei Tönen weiß unser Unterbewusstsein, es geht um die Marke X oder um diese oder jene Firma, die etwas Neues anbietet oder unseren Mangel jetzt endlich befriedigen und stillen kann. Diese Botschaften können auch so kurz eingespielt werden, dass wir sie mit unserem Bewusstsein nicht erfassen können, unser Unterbewusstsein bekommt es jedoch mit und speichert auch diese minimalen Informationsimpulse ab, beziehungsweise ergänzt die Speicherung, die bereits vorhanden ist. Diese Form der Beeinflussung bezieht sich auch auf die visuelle Ebene und wird in der Fachsprache Subliminals genannt. Auch wenn sich die Medien dazu verpflichtet haben, diese Form der Beeinflussung nicht einzusetzen, tauchen immer wieder Gerüchte auf, dass es dennoch geschieht.

Aber das ist keine Erfindung unserer Zeit, denn zu Heilzwecken in der Medizin wurde Musik schon seit Jahrtausenden eingesetzt. In der Zeit von Atlantis, zur Zeit unserer Urahnen, waren es die Lemurianer, die die Kunst der Gesänge feierten. In gemeinsamen Zeremonien befanden sie sich in der Nähe des Transponders im Sanktuarium. Die Shoumana stellten sich hinter die Lemurianer und übergossen diese mit einer goldenen Flüssigkeit, die sehr ölig war, und während sie wie in einer rituellen Waschung übergossen wurden, sangen die Lemurianer zu dieser Farbe den Ton. Im Wechsel des Übergießens entstand eine Tonfolge, denn einer nach dem anderen wurde übergossen, es ist wie das Anschlagen eines Xylophons. Sie sangen die Töne in den Transponder hinein und wurden von den Farben begleitet. Ägyptische Priester setzten Klänge zur Heilung ein, assyrische Keilschriften berichten über Konzerte gegen böse Geister, die vedischen Schriften über die Wirkung des Klangs von vor über 4.000 Jahre. Die chinesische Tradition, wie zum Beispiel die traditionelle chinesische Therapiemusik nach den fünf Elementen, ist noch älter und bruchstückhaft bis heute überliefert, und auch im antiken Griechenland war der Heilgesang ein zentrales Element der Medizin. Auch die altorientalische Musiktherapie widmet sich der Welt der Klänge und versucht darüber, im therapeutischen Prozess den Menschen in seiner gesamten spirituell- geistigen Dimension zu erfassen. Auch heute wird sehr viel über die Wirkungsweise von Musik und Klängen geforscht und umgesetzt. Die Beruhigung und Entspannung bei Meditationsmusik ist sicherlich allen bekannt. Die Therapieform der Klangschalen wird immer öfter eingesetzt, wobei der Körper und die Chakren der Menschen in bestimmte Schwingungsfelder versetzt werden.

Ein weiteres Beispiel ist die sogenannte Hemisphären-Synchronisation. Dabei werden beide Hälften des Gehirns über Töne synchronisiert, also in einen Zustand der gleichen Schwingung versetzt. Dies geschieht durch zwei unterschiedliche Töne, die über Kopfhörer eingespielt werden (beispielsweise 200 Hz in das eine und 210 Hz in das andere Ohr). Die beiden Gehirnhälften „konstruieren" nun einen dritten, einen Phantomton, der dann das Gehirn stimuliert, in einen meditativen oder schlafähnlichen Zustand zu gehen. Dadurch werden die Lernfähigkeit und die Aufnahmebereitschaft des Gehirns wesentlich erhöht. Im Gegensatz zur konventionellen Musiktherapie wird in der Clustermedizin nicht mit Melodien oder Rhythmen gearbeitet, sondern mit Klangclustern, also Klanggebilden, die sich aus dem Krankheitsbild des Patienten ableiten. Diese werden ihm wiederholt vorgespielt und aus der Resonanz des Körpers seine eigenen Selbstheilungskräfte aktiviert. Auf diese Weise „kann gezielt auf entgleiste Stoffwechselprozesse Einfluss genommen und Körper und Psyche gleichermaßen behandelt werden".

Dieses ist nur eine kleine Auswahl an Verfahren und Techniken, die sich mit der Behandlung durch Töne und Musik beschäftigen.

Nun noch ein Hinweis, der sich auf das Gebiet der Wellness bezieht. Liquid Sound, flüssiger Klang, ist eine Entwicklung von Micky Remann, die die heilende Wirkung von Wasser mit ästhetischen Licht- und Klangkompositionen verbindet. Über Unterwasserlautsprecher kann man Musik, Töne oder auch den Gesang von Delfinen und Walen unter Wasser hören und sozusagen in Musik baden. Die Töne sind leiser und subtiler, tiefe Töne werden weitgehend gefiltert, hohe bevorzugt. Das neue Klangerlebnis ist ideal für Sanatorien und Kurkliniken, aber auch für Sport- und Freizeitbäder. Baden in Musik lässt das frühkindliche Hörverhalten wieder anklingen, sicherlich mit ein Grund für das Wohlgefühl, die Entspannung und das Urvertrauen, über das die Badenden berichten.

Elyah empfiehlt, die Klänge eines rauschenden Wasserfalls, das Meeresrauschen, das sanft oder stürmisch gegen die Küste brandet, das Plätschern eines Baches, der über Steine gurgelt und dessen Töne unser Innerstes berühren, bei unseren Behandlungen zu verwenden . Ein Werk aus der klassischen Musik ist „Die Moldau" des böhmischen Komponisten Friedrich Smetana aus dem sinfonischen Zyklus „Mein Vaterland". Dabei wird der Lauf der Moldau von der Quelle als leise sprudelndes und plätscherndes Wasser bis zur Mündung in breiten, wogenden und wunderbaren Tonbildern beschrieben. Alle diese Formen des Klangteppichs sind wunderbar geeignet, uns bei Ritualen oder Zeremonien der Reinigung und des Loslassens zu begleiten, denn diese Klänge dringen bis tief in unsere Körperebenen hinein, da die mitochondriale DNS vorwiegend auf Töne und nicht auf Farben reagiert. Es braucht diese Klänge, um die Zellen zu öffnen und alte Erinnerungen und Erfahrungen herauszulösen. Es sind alle Töne verwendbar, die aus dem Bereich der Natur kommen, denn diese geben eine weite Bandbreite von Tönen wieder, die unser System für eine Öffnung und damit eine Veränderung bereit machen. Das können zum Beispiel die

Gesänge von Walen im Meer sein, Geräusche aus dem Regenwald mit Vogelstimmen, das Rauschen der Blätter und des Windes, um nur einige zu nennen. Selbst das Rascheln eines Bambuswaldes enthält alle Töne, die dafür notwendig sind.

Die zwölf Grundnuggets haben auch eine Entsprechung in der Tonreihe, und diese sieht wie folgt aus:

Nummer	Farbe	Ton
1	Gold	C
2	Blau	H
3	Smaragd-grün	A
4	Rot	G
5	Türkis	F
6	Apricot	E
7	Violett	D
8	Silber	C
9	Schwarz	doppelt gestrichenes F
10	Weiß	Cis
11	Bernstein	Gis
12	Klar, kristallin	Fis

In diesen zwölf Tönen verbirgt sich eine kosmische Obertonreihe, diese unterscheidet sich jedoch von der irdischen Obertonreihe, kommt aber der kosmischen nahe!

In dieser Tabelle sind die kosmischen Schwingungstöne der Sprache im Alphabet des Kosmos mit den dazugehörenden Farben und den Entsprechungen der Düfte in der Atmosphäre von Gaia dargestellt. Diese Düfte sind für uns Menschen wichtig, es gibt jedoch viele Wesenheiten im Kosmos, die kein Riechorgan wie wir haben und Düfte nicht wahrnehmen können. Es kommt auf eine Komposition aus Duft, Farbe und Klang an, damit haben wir das holistische Modell einer Merkabah, das bedeutet, alle Wahrnehmungskanäle sind offen. Hinzu kommt die Berührung durch den Therapeuten. Mit dieser Behandlungsmethode könnten wir auch jemanden von Aldebaran behandeln, wo wir den Duft weglassen könnten, weil ein Wesen von Aldebaran nicht riechen kann. Es reicht nicht aus, Töne und Farben richtig zu verbinden, man muss wissen, wie. Darin liegt das Geheimnis, weil Töne und Düfte und alles, was die Sinne anregt, die synaptischen Prozesse im Gehirn beeinflusst – mit der Folge, dass Heilung auf allen Ebenen und tiefgreifend Raum nehmen kann.

Mathematik ist die Sprache des Kosmos, und Musik ist die empfundene, verzeitlichte, hörbare Mathematik. Schließlich sind Musik und Mathematik wie zwei Geschwister: Mal drängt sich das eine vor, mal das andere.

Das Interaktionsdiagramm

Ist-Realität der Kommunikation in der nicht geheilten Dualität:

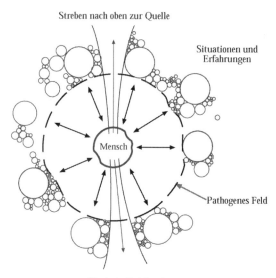

Ist-Realität der Kommunikation
in nichtgeheilten Dualität

Streben nach oben zur Quelle

Situationen und
Erfahrungen

Mensch

Pathogenes Feld

Flucht in die Materie

© Antan Minatti - Gestaltung Marianne Kurtze-Gutermuth

Dieses Interaktionsdiagramm stellt den Ist-Zustand der Kommunikation in unserer momentanen Lebensrealität dar. Der Mensch steht im Zentrum eines permanenten Spannungsfeldes, das Elyah als „Pathogenes Feld" bezeichnet. Die ihn umgebenden größeren und kleineren

Kugeln stellen verschiedene Kommunikationsversuche dar (Lebenssituationen, Erfahrungen, Schwingungsfelder der verschiedensten Qualität ...). Die Anzahl, die Größe und damit die Gewichtung, die Dichte und alle diese Aspekte sind variabel, diese Grafik soll nur das Grundprinzip darstellen und erklären. Da der Blitz von Karon die Möglichkeit einer klaren Kommunikation in der nicht geheilten Dualität zerstört hat, lasten diese gestörten Schwingungsfelder schwer auf unseren Schultern. Sie drücken durch das pathogene Feld hindurch auf bestimmte Teile unseres Seins, je nach Art und Intensität der Erfahrungen.

Wie schon beschrieben, läuft jede Form von Interaktion in folgender Art und Weise ab: Eine Situation kommt auf den Menschen zu, und er beginnt sofort, darauf zu reagieren, anstatt sich erst einmal dieser Situation zu stellen, die Informationen in sich dringen zu lassen und darüber zu reflektieren. Er reagiert aus alten Verhaltensweisen und Mustern heraus, anstatt aus einer klaren Erkenntnis. So kann er die Energie aus seiner Erfahrung nicht wirklich nutzen und integrieren und begreift meistens nicht, was die Situation ihm sagen will.

Weil der Körper ständig diesem Spannungsfeld ausgesetzt ist, fängt er dann irgendwann an zu reagieren. Elyah erklärte uns weiter oben schon, dass sich unsere Körpermatrix noch im neunten Jahrhundert nach Christus befindet und in ihrer Entwicklung an der Geschwindigkeit von Pferdefuhrwerken orientiert. Der Mensch des einundzwanzigsten Jahrhunderts besteigt zur Überwindung von Distanzen jedoch regelmäßig Autos, Züge oder Düsenjets und unterliegt so einem Rhythmus, mit dem der physische Körper nicht mehr Schritt halten kann. Die verschiedenen Körper eines Menschen finden deshalb auch keine gemeinsame Ebene der Kommunikation und erfahren ständig Trennung.

Oft will sich der physische Körper dem Bewusstsein in mannigfaltiger Weise mitteilen, ihn wissen lassen, welche Form der Nahrung er braucht oder welches Organ im Ungleichgewicht ist. Doch es findet kein wirklicher Austausch, keine Kommunikation im lichten Sinne statt, oder diese Versuche sind voller Missverständnisse und gelangen nicht bis in das Bewusstsein des Menschen. Also versucht er, diesen Austausch in sich selbst zu finden und interagiert zum Beispiel mit dem Verdauungssystem. Wenn er dann bei der Leber eine gestörte Interaktion findet, stellt er freudig fest: Juchu, ich habe eine Kommunikationsmöglichkeit gefunden! Super, die kann ich ausbauen und daraus Energie beziehen. Das Engel-Ich freut sich auch und schreit: Juchu, alle Kraft in die Spiritualität, da machen wir etwas draus, weil ihm die natürliche Ressource der geheilten Kommunikation komplett entzogen wurde. Und die Leber gibt irgendwann frustriert auf und sagt: Ich kann nicht mehr.

In dieser nicht geheilten Form der Kommunikation verhungert das Engel-Ich. Der Thymus erhält es zwar am Leben, denn es bekommt gerade noch so viel Energie, dass es nicht stirbt, jedoch zu wenig, um in der Möglichkeit einer Handlung in Freiheit zu sein. Da das Engel-Ich praktisch handlungsunfähig ist, kommen Informationen falsch oder unvollständig an, daraus kreieren sich wiederum Missverständnisse, und der Mensch muss reagieren. So geht bereits viel von jener Energie, die für eine Aktion nötig wäre, um Entwicklung und Veränderung herbeizuführen, bei der Reaktion verloren. Dieser Verlust an Energie ist unnötig und schädlich.

Immer wieder unternimmt der Mensch Versuche (mehr oder weniger verzweifelt und zweifelnd), um sich zwischen den Kugeln einen Weg hinaus aus diesem Kommunikationswirrwarr zu bahnen und aus dieser Enge seiner wirren Matrix auszubrechen. Dabei strebt er nach oben hin zu Spiritualität, hin zum großen Ganzen, zur Quelle allen Seins, wird immer noch transzendenter, negiert seinen Körper und lehnt alles Materielle ab. Das ist in der Zeichnung durch den schmalen Kegel nach oben dargestellt. Diese Verbindung nennt man auch den Kanal. Diese „Öffnung" durch das Pathogene Feld ermöglicht es Medien, eine Verbindung mit Ebenen der Geistigen Welt herzustellen. Dazu ist jedoch meist ein intensives Training erforderlich, verbunden mit einer hohen Energieleistung. Dennoch ist auch dieses nur ein „Ersatz", zwar ein netter, aber eben nur ein Ersatz.

Eine andere Möglichkeit der Ausflucht, die sicher für viele Menschen eine Möglichkeit ist, ist das tiefe Eindringen in das Bewusstsein der Materie. Das führt dann zu den uns allen bekannten Wünschen und Sehnsüchten, die Erde besitzen zu wollen, das eigene Haus zu brauchen, den Mercedes besitzen zu müssen, und zwar das neueste Modell, den goldenen Ring am Finger, all die wunderschönen Dinge, die uns in der Werbung präsentiert werden, um uns dadurch „Sicherheiten" zu schaffen und dem Mangel zu entwischen (der untere Weg im Diagramm).

Die dargestellten Interaktionskugeln beinhalten aber genauso die Erfahrungen, die eine Seele in ihren vielen Inkarnationen gemacht hat. Elyah betont immer wieder, dass jede noch so belastende Erfahrung einen lichten Kern und ein wertvolles Potenzial in sich trägt, und empfiehlt deshalb höchste Achtsamkeit bei gängigen Clearingmethoden. Wenn nämlich zusammen mit der Disharmonie auch der lichte Konsens herausgelöst wird, erfährt das Engel-Ich dadurch noch mehr Schwächung. Es geht hier darum, eine liebevolle Atmosphäre zu erschaffen, wo Vergebung den Rahmen darstellt. Dadurch kann eine Annahme der Belastungen vollzogen werden, wodurch eine Akzeptanz der nicht geliebten Anteile, der Schattenseiten, erst möglich wird. So können alle gebundenen Energien in die Freiheit geführt werden und stehen dem Menschen als lichtes Kraftpotenzial zur Verfügung, das er in sein Sein integrieren und nutzen kann.

Das Einzige, was das Engel-Ich im Moment hat, ist die Ressource unserer Herkunft aus Atlantis. Das ist das Wissen um die Verschmelzung der sechs verschiedenen DNS-Stränge. Wenn das Engel-Ich aufgibt, ist der Thymus ohne Aufgabe und zerstört sich in der Folge. Und wenn dieses geschieht, bricht in der Folge auch das Immunsystem zusammen. Das heißt, der Mensch wird anfälliger und anfälliger, mit anderen Worten ausgedrückt: älter, schwächer, älter, schwächer... Das Engel-Ich sagt sich: Egal, dieser Zustand tangiert mich nur peripher, denn ich kann mir einen neuen Körper kreieren. Und so sind wir wieder in der Spirale von Reinkarnation zu Reinkarnation...Der Butler im Film „Dinner for One" würde sagen: „The same procedure as every year."

Das oben abgebildete Interaktionsdiagramm stellt den Mangel dar. Was wir uns merken müssen ist, dass das Engel-Ich systematisch durch das pathogene Feld ausgehungert wird, da es uns von einer Kommunikation in Einheit trennt. Wir Menschen sind immer darauf angewiesen, dass man uns verbal erklärt und zeigt, was gemeint ist. Dabei ist aber der eigentliche Inhalt der Kommunikation nicht erfahrbar. Sie läuft immer von außen durch einen Filter voller Kugeln und Blasen zu uns in unsere Welt hinein und ist nie wirklich Bestandteil unserer Welt. Eine Beziehung, eine wahre Begegnung ist nie wirklich Teil unseres Lebens, sondern bleibt immer eine Aktion und Reaktion und Aktion, und so weiter, zwischen zwei Menschen, aber sie gehört nicht wirklich zu uns. Wir als soziale Wesen wünschen uns so sehr Verschmelzung, wissen jedoch gar nicht, wie das geht. Wir geben dem Ganzen eine Form und gehen Bindungen ein. Diese Formen sind jedoch nur reine Strukturen, und, wie man sieht, zerbrechen diese mehr und mehr auf allen Gebieten unserer Gesellschaft. Diese Hüllen, um ein anderes Wort für Form zu verwenden, reichen nicht wirklich aus, weil wir die ganzheitliche Möglichkeit einer lichten Kommunikation nicht haben.

Die Kommunikation in der geheilten Form sieht so aus:

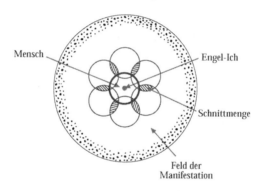

Kommunikation in der geheilten Form

Mensch — Engel-Ich

Schnittmenge

Feld der Manifestation

Auch in diesem Diagramm steht der Mensch im Mittelpunkt. Alles, was ihn umgibt, kommuniziert mit ihm, betrifft und tangiert ihn und durchdringt ihn, deshalb gehen hier auch die Kugeln in den Menschen hinein. Er kann frei aus einer Fülle an Möglichkeiten wählen und ist im liebevollen Austausch mit seiner Umwelt. Jede Situation, die auf ihn zukommt, stellt ihm gleichzeitig auch die Lösung zur Verfügung. Diese Lösungsansätze gleicht er mit seiner Erfahrung ab, so, wie es in dieser Grafik durch die Schnittmengen dargestellt ist. Diese Erkenntnis kann er nun mit anderen Erfahrungen und Kommunikationen teilen. Dadurch entsteht ein gemeinsames Schwingungsfeld, das vom Engel-Ich erzeugt und gehalten wird. Dieses Feld ist das eigentliche Manifestationsfeld, aus dem das Engel-Ich seine Kraft bezieht. Das heißt, aus der Fülle der Erfahrung an Kommunikationen entsteht eine Manifestation, die nicht das Ego befriedigt, sondern Gaia und der Allgemeinheit dient. Es entsteht eine Vision, die das Wohl aller fördert und die alle nehmen können, weil sie nicht durch das Ego geprägt ist. Das lässt den Menschen und sein Lebensumfeld Einheit erleben, und beide nehmen Teil an der erfüllenden Fülle.

In diesem Frieden ist der Mensch auch in der Lage, mit allen Ebenen seines Körpers und mit allen Wesenheiten aus der Natur und seiner gesamten Umgebung zu kommunizieren, sich mit allen Schwingungsfeldern auf unserer Erde und darüber hinaus zu verbinden und so tief in sie einzutauchen, dass er ihre Sprache versteht, auch wenn er sie noch nie gehört hat. Das ist das Potenzial des Kosmischen Menschen, und wir als Kollektivmenschheit bewegen uns stetig auf die Wiedererweckung dieses Potenzials zu. Wir haben alle Anlagen in uns vorbereitet, und der Kosmische Rat und Elyah haben mit der Therapieform der

„Schwingungsmedizin" eine großartige Möglichkeit entwickelt, damit wir unsere Kräfte und unsere Liebe nutzen können. Diese Blasen im ersten Diagramm sehen ja auch aus wie die Schaumblasen einer Spüllauge oder eines Haarshampoos. Wenn man diese lange genug in Ruhe lässt, lösen sich immer mehr von den Blasen auf und werden zu größeren, bis schließlich die klare Wasseroberfläche übrig bleibt. Die Vorgehensweise der Behandlungen in der Schwingungsmedizin funktioniert nach einem ähnlichen Prinzip, sie fasst diese Erfahrungen, diese Misskommunikationen, die einzelnen Blasen zusammen, dadurch entstehen größere, die dann leichter und effizienter zu lösen sind als all die unzähligen kleinen. Und wenn zum Beispiel diesem Thema, diesem Schwingungsfeld, eine Farbe und damit eine bestimmte Schwingungsqualität zur Verfügung gestellt wird, bekommt es die Chance, sich nach innen zu bewegen und dort mit anderen zu verbinden. Dann haben die zwei verschmolzenen Kugeln die Chance, eine andere Fragestellung, eine andere Erfahrung anzuziehen und auszuheilen. Und wenn das noch nicht reicht, gibt es noch eine andere Farbe, einen anderen Schwingungscocktail, die/den man dem Menschen zur Verfügung stellen kann.

Wenn wir alle unsere vergangenen Leben, alle unsere Blasen der Misskommunikation einzeln lösen müssten und für jedes eine Reinkarnationstherapie in Anspruch nehmen würden, hätten wir wahrlich viel zu tun, und der zweite Aspekt bei dieser Herangehensweise wäre dann die Frage: Ist es dann auch wirklich gelöst? Für manche

Menschen ist jedoch auch diese Technik sehr hilfreich, wenn sie von einem guten Therapeuten ausgeführt wird. An dieser Stelle zitiere ich gerne einen alten Spruch aus der Philosophie der Hunas: *Wirksamkeit ist das Maß aller Dinge!* Ich möchte jedoch an dieser Stelle auch Elyah zitieren, die uns sagt: Habt nicht den Traum, dass nach drei Behandlungen der Kosmische Mensch vor euch steht. Es gibt eben viele Eventualitäten, viele Irrungen und Aspekte, die ihr bedenken müsst. Vielleicht schwebt hier draußen, außerhalb der Skizze, noch ein Teilchen, das hartnäckig auf Heilung wartet und sich auf dem oben gezeigten Bild sogar außerhalb des Blattes befindet.

Elyah möchte uns dieses Prinzip nun noch auf einer anderen Ebene verständlich machen:

Es geht bei der Befruchtung einer Eizelle um genau das gleiche Prinzip. Das Innere ist die Eizelle, das Äußere sind hier die Spermien (die Blasen um das Feld herum), sie kommen alle an ihr Ziel, jedoch nur eines kommt durch die Membran bis in die Mitte, bis an den Kern der Eizelle. Die anderen reihen sich außen um die Eizelle, und damit haben wir wieder das gleiche Bild wie oben gezeigt, das ist deine erste Erinnerung, wenn du in die Inkarnation gehst. Das heißt, der Außenkontakt ist nicht mehr möglich, die anderen Anteile deiner Selbste können sich nicht mehr verbinden, und du erlebst zum ersten Mal Misskommunikation. Das ist genau das gleiche Bild, nur auf der biologischen Ebene.

Natürlich sind im Spermium und in der Eizelle alle Bestandteile enthalten, und es findet in der Eizelle eine Vermischung der DNS statt, ein neues Leben entsteht, es bildet sich ein Zellhaufen, und der Fötus beginnt zu wachsen. Es wäre jedoch sinnvoll, wenn eine Begegnung aller Zellen stattfinden könnte und die Mutterzelle (Eizelle) sich in Absprache mit allen Samenzellen die Anteile aussuchen könnte, mit denen sich dieses eine Leben in seiner Vollkommenheit entwickeln könnte und nicht solch ein Konstrukt der Trennung erschaffen wird. Hier wird eine einzige Begegnung zugelassen, bei der es nur um die Erhaltung der Spezies geht und nicht um die Entwicklung der ganzen Art. Das, was wir da erleben, ist eine Wiederholung des Blitzes von Karon, tausendfach auf der Erde jeden Tag. Das sage ich euch, damit es einmal deutlich wird, welche Tragweite dahinter steht.

Die Medizin geht davon aus, dass alle Spermien identisch sind. Das sind sie jedoch nicht, woher will sie das wissen? Schon alleine in der Frage, ob es ein Mädchen oder ein Junge wird, ist ein Unterschied gegeben. Ihr könnt euch als Eltern nicht entscheiden, ob ihr ein Mädchen oder einen Jungen wollt. Es wird heute versucht, das über eine Zentrifuge hinzubekommen, weil weibliche Spermien leichter sind als die männlichen. Wenn jedoch zum Beispiel sechs Spermien in die Eizelle eindringen könnten, könnte die Seele wirklich selbst entscheiden, welches Geschlecht sie in dieser Inkarnation wird. Das Engel-Ich könnte diesen Wunsch der Seele umsetzen und als männliches, als weibliches oder als androgynes Wesen inkarnieren. So, wie jetzt, ist aber keine Entscheidungsmöglichkeit gegeben, es liegt nur daran, wer ist schneller. Zufall!?

Die Seele ist nicht der Regulator dafür, ob du als Mann oder als Frau durch das Leben gehst, deine Seele entscheidet sich „nur" dafür, ob du Mensch wirst oder nicht. Erinnert euch an die ersten Durchsagen von Elyah: Der Seele ist es egal, denn es ist nur ein Gen-Unterschied zwischen Mann und Frau. Das war schon der Hinweis darauf: Hört auf mit diesem lächerlichen Kleinkrieg zwischen Mann und Frau. Wichtig ist: Du bist Mensch, und noch wichtiger: Du bist Kosmischer Mensch, – deine eigentliche Bestimmung, die dir von deinen Ureltern aus der Zeit von Atlantis mitgegeben wurde.

In diesem Sinne gebt ihr durch die Kosmische Lebenstherapie dem Engel-Ich die Chance zu einer neuen Geburt. Das ist ein wahrhaftiger Prozess von Rebirthing.

Magnetische Wirbel

Beim Licht des All-Einen, dieses ist Janet, die zu euch spricht, und ich möchte euch eine Geschichte erzählen aus den alten Zeiten von Atlantis, die sich in den Ebenen der Rhianis abgespielt hat. Hört mir zu, was ich zu sagen habe:

Die Rhianis lebten in den Wäldern, in den Gebieten der kristallinen Wälder, in einer Art Höhlen, die sehr komfortabel waren. Die Rhianis hatten ein hohes Bewusstsein und setzten sich hauptsächlich mit Energien auseinander, um diese den Bedürfnissen in den verschiedenen Gebieten der Erde anzupassen, sie einzuspielen und zu verändern. In diesen Zeiten gab es auch sehr viele und starke energetische Stürme, bedingt durch die Achsenlage von Gaia. Und diese magnetischen und energetischen Stürme waren auch notwendig, um die Erde in der Form zu gestalten, wie sie sich jetzt darstellt. So ein energetischer Sturm hatte nichts mit Zerstörung zu tun, sondern mit der Transformation und dem Transport von Energie. Wenn ihr euren Planeten Jupiter betrachtet, seht ihr zum Beispiel einen großen Wirbelsturm, der das rote Auge des Jupiters genannt wird. Elyah nennt dieses den Transponder von Jupiter. Wie kann so ein Sturm nun ein Transponder sein? Indem er Energien aufnimmt, transformiert und dann wieder abgibt. Diese Stürme wurden durch das magnetische Feld in Zusammenarbeit und Kommunikation mit dem Transponder von Poseidonis erschaffen, um den sich eine Art energetischer Wirbelsturm entwickelte, der die Erde dann umkreiste bis zum Gebiet der Shoumana, wo er seine Energie und Information dann abgegeben hat.

Oder ein anderes Beispiel: Man brachte die Energie der Information zu den Lemurianern, diese hatten heilige Pflanzen, die diese Energie empfingen, und die Lemurianern gingen dann in die Kommunikation mit den Pflanzen und erhielten so die Information. Die Lemurianer nannten diese Pflanzen Mapo Bäume, später entwickelten sich daraus die Bandon Trees. Du findest diese Bäume in vielen tropischen Gegenden, und es ist jener Baum, unter dem Buddha seine Visionen erhalten hat und erleuchtet wurde. Und deswegen sind diese Bäume auch heute noch heilig. Diese Mapo Bäume empfingen den magnetischen Sturm, also die Botschaft, und gaben sie weiter an die Lemurianer. Diese gingen dann zu ihren heiligen Plätzen, wie zum Beispiel dem schlagenden Herzen von Mu, und spielten diese Energie in die Turmalinebenen ein. Das ist wiederum ein Beispiel, wie Kommunikationsketten in der damaligen Zeit funktionierten. Diese magnetischen Stürme, – und das ist auch der Grund, warum ich euch diese Geschichte erzähle –, sind nach dem Untergang von Atlantis außer Kontrolle geraten und sind es heute noch. Nach der Zerstörung dieses Transpondersystems wurde dieser magnetische Sturm geteilt und aufgesplittet in kleine „Windhosen". Die Achse von Gaia hatte sich gedreht, weshalb diese Einzelteile nicht mehr zusammenfinden konnten und unbekannte und auch unbegründete Turbulenzen verursachen. Und sie verwenden die Informationen aus dem Morphogenetischen Feld in unserer ungeheilten Dualität, um

Teile einer Information der Kommunikation aufzunehmen, einzubringen und zu verstreuen. Aber, und das ist wichtig, sie geben nur Bruchstücke der Information weiter. Das ist ungefähr so, als ob du eine SMS bekommst, und da steht drinnen: Hallo, ich bin so blau auch wert Untergang Tag. Und das ist eine Turbulenz der Missinformation und der Misskommunikation als Folge der Zerstörung des Transponders von Poseidonis. Der Körper wertet jedoch nicht und nimmt über sein riesiges Organ der Haut alles auf, bekommt aber laufend diese Misskommunikation eingespielt. Ich gebe euch ein Beispiel: Hallo, ich bin grünes Gras Dinosaurier. Und der Körper macht daraus: Ich bin ein grüngrasiger Dinosaurier. Das war nicht die ursprüngliche Information, der Körper hat sie aber für wahr genommen und versucht, diese auf der Ebene der Organe in die Realität zu bringen. Und das ist die klare Form eines Missverständnisses. So versucht auch das Engel-Ich, das vom Thymus beschützt wird, diese Teilinformation für Wahrheit zu halten. Der Thymus hat zwar irgendwie die Vorstellung: Das ist nicht die Realität, aber der Körper nimmt diese Botschaft als Information an, denn er muss ja irgendwas an Information aufnehmen. Das ist ein lemurianisches Erbe, das er in die Realität umsetzen möchte. Hier einige Beispiele für Misskommunikation:

- Ich habe Brustkrebs bekommen, weil ich durch mein Leiden die Welt erlöse!
- Ich muss bestimmte Dinge essen, weil mein Körper diese benötigt, um gesund zu sein!

- *Ich kann nur Mantren verwenden, um mein Bewusst-sein in einer lichten Weise zu erhöhen.*

Versteht ihr, es klingt wunderbar, aber das sind alles Missverständnisse und Misskommunikationen, und der Körper versucht, diese in die Realität umzusetzen. Ich möchte das Beispiel herausgreifen: Ich muss etwas Bestimmtes essen, um in ein höheres Bewusstsein zu gelangen. Das bedeutet, wenn ich dann etwas anderes zu mir nehme, weil ich vielleicht einmal Lust auf ein Stück Kuchen habe, dann reagiert mein Magen darauf und sagt: Oh, diese Nahrung ist nicht gut für mich und macht Probleme! Das Engel-Ich erschafft eine sich selbst erfüllende Prophezeiung. Und der Mensch sagt dann: Es ist genau so, wie ich es gesagt habe, hier habe ich nun den Beweis dafür. Und so funktioniert Misskommunikation. Sie verursacht kleine magnetische Wirbel, die Teilinformationen des Morphogenetischen Feldes in sich tragen. Diese fließen dann über die Welt und umkreisen sie immer und immer wieder.

Um diese lange Geschichte in Kurzform wiederzugeben: Die Menschen können dieses Set der zwölf Nuggets für sich selbst verwenden, um einen eigenen kleinen „Partikelsturm" in ihrem aurischen Feld zu errichten. Dieser bleibt bei dem Menschen stabil und bringt die Einzelteile von Information in die richtige Form zusammen. Du brauchst dazu den violetten, den silbernen, den smaragdgrünen und den apricotfarbenen Nugget. Du legst sie im Kreis um dich, der violette steht auf der Position zwölf, und du legst den Körper in dieses Feld. Das reicht, und dann entwickelt sich dieser kleine magnetische Wirbel aus deinem Thymuschakra. Der zweite Aspekt dabei ist, dass du deinen Thymus damit aktivierst. Du musst in diesem Feld für eine halbe Stunde verweilen, also eine gute Gelegenheit für eine Pause in deinem Alltag, und dabei Musik hören. Dieser kleine magnetische Wirbel bleibt für ungefähr vier Wochen stabil, dann musst du die Übung wiederholen, und das alle vier Wochen, wenn du diese Wirkung erreichen möchtest.

Der magnetische Wirbel um einen Menschen herum ist nicht mit einem Schutzschirm zu verwechseln. Der Mensch empfängt sehr wohl noch die Fehlinformationen aus dem Morphogenetischen Feld, kodiert sie aber in eine richtige Form, setzt sie sozusagen in richtiger Weise zusammen, damit der Körper sie dann auch richtig nehmen kann. Dieser Wirbel schirmt nicht ab oder beschützt den Menschen wie mit einem Filter, sondern bringt die Informationen somit in die richtige Reihenfolge, wie ein Computerprogramm, das eine beschädigte Datei wieder rekonstruiert. Die fehlenden Teile werden wieder ergänzt, oder aus einem Buchstabensalat wird wieder ein Text, und das hält genau achtundzwanzig Tage, so lange wie ein Zyklus des Mondes und der Frau.

Deva Maryd

Wir möchten jetzt eine Meditation mit euch machen, Geliebte, mit der großen Deva Maryd, die in einem Fjord in Dänemark steht. Stellt euch vor, ihr steht an einer Steilklippe, und der Wind des Ozeans empfängt euch, spielt mit euch. Steht in diesem Wind und stellt euch vor, wie dieser Wind durch euch hindurchgeht, wie er alles fortweht, was schwer, drückend, schmerzhaft, vielleicht auch traurig ist.

Ihr müsst wissen, was die Winde auf Gaia ständig singen. Hört ihnen zu: Ihr könnt uns nicht binden, ihr könnt uns nicht festhalten, wir umstreifen wie eine zärtliche Liebkosung diesen Planeten mit unserem Wehen, mit unserer Kraft. Wir sind das Symbol der Erleuchtung. Wir sind das Symbol der Freiheit, und ebenso sind wir das Symbol des Wandels. Wir sind das Symbol des Hinwegtragens, und wir sind das Symbol der Freiheit. Spielt mit uns, mit dem Element des Windes. Und der Wind, der durch euch hindurchbläst, beginnt nun, euer Herzzentrum zu erfassen, beginnt, es weit zu machen. Und stellt euch vor, euer Herzzentrum ist ein riesengroßes Schiff, ein Windjammer, und seine Segel blähen sich nun unter diesem Wind auf, das Schiff nimmt Fahrt auf, und das Boot treibt über den Ozean der Zeit. Taucht nun ein, geliebte Seelen, in das Bewusstsein, dass ihr eine Essenz des Lichtes seid, hier auf diesem Planeten. Ein Boot, das wie auf einem Pfad den Ozean überquert, ohne Beginn und ohne Ende. Seid stolz darauf, dass ihr ein stolzes Schiff seid. Dieses Schiff bewegt sich auf dem Wind der Freiheit, die Segel weit gespannt. Du stehst auf der Klippe, und der Wind treibt dich voran. Der Ozean der Zeit führt dich zu jenen Tagen zurück, als die Wesen von Lemurien im Heiligtum des Tempels von MU die Schönheit der Natur dieses Planeten besangen. In der Ferne das Funkeln der Pyramide von Poseidonis. Sieh, wie du die Höhle betrittst, die Höhle der Wandlung, ausgehend von der Shoumana-Energie. Gefüllt mit Kristallen betrittst du diesen heiligen Ort, um das Ritual der Wandlung für dich zu vollziehen. Ein Ritual, das in deinem Volk immer und immer wieder vollzogen wurde, um sich anderen Schwingungen, anderen Formen anzupassen.

Und du betrittst diese Höhle und stellst dir vor, dass du deinen linken Arm hochhebst, wie wenn du diese Kristalle begrüßen wolltest. Und die Kristalle geben Antwort. Sie beginnen, in einem hellen Blau zu leuchten. Und nun geh in die Mitte der Höhle, und dort ist eine runde Stelle. Und alle Spitzen der Kristalle sind auf dich gerichtet und bestrahlen dich mit diesem lichtvollen Hellblau. Sei jetzt weit in deinem Herzen und vollziehe das Ritual der Wandlung in dieser Meditation.

Sieh zu, wie dein Körper die Form verändert, und sieh, wie du eine Möwe wirst, eine wunderbare weiße Möwe. Breite deine Flügel aus, erhebe dich und fliege aus der Höhle hinaus. Fliege hinaus in den blauen Himmel. Gib die Energie dieses Bildes in dein Herz hinein, erlaube deinem Herzen, frei zu fliegen, wie eine Möwe in die grenzenlose

Weite des blauen Himmels, erlaube dir, frei zu sein für die-
sen Augenblick der Meditation. Spüre den Wind unter dei-
nen Möwenflügeln, und durch das leichte Bewegen deiner
Federn veränderst du deine Flugrichtung, dein Steigen oder
dein Sinken. Und der Wind des Ozeans der Zeit braust in
deinem Gefieder. Du hast Freude an diesen Turbulenzen.
Gekonnt spielst du mit dem Wind und lässt ihn mit deinem
Körper spielen. Alle dein Sorgen, alle deine Muster und
Bewertungen sind weit weg, jetzt, in diesem Augenblick,
in diesem Moment. Sie haben nichts mit dem Jetzt zu tun.
Alle die Bewertungen über die Ergebnisse deines Verhal-
tens schwinden dahin. Sie sind nicht wichtig, nicht jetzt.

Jetzt ist die Zeit der Transformation, und du als Möwe
hast nichts mit dem menschlichen Leid zu tun. Erhebe dich
zum Himmel, schau auf die Sonne und versuche, sie zu
erreichen. Steige höher und höher, bewege deine Flügel.
Sei getragen von diesem Wind der Veränderung. Und am
Horizont siehst du einen Engel stehen, mit seinen Füßen
am Meeresgrund, und die Möwe beginnt zu singen, wie
eine Nachtigall, nicht wie eine Möwe. Das ist der Gesang
deiner Seele. Und der Engel beginnt zu lächeln, denn er
hört die Stimme deiner Seele. Hör zu, auch du hast die
Stimme eines Engels. Wenn deine Seele durch dein Le-
ben singt, durch deinen Körper, lebst du deine Segnun-
gen, dann bist du der verkörperte Segen!

Lerne, die Energie deiner Seele nun durch deinen
Körper fließen zu lassen, indem deine Seele innerlich zu

singen beginnt. Dieser Gesang trägt sich fort in dein auri-
sches Feld. Dieser Gesang erhellt, erleuchtet deine Flug-
bahn durch diese Inkarnationen. Und erwarte, dass die
Engel um dich herum antworten. Sie werden es tun.

Und so sage ich dir: Sei auf deinem Pfad der Heilung.
Jetzt ist der Moment gekommen, deine innere Traurigkeit
abzulegen. In Form einer Möwe fliegst du am blauen Him-
mel entlang in diese tiefe Freiheit, die du dir wünschst. Die
Verletzung deines Gefühls, das Nichtverstehen, hat dich
blockiert. Jetzt, in diesem Augenblick, heile! Leide nicht
mehr länger. Sei frei!

Und dein Herz hat ein Fenster, öffne es, lass den Wind
hinein, du hast so viele Schätze in deinem Herzen. Die
Zeit hat den Staub darauf gesenkt. Öffne das Fenster und
lass den Wind hinein, damit er den Staub aufwirbelt und
von diesen Schätzen wegträgt, damit sie im Licht deiner
Seele wieder leuchten dürfen. Funkeln und strahlen sollen
sie.

Schätze locken Diebe an. Doch je mehr deine inne-
ren Schätze bestohlen und beraubt werden, desto mehr
wachsen sie nach. Erkenne, Liebe vermehrt sich, wenn
man sie gibt.

Halte nichts fest, denn das, was du festzuhalten ver-
suchst, wird entfliehen. All das, was du loslässt, kehrt zu
dir zurück!

Und die Möwe träumt im Flug an dem blauen Himmel, der Freiheit ist. Der Engel lächelt dir zu, und dieses Lächeln ist überirdisch schön, ein Lächeln, das deine Seele wärmt.

Du bist hungrig? Komm und iss! In zwei Händen hält die Deva ein Nest, das Nest einer Möwe. Fliege zu diesem Nest, geh in dieses Nest hinein und schau dich um. Es ist gemütlich dort, bequem und warm. Und der Engel beschützt dieses Nest mit seinen Händen. Schau über den Rand hinaus, dieses Nest liegt über den Dingen. Deine Seele ist immer über den Dingen. Lerne es, geliebte Möwe, die Dinge aus einer höheren Warte zu betrachten. Von dort aus kannst du dich jederzeit erheben. Der Engel, ein Symbol deiner Spiritualität. Sei eingeschlossen in diesen wunderbaren Kosmischen Plan.

Diese Deva ist von der Qualität her sehr mutig und kühn. Das Besondere an dieser Deva ist, dass sie acht Arme hat, so, wie manche indische Göttinnen. Sie heißt Maryd, und ihre acht Arme haben eine Bedeutung:

Mit zwei Armen hält sie ein Lichtrad und webt damit die Energien der zwölf Kosmischen Sternentore in das Rad hinein.

In zwei Händen hält sie ein Nest, und in diesem Nest sind junge Möwen. Diese Möwen sind das Sinnbild für unsere Gefühle. Das Nest in ihren Händen bedeutet das freie Fliegenlassen, das Loslassen der Gefühle.

In einer weiteren Hand hält sie einen menschlichen Kopf. Es ist ein lebendiger Kopf, und aus seinen Augen fließen Tränen. Diese Tränen fließen, weil der Mensch seine Bedeutung nicht versteht. Dieser Kopf ist auch ein Sinnbild für unser Gehirn und somit auch für unser mentales Feld.

In der anderen Hand trägt sie ein Tragetuch mit einem Säugling, und dieser Säugling hat keinen Kopf, die Deva ist der Rumpf dazwischen. Also ist sie das verbindende Glied.

Dieses Tragetuch mit dem Säugling steht für unser Gefühl, dass wir nicht erwachsen werden, erwachsen werden im Sinne von Elyah, im Sinne des Kosmischen Menschen.

Diese Darstellung, in der einen Hand der Kopf, in der Mitte die Deva als Rumpf und in der anderen Hand das Tragetuch mit dem Säugling, zeigt die momentane Situation der Menschheit, also ihre Zerrissenheit.

Die letzten zwei Hände der Deva sind segnend auf das Meer gehalten. Darüber fließt ihre Energie wie ein goldgelbes Licht in das Meer hinein auf den Meeresspiegel und wird von dort in das Universum zurückreflektiert. Das stellt das Prinzip der Fülle dar.

Das Interessante ist, dass das verbindende Prinzip

zwischen Kopf und Rumpf diese Deva ist. Sie ist auch ein Symbol für unsere Spiritualität, wobei alle Energien im Moment noch über diese Ebene eines sehr hohen Bewusstseins laufen müssen. Sie ist wie ein Ersatz, ein Stellvertreter dafür, dass wir unsere Energien des Geistes und der Seele nicht in die Materie bringen. Das Seelenprinzip, das Prinzip der Geistigen Welt, ist Erleben in Vollmacht und Fülle. Das sind die zwei Seiten der geheilten Dualität. Fülle ohne Vollmacht ist nichts, aber genauso wenig Vollmacht ohne Erfüllung. Das ist das Manko der ungeheilten Dualität. Wenn ich nach geistiger Fülle strebe und nicht gleichzeitig nach geistiger Vollmacht, kommt mein System in ein Ungleichgewicht. Das heißt: Ich erzeuge über meine Spiritualität ein Ungleichgewicht! Und dieses gilt es auszuheilen, um aus der spirituellen Bewusstseinskrise herauszukommen, die Fülle und die Ermächtigung anzunehmen und meine Dualität in den Frieden zu bringen. Dafür wurde uns das Konzept der Schwingungsmedizin gegeben: um das Kosmische Leben zu initiieren!*

---

* siehe Coverbild

Anregungen von Elyah zu einer veränderten Lebensweise

Wie wir schon erwähnt haben, zerstört Dogmatismus jegliche Kommunikation, denn es gibt nicht **den** einen Lehrsatz und **die** wahre Form, es gibt deren tausende auf dieser Erde, und es wäre vermessen, den einen über den anderen und sich damit über oder unter jemanden zu stellen. Alles ist mit allem verbunden und gibt jederzeit Antwort.

Gaia ist die Repräsentantin der Fülle. Schaut euch ihre Landschaften an, die verschiedenen Klimazonen, die Schönheit der Landschaften von den Wüsten über die tropischen Wälder bis hinauf zu den Hochgebirgszonen und den Weltmeeren: Es ist eine absolute Fülle vorhanden. Wir aber kommunizieren nicht mit der Fülle, also preisen wir den Mangel. Und wehe, dieser Mangel wird uns weggenommen, dann ist überhaupt keine Kommunikation mehr vorhanden, und das wäre der Tod. Und auch das soll nicht zu einem Dogma erhoben werden, es soll nur unsere Situation beschreiben und uns zum Nachdenken anregen, uns ermutigen, wieder in das Leben zu treten und damit die Fülle anzuerkennen und zum Ausdruck zu bringen.

Ein Prinzip dieser Fülle oder des Mangels zeigt sich im Umgang mit Energie. Gaia stellt sie uns zur Verfügung, genug, dass alle Bewohner dieser Erde ihr Auskommen damit haben könnten. Doch auch hier herrscht das Prinzip des Mangels und der Ausbeutung, und daraus erklärt sich die Situation, in der wir uns befinden.

Elyah sagt dazu:

*Ihr solltet dazu übergehen, darüber nachzudenken, nicht **dass** ihr Strom nutzt, sondern, **wie** ihr den Strom nutzt. Die Lichtionen einer Glühbirne zerstören genauso wie das Schwingungsfeld der Mikrowelle. Ihr setzt euch permanent diesem Energiefeld aus und seid euch dessen nicht bewusst, wenn ihr es aber in dem Bewusstsein tut, dass dieses elektrische Licht genauso ein Symbol der Quelle allen Seins ist, wird sich der Körper in diesem Licht baden, in der Erinnerung an die Quelle. Und dann wird es dem Körper zuträglich sein. Es ist eine Frage des bewussten Seins, des bewussten Umgangs mit den Dingen und Umständen, die euch umgeben.*

Genauso sollten wir uns darüber Gedanken machen, wie wir den Strom produzieren. Elyah befürwortet die Erdkernbohrung, aber nicht in dem Sinn, wie sie heute gemacht wird, weil das die eigentliche Matrix dieses Planeten zerstören würde, genauso, wie es bei den Bohrungen nach Erdöl geschieht.

Nutzt die Quellen von Gaia, ihr müsst tiefer bohren! Und presst nicht das Wasser zwischen heiße Steine und lasst dieses dann hochkommen, sondern es gibt in der Schicht zwischen glühendem Gestein und flüssigem Gestein sogenannte Erdkammern, das sind höhlenähnliche Gebilde. Diese Höhlen sind mit Gas gefüllt, das dieses flüssige Gestein von sich gibt. Bohrt diese Kammern an, lasst das Gas entweichen und nutzt es für circa zehn Jahre, um damit zum Beispiel eine Zündung zu erzeugen. Damit heizt ihr Wasser auf und leitet den erzeugten Dampf über eine Turbine, und so habt ihr wunderbar Strom erzeugt. Aber bevor das Gas zu Ende ist, füllt diesen Hohlraum mit Wasser auf und macht dann an anderer Stelle weiter. Es gibt Stellen in Europa, wo über solch ein Erdwärmekraftwerk gesamt Nordeuropa mit elektrischem Strom versorgt werden könnte. Bitte hört auf, an Monopole zu denken, das ist ganz wichtig, denn Energie kennt keine Grenzen. Also nicht denken: Es wird in Deutschland produziert, also dürfen die Norweger und die Finnen den Strom nicht haben, sondern es ist eine Produktion von Gaia.

Elyah ruft uns auf, damit kein Geschäft zu machen. Wir sollen für den Strom schon auch bezahlen, aber nur so lange, bis die Produktionskosten für dieses Kraftwerk wieder herausgewirtschaftet sind. Und dann trägt sich dieses selbst, und das ist eine Form von „Freier Energie", und jeder darf diese Energie dann auch benutzen. Hier darf es dann kein Eigentumsrecht im klassischen Sinn geben.

Der eigentliche Lebenszyklus ist der Kreis, und nicht das Quadrat oder das Rechteck. Also wäre es sinnvoll, sagt Elyah, wenn wir dazu übergehen würden, unsere Lebensumwelt „runder" zu gestalten. Von eckigen Häusern weg, mehr zu runden Formen, denn dieses entspricht unserer Lebensform eher. So wie es uns viele Naturvölker in ihren Bauten vorgemacht haben. Die Iglus der Inuit sind wie eine Halbkugel geformt, die Tipis der Ureinwohner Nordamerikas sind rund, viele der Lehmbauten in Afrika folgen dem gleichen Prinzip, und eine Jurte der mittelasiatischen Nomaden kennen wir auch nur in kreisrunder Form, und diese Liste ließe sich noch lange fortsetzen. Die Würfelform oder die Kastenform entspricht nicht unserem Ursprung, und daher dient sie auch nicht unserem Wohlbefinden. Nach Elyah wäre es sinnvoll, jetzt unsere Häuser kreisrund, also in Kugelform zu bauen wie ein Eierstock, und auch mit Gängen zu versehen, also verschiedene Kugelbauten, die mit Gängen untereinander verbunden sind. Da würden wir Menschen viel mehr an unsere Sternenherkunft erinnert werden, denn es gibt im Zentrum der Magellanischen Wolke ein Sternensystem, das ähnlich aussieht wie eine Gebärmutter mit Eierstöcken. Und von dort kommt eigentlich diese unsere Matrix her.

Der folgende Text stammt aus einem Lied der Poesie und Musik und beschreibt dasselbe aus der Tradition der Ureinwohner Nordamerikas:

Ihr werdet bemerken, alles, was ein Indianer tut, geschieht in Kreisläufen, und zwar deshalb, weil alle Kräfte des Himmels und der Erde auch in Kreisen wirken, und weil alle Dinge versuchen, rund zu sein. In den alten Zeiten, als wir eine starke und glückliche Nation waren, schöpften wir alle Kräfte aus dem Ring des Volkes. Und so lange der Ring unverletzt war, gedieh das Volk. Und der blühende Baum war der Mittelpunkt des Kreises, und der Kreis der vier Windrichtungen nährte ihn. Der Osten brachte den Frieden und das Licht, der Süden die Wärme, der Westen den Regen und der Norden mit seinen kräftigen Winden die Stärke und die Ausdauer. Wir wissen davon, weil unsere Überlieferungen uns von jener äußeren Welt erzählen. Alle Kräfte der Welt wirken in Kreisen. Der Himmel ist rund, und, wie ich hörte, ist unsere Erde rund wie eine Kugel und ebenso alle Sterne. Wenn der Wind am heftigsten weht, bildet er runde Wirbel. Und die Vögel bauen ihre Nester kreisrund, denn sie haben die gleiche Religion wie wir. Die Sonne geht in einem Kreis auf und wieder unter, der Mond macht es ebenso, und beide sind rund. Sogar der Wechsel der Jahreszeiten bildet einen großen Kreis und kehrt immer wieder dorthin zurück, wo er begann. Das Leben der Menschen ist ein Kreis, von der Kindheit zur Kindheit und so ist es mit allem, worin sich die Kraft der Welten regt. Unsere Tipis waren rund wie die Nester der Vögel, und sie waren in einem Kreis aufgestellt, dem Ring des Stammes, einem Nest aus vielen Nestern, worin nach dem Willen des Großen Geistes unsere Kinder geboren werden sollten.

Das Symbol des Weißen Mannes ist das Viereck. Viereckig sind seine Häuser, und viereckig sind seine Banknoten, viereckig sind seine Büroräume mit Mauern, die Menschen voneinander trennen, viereckig ist die Haustür, viereckig ist das Gefängnis. Viereckig sind alle Dinge des weißen Mannes, Kisten und Schachteln, Radios, Waschmaschinen und Computer, sie alle haben scharfe Kanten.

Das Erbe von Aldebaran, die Kreise in den Kreisen, die alle rund sind, spiegelt sich in dieser Beschreibung, und Elyah lädt uns ein, uns auch an dieses Erbe zu erinnern und es zu unserem Wohl zu aktivieren! Elyah sagt, es ist wichtig, Lebensräume zu erschaffen. Häuser sollten Lebensräume sein, keine Prestigeobjekte, weil du dann nur noch für das Haus da bist, für dessen Erhaltung, und es nicht dein Lebensraum ist, in dem du dich wohlfühlst. Die moderne Architektur mit all dem Glas und den scharfen Kanten hat sicherlich ihre Reize. Die Menschen, die dort leben müssen, sehnen sich jedoch nach kürzester Zeit nach Geborgenheit und Atmosphäre, die durch diese Bauweise nicht erzielt werden können. Nachträglich versucht man dann durch Stoffe und andere Elemente, Gemütlichkeit zu erschaffen. Elyah sagt, das ist widernatürlich. Jedes Tier hat seine Höhle, und auch jeder Mensch braucht seine Höhle, aber für viele von uns sind Häuser nur eine Sache des Prestiges. Je größer, desto besser und je moderner... Aber was der Mensch braucht, ist eine Form von Gemütlichkeit, und dazu müssen wir zurückkehren. Dieses Wort ist zwar nicht mehr modern und wird sogar als negativ betrachtet, wir brauchen es jedoch, weil der Mensch sich in seinem Heim „wohlfühlen" muss. Er muss sich selbst fühlen können, es muss warm sein, weich sein, es muss kuschelig sein, es muss gemütlich sein, das ist ganz wichtig für sein Emotionalfeld und somit für sein Gesamtbefinden. Wir brauchen das in Erinnerung an den Mutterleib, wo es warm, weich, kuschelig ist und gedämpftes Licht vorherrscht. Das ist sehr, sehr wichtig, denn sonst entwickeln wir uns nicht in Gesundheit und Harmonie.

Elyah sagt, es ist wichtig, dass wir unser Bewusstsein dahingehend verändern, damit wir in uns selbst als Mensch auch zu Hause sind. Das ist das erste Haus, das wir haben, der innerste Kreis um uns. Und dieses Haus sollten wir nicht von außen gestalten lassen, sondern von innen heraus, damit wir uns in diesem Haus (in unserem Körper) wohlfühlen. Und wenn ich im pinkfarbenen Höschen herumsitzen wollte, könnte ich das tun. Das ist wichtig! Und dass wir nicht sagen: Das Türkis von dem ist aber unmöglich! Sondern, wenn dieser Mensch sagt, er braucht Türkis, und das ist für ihn richtig und schön, dann ist es für ihn richtig und schön, und ich enthalte mich da jeglicher Bewertung, denn auch das verursacht Misskommunikation im Körper und in der Folge Zerstörung in unserer Körpermatrix. Unterwerft euch nicht dem Diktat und der Manipulation der Mode; auch wenn es für Männer im Moment schick ist, alle Formen von Grau zu tragen, findet die Farben, die euch gut tun und eurem Körper Wohlbefinden vermitteln.

Leider ist ein wichtiger Aspekt der nicht geheilten Dualität auch, dass es uns nicht gelingt, wirklich und endgültig zufrieden zu sein! Wir denken immer, eine endgültige Zufriedenheit sei wie eine Nulllinie, sei der Tod. Nein, das ist erst der Beginn der Evolution nach oben. Darum, sagt Elyah, war es für Buddha so wichtig, diesen Zustand von Nirwana zu erreichen, den Zustand vollkommener Zufriedenheit. Nicht die Auflösung ist das Ziel, sondern das ist erst der Beginn. Buddha hat sich dann von dort aus erst zu dem Kosmischen Wesen entwickelt, das er heute ist. Das ist der Beginn, und dieser ist absolut wichtig, und zwar für uns alle. Wir setzen über unsere Ernährung den Körper nicht in eine Befriedigung, sondern wir präsentieren ihm einen permanenten Mangel, weil auf das Essen eine Phase der vermeintlichen Befriedigung erfolgt, aber dann entsteht wieder Hunger. Und dieses Prinzip ist symptomatisch, – auch emotional, mental und spirituell.

Wesen aus der Geistigen Welt sind der Ansicht, dass Ernährung eine Fehlkonstruktion ist. Sie gehen von einer ganz anderen Welle, von einer ganz anderen Ebene aus. Auf einer hohen spirituellen Basis zerstören wir eigentlich mehr in uns, als dass wir uns ernähren. Ein Salatkopf wächst nicht deswegen, damit wir ihn essen. Er wächst aus sich heraus, um sich zu vermehren und seine Art zu erhalten. Und wir bringen ihn schlichtweg um, indem wir ihn essen. Wir schaffen es jetzt in der Trennung der nicht geheilten Dualität nicht, uns durch Lichtnahrung zu ernähren. Das ist ein Riesenproblem. Dieses Wissen um die Lichtnahrung wurde uns in dieser Zeit der nicht geheilten Dualität gegeben, damit wir uns dorthin entwickeln. Noch brauchen wir Ernährung. Die Geistige Welt versucht einfach durch ihre Arbeit, uns immer mehr in diesen Gedankenkreislauf hineinzubringen. Es geht nicht darum, ein schlechtes Gewissen zu bekommen, weil wir essen – auf gar keinen Fall. Aber es geht darum, offen zu sein für andere Wege, und das nimmt den Druck und den Mangel heraus. Und noch etwas: Wir sollten bewusster essen. Worauf habe ich heute Lust? Was benötigt mein Körper an diesem Tag? Was möchte ich jetzt essen? Und nicht einfach sinn-los in sich hineinstopfen, sondern auch hier bewusst mit unserer Umwelt umzugehen, wie bei allen Dingen des Lebens.

Misskommunikation im Körper ist nicht ein rein spirituelles Problem, sagt Elyah. Misskommunikation ist ein Problem, das genauso unsere Organe, unsere Gedanken und unseren Lebenszyklus betrifft. Es wäre sinnvoll für eine Frau, erst im Alter zwischen 50 und 70 Jahren zu gebären. Weil sie dann Erfahrung hat und die nötige Reife. Dann hat sie die Ruhe, dann hat sie die Kraft. Wir gehen davon aus, dass ein Leben mit 70 bis 80 Jahren endet, aber das ist nicht so, auch wenn die Matrix es uns vor Augen hält. Ein Mensch ist mit 50 oder 60 Jahren in der Jugend seines Lebens und nicht in einem hohen Alter. Wir haben hier eine völlige Misskommunikation mit unserem Körper. Das ist falsch. Dieser Prozess des Altwerdens ist nichts weiter als eine Misskommunikation. Die Meinungen, dass die zelluläre Teilung nachlässt, dass die Haut schlaffer wird, die Muskulatur sich zurückbildet, das Gehirn seine Leistungsfähigkeit verliert, und so weiter, sind alle eine Folge dieser Misskommunikation mit unserem Körper. Und wir versuchen über weitere Misskommunikationen, diese Prozesse aufzuhalten, wie zum Beispiel mit Schönheitsoperationen und dem Unterspritzen mit Botox. Das ist ein großes Problem, weil dieses grundlegend falsche Wissen über unseren Körper bereits im Morphogenetischen Feld verankert ist und die Menschen versuchen, das auf ihre Art und Weise umzusetzen, indem sie dann anfangen, an ihrem Körper herumzuschnipseln und ihn so den Schönheitsidealen anzupassen.

Elyah sagt, dass wir auch die Intensität und Vielfalt der Geräusche um uns herum senken sollten, denn über Geräusche wird sehr stark manipuliert. Überall werdet ihr berieselt mit Musik und anderen Tönen. Das ist gefährlich, weil dadurch noch mehr Missinformation gestreut wird. Zum Beispiel wird über Musik auch das Kaufverhalten geregelt. Wir sollten uns dem auch, wenn möglich, entziehen. Wenn ihr eine längere Einkaufstour macht, steckt euch einen MP3-Player ins Ohr mit Meergeräuschen, mit dem Gesang von Vögeln oder anderen Geräuschen aus der Natur und geht frei durch die Geschäfte, ohne euch beeinflussen zu lassen.

Misskommunikation ist so etwas wie ein Unglücksfall und böswillig in unsere Entwicklung hineingegeben worden, Janet nennt es den „großen tiefen Einschlag" in unsere Körperform hinein. Wir sind gesteuert, misskommunikativ gesteuert, und es geschieht auch heute noch. Misskommunikation ist die größte Wunde auf diesem Planeten. Sie ist der Nährboden, auf dem nicht geheilte Dualität wächst. *Erkennt, dass aber auch die Kosmische Liebe, die in jedem von euch ist, in der Lage ist, diese Wunde zu schließen und zu heilen.*

Meditation zum Tempel des Herzens

Janet und Lady Nada

Geht in die Ruhe und Zentrierung, in die Verbindung mit eurem Hohen Selbst.

Und am Anfang von Allem-was-ist war Stille, meine Geliebten, dieses ist Janet, die zu euch spricht, und ich möchte euch einladen, in die Stille zu gehen. Und folgt meiner Stimme, sie kommt durch die Stille direkt zu euch, und ich möchte euch einladen zu einer Reise zu eurem inneren göttlichen Tempel. Das ist eine Meditation zu eurem Herzen. So möchte ich euch nun ein Bild zeichnen von eurem Herzen, von eurem inneren Zentrum, und so richtet nun euer gesamtes Bewusstsein aus auf diesen einen göttlichen Punkt, den ihr das Herzzentrum nennt.

Eine uralte steinerne Treppe, bewachsen und übersät mit den Zeichen der Zeit, führt hinauf zu einem großen Tor. Auf diesem Tor siehst du Zeichen und Figuren, Schnitzereien deiner Leben, die du hattest vor dieser Inkarnation. Dieses ist Nada, die zu euch spricht, und ich möchte euch bitten, betretet diese zwölf Stufen der Bewusstwerdung, der Bewusstseinsschritte, die hinausführen aus dem Stadium der Trostlosigkeit, hinaufführen zu dem Tor der Weite, ein Tor, das sich öffnen lässt durch einen Gedanken deines Geistes.

So betritt die Stufen, geh hinauf zu diesem Tor. Und es gibt kein Nein auf der Tür, nimm deine Hände und lege sie auf die Flügel dieser Tür, aber stoße sie nicht auf. Sei ausgerichtet auf dein göttliches Drittes Auge und erschaffe einen Gedanken der Öffnung von dir selbst. Lass deinen Gedanken zu deinen Händen fließen und erwarte die Öffnung des Tores.

Lady Nada: *Lange Zeit wurde dieses Tor nicht geöffnet, lange Zeit ist dieser Tempel in Vergessenheit geraten, die Kräfte der Erde und der Evolution überwucherten diesen Tempel, und doch wurde er nie zerstört, er war nur verschlossen, nur unentdeckt. Du bist angekommen am Tempel deines Herzens, und sieh, wie die großen Flügeltüren sich öffnen. Still und dunkel liegt ein bombastischer Säulengang vor dir.*

Janet: *Zwischen den Säulen fließt ein Fluss, es ist der Fluss der Zeit. Silbern funkelndes und glitzerndes Wasser, die Energie der Zeit. Und jede Säule ist eine deiner Inkarnationen. Komm und tritt ein, denn du bist Meister des Lebens. In dieser Ebene existiert kein physikalisches Gesetz. So tritt nun auf das Wasser in dem Fluss der Zeit. Schreite auf dem Wasser, barfuß.*

Lady Nada: *Sagten nicht die Weisen eurer Völker, dass ihr heiligen Boden barfuß betreten solltet? Es ist mehr, Geliebte dieser Erde, als ein Zeichen der Ehrerbietung, es ist die Kontaktaufnahme zum physischen Leib dieser*

Erde. *Jeder physische Schritt, den du auf dieser Erde tust, in deinem Leben, in all deinen Inkarnationen, soll ein Schritt der Energetisierung der Segnung dieses Planeten sein. Erkenne, Kind dieser Erde, dass du ein heilendes Bewusstsein bist.*

Janet: *Und auf jeder Säule befindet sich eine Fackel. Wenn du vorbeigehst, beginnen diese zu brennen, und durch das Anzünden der Fackeln beginnt der Tempel deines Herzens zu leuchten. Lerne, Kind des Kosmos, dass du in das Leben hineingehen musst, um es zu erleuchten und zu erhellen. Fliehe nicht vor dem Leben, gehe hinein ins Leben. Vertraue dem Leben. Erkenne, du kannst nicht auf Wasser laufen, doch jetzt tust du es. Jeder von euch, jede göttliche Seele, schreitet auf dem Weg der Zeit. Während du diesen Weg gehst, als Suchender des Lichtes, erhellst du diesen Raum. Und, wie eine chinesische Wahrheit sagt: Eine Reise beginnt mit dem ersten Schritt. Betrachte die Säulen und sieh, es sind Bilder und Gravuren auf ihnen. Jedes Bild erzählt dir eine Geschichte, und jedes Bild ist deine Geschichte, und: erkenne!*

Lady Nada: *Im Zusammenwirken der Bilder entsteht die Pracht des Tempels, nicht in den einzelnen Ornamenten, nicht in der einzelnen Farbgebung deiner Leben, sondern im gesamten Anblick entsteht ein Bild, eine Symphonie aus Form und Farben, ein Abglanz der Schönheit deiner Herkunft, nichts anderes beschreibt der Tempel deines Herzens, ein Heiligtum deiner göttlichen Natur. Schau* in den Fluss hinein, auf dem du gehst, du schaust durch den Fluss der Zeit hindurch, und unter dir entstehen Welten, Universen, Kosmen, und sie verglühen und vergehen unter dir. Alles folgt dem Rhythmus der Zeit in der Dualität. Erkenne, dass du darüberläufst, erkenne, dass du über den Dingen stehst. Aus der Tiefe der Zeit steigen Bilder deiner jetzigen Inkarnation empor, Bilder der Freude, aber auch Bilder des Schmerzes, Bilder der Zuversicht und Bilder der Hoffnungslosigkeit, Bilder der großen, großen Gnade, und Bilder der Verzweiflung.

Janet: *Erkenne, Wesen des Lichts, auch sie gehören zur farbenprächtigen Symphonie des Lichts in diesem Heiligtum der Göttlichkeit. Alle deine Umstände, alle deine Gegebenheiten des täglichen Lebens gehören ebenfalls zu diesem Tempel. Nach dieser Halle der Säulen trittst du in das Heiligtum, der Ort, an dem sich der Altar befindet.*

Lady Nada: *Tritt ein. Der Raum erfüllt sich mit Licht, und du erkennst, dass dieser Raum kreisrund ist. Im Zentrum dieses Raumes steht ein dreieckiger Altar. Der Kreis um das Dreieck, göttlicher Baustein der Dritten Dimension, die Darstellung des Sternensystems Sirius für das Kohlenstoffatom. Du betrittst diesen Raum, und er erhellt sich. Zwölf farbige Strahlen erhellen diesen Raum von einem Diamanten aus, der sich an der Decke dieses Raumes befindet. Und es herrscht Stille in diesem Raum, und du spürst in ihm die Gegenwart deiner Seele. Die Gegenwart des wunderbaren göttlichen Funkens, der du bist. Den*

Weg hast du zurückgelassen, die Halle der Inkanationen liegt hinter dir. Nun atme, trinke, schmecke die göttliche Präsenz deiner Seele.

Janet: *Und die zwölf Kosmischen Strahlen vereinigen sich und bilden einen zentralen Punkt auf diesem dreieckigen Altar. Der Raum wird erleuchtet von einem perlmuttfarbenem weißen Licht, und vor deinem inneren Auge beginnt die Erschaffung eines wunderbaren Tieres, das du Schlange nennst. In den alten Zeiten von Atlantis und Lemurien wurde diese Schlange die Uräusschlange genannt. Sie schimmert grün und golden, und zwei tiefblaue Augen sind auf dich gerichtet. Und die Schlange richtet sich auf und breitet ihren Nacken aus und schaut damit wie eine Kobra aus, die vor dir steht. Fühle weder Schmerz noch Angst, sie wird dich nicht angreifen. Höre auf die Botschaft: Ich bin die göttliche Kraft, der Fluss der Zeit hat mir viele Namen gegeben, ich nenne mich selbst Nephtis, und ich habe die Form einer Schlange gewählt, denn ich bin die göttliche Weisheit. Ich bin der zentrale Punkt deiner Seele. In den alten Zeiten gaben mir Menschen in verschiedenen Kulturen Huldigungen und Segnungen. Ich war eine Göttin in den alten Zeiten von Ägypten. Ich bin das Symbol der Heilung der göttlichen Äskulapnatter, aber ich bin genauso das Symbol des Bösen. Ich bin nicht gut, aber ich bin auch nicht schlecht. Ich bin die Kraft des ICH BIN. Ich habe meine Säule verlassen, ich bin von meinem Thron herabgestiegen. Ich komme zu dir, und ich komme zurück in die Dritte Dimension.*

Lady Nada: *Einst habe ich den Platz verlassen und bin geflohen vor dem großen Blitz der Zerstörung. Ich ruhte auf einer Säule vor der großen Pyramide von Poseidonis. Als ich die Vibration der Zerstörung in meinem Körper spürte, bin ich geflohen, doch nun kehre ich zurück, um meinen Platz bei dir einzunehmen, um da zu sein, als Energie deiner Seele. Mein Kuss bringt nicht den Tod, mein Kuss schenkt Erwachen, mein Kuss ist das süße Gift der Erkenntnis, so sprach ich in allen Kulturen. Mensch, erkenne dich selbst! Erkenne dich nicht in deinem Elend und Schmerz, erkenne dich in deiner Natur, erkenne dich in der Fülle deiner Möglichkeiten, erkenne dich in der Schönheit deines Seins. Und viele, viele von euch hatten Angst vor meiner Botschaft, und so trieben sie mich fort aus euren Geschichten der Heilung, aus euren Geschichten der Erkenntnis, und machten mich zu einem Symbol des Bösen. Erkenntnis ist für jene böse, die im Geiste der Manipulation, der Nicht-Liebe, sind.*

Janet: *Und so habe ich meine Energie in eine höhere Region gehoben, aber nun weiß ich, dass ihr wieder an den Toren von Atlantis steht. Und ich weiß, dass ihr ein neues Bewusstsein entdeckt und die Eroberung von Atlantis vorbereitet. Kinder dieses Planeten, göttliche Seelen, seid Eroberer von Harmonie und Licht! Ich gab meinen Kuss der Weisheit euren früheren Priesterinnen und Priestern, und sie empfingen Visionen.*

Lady Nada: *Verwundert es euch nicht, dass sie träumten und eine gläserne Stadt in den Wolken sahen, – Himm-*

lisches Jerusalem, Shambalah? Bilder, Metaphern?

Janet: *Für die Wiedererrichtung von Lemurien, dem Herzen von Atlantis.*

Lady Nada: *Und vor deinen Augen wandelt sich dieses Reptil in eine goldene Flamme, die über dem Altar schwebt.*

Janet: *Eine Flamme als Symbol des Geistes, erinnere dich. Und die Apostel erhielten als Symbol des Heiligen Geistes diese Flammen über ihren Köpfen. So gehe in den Kontakt mit der goldenen Flamme vor dir und schaffe eine Spiegelung dieser Flamme direkt in deinem Dritten Auge.*

Lady Nada: *Und vor deinen Augen entschwindet der Tempel, er löst sich auf wie ein Traum. Ob du sitzt oder liegst hier im Meditationsraum dieser Lichtinsel, und wir, Lady Nada, sagen dir: Erkenne, dass du dieser Tempel bist, auf deiner Stirn das Zeichen deiner Priesterschaft, deiner Erkenntnis, die goldene Flamme, der Kuss des Lebens, dessen Ausdruck du bist.*

Janet: *So gehe in die Nacht mit Stolz und gehe in die Nacht mit dem Segen der Nephtis. Mögest du begleitet sein durch die Zeit der Dunkelheit von den Engeln des Lichts. Möge dein Geist Ruhe erhalten in der Nacht, und möge deine Seele fliegen im ewigen Fluss der Zeit. Danke, dass ihr die Meditation gemeinsam mit uns gemacht habt, und danke für eure Zeit. Und zum Schluss möchten wir euch sagen: Es ist eine große Freude für uns und auch eine große Ehre, euch zu führen und zu begleiten. Seid gesegnet.*

Botschaft aus den Turmalinchroniken (Janet)

Und in der Einheit mit dem Licht, dieses ist Janet, die zu euch spricht, und es ist eine Ehre für mich, euch an diesem Abend zu dienen. Und ich möchte euch mit einer Botschaft aus längst vergangenen Zeiten dienen. Diese Botschaft wurde von den Shoumana gegeben und von den Lemurianern im schlagenden Herzen von Mu bewahrt. Eine Botschaft für euch, eine Botschaft des Erwachens, eine Botschaft, die euch Sicherheit gibt in dieser ungeheilten Dualität, in der ihr seid.

Die Pyramide von Poseidonis wurde von vier Drachenenergien geschützt. An jeder Ecke der großen Pyramide befand sich eine kleine Pyramide. Und bei jeder dieser kleinen Pyramiden waren Plattformen, und auf jeder saß ein Drachen. Vier Energien, die aus dem Kosmos kamen, behüteten und beschützten die große Pyramide von Poseidonis. Und wenn sich die Nacht herabsenkte, öffneten sie ihre Mäuler und spien Feuer, um diese große Pyramide zu beleuchten. Und, meine Geliebten, sie taten das für euch. In diesem Tun haben sie euch mit den Kräften der Elemente verbunden. Durch dieses Feuerspeien haben sie euch verbunden mit den Kräften der Elemente: dem Blau der Ozeane, dem Gelb des Sonnenlichts, dem wunderbaren Rosa des Sonnenuntergangs, dem Weiß des Schnees und der weiten Eisregionen dieses Planeten und der tausenden von verschiedenen Farben dieses Planeten, dem Grün des Dschungels, der Wälder und der Felder und Steppen, dem

Rot der Lava und der flüssigen Gesteine und dem tiefen Violett des Morgenhimmels an einem eiskalten Wintermorgen.

Diese Drachen gaben euch die Energie der Elemente, und sie gaben euch genauso die Energie der Lebensflamme in das Innere eures Herzens. Und von den Bergen klingt heutzutage das OM Shanti, und das bedeutet: Füttere die Flamme deines Lebens mit dem OM, Tag für Tag. OM bedeutet: Sei gesegnet, du wunderbares Wesen in der Lotusblüte, und Shanti bedeutet: göttlicher Frieden. Das sind die spirituellen Elemente, und diese sind nötig, um innerlich zu wachsen. Die Null ist Shanti und die Acht ist das OM, sei dir dessen bewusst. Verbinde dich mit der Null und steige in dein inneres Shanti. Die Zahl Acht bedeutet das OM, und das erhebt deine eigene Flamme! Und hört nun der Botschaft der Lemurianer zu, die sie für euch bewahrt haben, und dieses ist Janet, und ich lese nun für euch aus den Turmalinchroniken.

Hört Lafar zu, er war der Hüter des Wissens und der Weisheit, der die Zukunft sah: Und es wird eine Zeit geben, wo Atlantis nicht mehr existieren wird. Dann werden die Kinder von Atlantis sich auf einem kalten, für sie unwirtlichen Planeten befinden und herumirren. Und sie werden nach einem Pfad suchen, der sie zurück nach Hause, zurück nach Atlantis bringt. Und ich sage ihnen: Der Weg nach Atlantis ist innerhalb deines Herzens, der Weg nach Hause, das bist du selbst. Trage in deiner linken Hand den Stab der Macht und in deiner rechten Hand die Laterne deiner Seele. Dann gehe den ersten Schritt in die Dunkelheit, ohne etwas zu sehen. Der Weg nach Atlantis ist wie eine Treppe in den Himmel, du kannst das Ende nicht erkennen, aber in dir fühlst du das Ziel! Gehe diesen Weg, alle Bewohner, die du niemals gesehen hast, warten auf dich. Der Schlüssel zu deinem inneren Selbst, der Schlüssel, diesen Weg heim nach Atlantis zu gehen, ist das Vertrauen in die göttliche Führung deiner Seele. Und jetzt möchte ich dieses weiter erklären:

Meine Geliebten, erlaubt mir, persönlich zu euch zu sprechen. Da gibt es keine größere Liebe als die Liebe einer Seele zu ihrem Menschen. Habt keine Angst vor den Botschaften eurer Seelen. Hört nicht nur mit den Ohren eures Körpers, hört mit den spirituellen Ohren des Tempels eures Herzens. Misstraut nicht mehr den Botschaften eurer göttlichen Seele, vertraut ihr! Eure Seele wird euch niemals verletzen, eure Seele wird euch keine Bürden auferlegen, eure Seele achtet auf euch. Ich weiß, das Ego ist so laut in euch, aber wenn ihr in den Kontakt zum Wispern eurer Seele geht, beruhigt sich das Ego. Und, meine Geliebten, euer Ego wird genauso zuhören, und es wird von der großen Menge der Liebe berührt sein! Und alles in euch kommt in Fluss! Und der Weg, der Pfad nach Atlantis, zu eurer Bestimmung, ist wie ein Strom. Meine Geliebten, das ist jetzt ein sehr mystisches Bild: Alle Tränen, die ihr jemals in euren Inkarnationen vergossen habt, alle diese Tränen sind in diesem Fluss gesammelt. Und nun gebt das Boot eures Lebens in diesen Fluss. So, wie die Weisen vor langer Zeit sagten, werden wir die Tränen der

Trauer und der Sorge verwandeln in Tränen der Freude. Und das ist die Zeit, in der wir jetzt leben. So gebt eure Boote in den Strom. Keine Tränen mehr! Seht in das Licht und geht in die Kommunikation mit dem Licht in euch, die ewige Flamme deines Herzens wird euch führen, vertraut in euer Leben, ihr habt so viel in euch, da gibt es so viel Liebe, die ihr teilen könnt. Da gibt es so viel Heilungskraft. Nehmt sie und setzt sie um in eurem täglichen Leben, zeigt sie in eurem Alltag, zeigt das Licht, das ihr seid. Seht zu eurer Linken und zu eurer Rechten, da gibt es Menschen, die auf dem gleichen Weg sind, vielleicht kennt ihr sie nicht. Ihr habt verschiedene Möglichkeiten, verschiedene Standpunkte, aber ihr seid verbunden durch euren Weg, und das ist es, was zählt!

Es war eine Ehre und eine Freude für mich, euch zu dienen, und es war eine Freude für mich, für euch aus den Turmalinchroniken zu lesen. Mögen diese Worte in euer Herz geschrieben sein, und in den Stunden der Nacht möge euch das Licht der Drachen von Atlantis durch die Dunkelheit führen. Sicherheit, Segen und Dankbarkeit seien mit allen von euch. Möge die Herrlichkeit des Lichts in euch wachsen. Seid gesegnet.

Schluss- und Dankesworte

And at the end of this book, this is Janet again, and I want to say thank you.

Das ist wieder Janet, und ich möchte mich am Ende dieses Buches bedanken.

I would like to say thank you to the ambassador of Elyah, I would like to say thank you to the writer of this book, Christine and Antan, may be blessed eternally, for the work you have done.

Ich möchte mich beim Botschafter von Elyah bedanken, ich möchte mich bei den Schreibern dieses Buches, Christine und Antan, bedanken, möget ihr für die Arbeit, die ihr getan habt, ewig gesegnet sein.

I would like to say thank you to Elia, the little son of Antan and Christin as well, to quit his parents for two weeks.

Ich möchte mich auch bei Elia, dem kleinen Sohn von Antan und Christine bedanken, dass er für zwei Wochen auf seine Eltern verzichtet hat.

I would like to say thank you to the gods and goddesses of Bali, by the high spirits of mount Agung.

Ich möchte mich bei den Göttern und Göttinnen von Bali bedanken, bei den hohen Wesenheiten des Berges Agung.

I would like to say thank you to Mara Ordemann, to give the opportunity to bring that into the reality.

Ich möchte mich bei Mara Ordemann bedanken, dass sie die Möglichkeit geschaffen hat, dieses in die Realität, in die Dritte Dimension, zu bringen.

But at first I would like to say thank you, beloved reader, you read it with an open heart and you be touched by that.

Aber zuallererst möchte ich mich bei dir, geliebter Leser, bedanken, du hast es mit einem offenen Herzen gelesen, und du bist davon berührt.

So step into the form of healing communication and allow yourself to see yourself a temple of light in the third dimension.

So tritt ein in die Form der heilenden Kommunikation und erlaube dir, dich als einen Tempel des Lichts in der Dritten Dimension zu sehen.

Share that freedom with other people, share that peace with other people and share that love with other people around.

Teile diese Freiheit mit anderen Menschen, teile diesen Frieden mit anderen Menschen und teile diese Liebe mit den Menschen, die dich umgeben.

May the consciousness of non valuing be upon you and may the love of our cosmic parents guide you through your way of this incarnation.

Möge das Bewusstsein der Nicht-Wertung dich umge-
ben, und möge dich die Liebe unserer Kosmischen Eltern
durch diese Inkarnation führen.

And when you see into the sunlight, be aware, that loving eyes are watching over you. You have never been alone and you don't will be.
Und wenn du in das Sonnenlicht schaust, sei dir des-
sen bewusst, dass liebende Augen dich begleiten, du warst
niemals alleine, und du wirst es niemals sein.

Thank you, this is Janet.
Danke, dieses ist Janet.

Kontaktadressen

Blauer Nugget, Anhänger, Bezug Österriech:
Lichtgarten, Antan & Christine Minatti
Dr.-Glatz-Straße 27
A-6020 Innsbruck
Email: lichtgarten@lichtgarten.com

Blauer Nugget, Anhänger, Bezug Deutschland und die Schweiz:
Blaue Lichtburg
Seminare und Vertrieb
In der Steubach 1
57614 Woldert
Tel.: 02684.978808
Fax: 02684.978805
Email: info@blaue-lichtburg.de
www.blaue-lichtburg.de

Das komplette Set ist **nur** nach vorheriger Ausbildung im Lichgarten zu erwerben.

Antan Minatti
Kiria Deva und das Kristallwissen von Atlantis
169 Seiten, A5, broschiert,
ISBN 978-3-934254-34-3

Kiria Deva, eine Kristallwesenheit, hat sich bereit erklärt, die schwere Bürde des Machtmiss-brauchs und Untergangs, die auf dem Begriff Atlantis liegt, mit ihrer Schwingung zu heilen. Dieses Buch richtet sich daher an alle, die sich auf dem Weg des Heilwerdens befinden und bei der Mitgestaltung des Neuen Zeitalters aktiv mithelfen wollen. Viele einfache Übungen und Anregungen begleiten uns mit gechannelten Texten und Informationen zu Kristallen, fünfdimensionalen Farben und anderen Themen und helfen uns, Verbindungen und Heilung herzustellen mit Teilen unseres Selbst, mit dem Reich der Pflanzen und Tiere, mit dem Reich des Blauen Volkes, mit Wesen der Inneren Erde und dem Bewusstsein von Mutter Gaia.!

Antan Minatti
Kiria Deva und Elyah
Der Lebensschlüssel – Kristallwissen von Atlantis
216 Seiten, A 5, broschiert
ISBN 978-3-938489-05-5

Kiria Deva, eine Kristallwesenheit aus Atlantis, und Elyah, eine Sternenwesenheit von Kassiopeia, führen uns weiter in das komplexe und holistische Programm des Atlantischen Schlüssels ein, das in „Kristallwissen, der Schlüssel von Atlantis" begonnen wurde. Der Lebensschlüssel, sechs Bergkristalle und ein roter Turmalin mit einer vielfältigen Programmierung, befreit alle lebensverneinenden Aspekte aus unserem System und erlaubt uns so einen tiefen Zugriff auf alle Ebenen unseres Seins.

Michael Grauer-Brecht
Interview mit Elyah
392 Seiten, A5, gebunden, mit Lesebändchen
ISBN 978-3-938489-27-7

Elyah, eine Sternenwesenheit von Kassiopeia, gibt durch Michael Grauer-Brecht, mit dem sie vor einiger Zeit verschmolzen ist, nicht nur liebe- und humorvoll Antworten auf Fragen, die jeden Menschen bewegen, sondern bringt gleichzeitig Schwingungen in die Antworten, die sich mit der Energie des Lesenden verbinden und ihm so helfen, diese neue Sichtweise anzunehmen und im Alltag umzusetzen, denn dadurch bekommen wir Menschen die Chance, unsere Sicht zu verändern und das Sternenwesen zu erkennen, das wir letztendlich sind.